逻各斯与

现代

西方哲学

王昊宁 著

Logos

中国社会科学出版社

图书在版编目(CIP)数据

逻各斯与现代西方哲学 / 王昊宁著. —北京：中国社会科学出版社，2018.3

ISBN 978-7-5203-2127-3

Ⅰ.①逻… Ⅱ.①王… Ⅲ.①西方哲学—研究 Ⅳ.①B5

中国版本图书馆 CIP 数据核字(2018)第 037792 号

出 版 人 赵剑英
责任编辑 韩国茹
责任校对 张爱华
责任印制 张雪娇

出 版 中国社会科学出版社
社 址 北京鼓楼西大街甲 158 号
邮 编 100720
网 址 http：//www.csspw.cn
发 行 部 010-84083685
门 市 部 010-84029450
经 销 新华书店及其他书店

印 刷 北京君升印刷有限公司
装 订 廊坊市广阳区广增装订厂
版 次 2018 年 3 月第 1 版
印 次 2018 年 3 月第 1 次印刷

开 本 710×1000 1/16
印 张 18.25
插 页 2
字 数 253 千字
定 价 78.00 元

目　　录

导　言

本书共分八章。

第一章主要是回顾逻各斯概念在古希腊哲学中的出现。逻各斯作为一个正式的哲学概念，首次出现在赫拉克利特的哲学当中。但是，在赫拉克利特的逻各斯概念中，积累了此前的种种哲学概念所强调的基本哲学意向：思辨的对话、光的隐喻、现象学“显现”的冲动。因此，“逻各斯”这个概念，不能单纯地从“词源学”角度去看待，甚至也不能单纯地从“概念史”的角度去看待，毋宁说，它应该从“哲学史”的角度去加以理解，只有这样，其丰富的哲学内涵才会淋漓尽致地发挥出来，成为哲学思考中一种隐而不显的因素。也正因为如此，逻各斯才一直“活”着，并在现代西方哲学中发挥着重要作用。

第二章主要讨论逻各斯与叔本华哲学以及与尼采哲学的关系。

叔本华认为“世界是我的表象”。这“表象”是一种主体间性的，是开放的，是一个“汇集”的过程，是要求“对话”的——这与逻各斯的精神是符合的。人借助于这种对话使自己不断得以实现，同时又不断融为一体，由此进入“本体”的世界、“伦理”的世界。

尼采强调酒神精神、批评理性。但尼采所批评的理性，并不是真正的理性，而是知性。因此，尼采的真正意图，恰恰是要回到那真正的理性——逻各斯，并建立一种源自逻各斯本身的伦理秩序和价值秩序。相应地，酒神精神就是回到逻各斯本身的途径。酒神精神通过音乐、悲剧、神话，实现着逻各斯所强调或隐含的“汇集”“思辨”“隐喻”等意谓——尼采用诗、用逻各斯自己的“语言”表达了逻各斯本身，把逻各斯的思辨因素与隐喻因素紧紧结合起来，以思辨的自否性与隐喻的联想性共同担负起不断开启“人”的“境域”的任务。

因此，酒神精神并非意味着一种非理性主义，而恰恰是向真正的理性、向逻各斯的回归。

第三章主要讨论逻各斯和柏格森形而上学之间的关系。柏格森的形而上学以绵延为主题，以直觉为方法。柏格森意义上的直觉是一种逻各斯的、思辨的、理性的、自否性的对话。在这种直觉当中，绵延作为活生生的生命过程得以保持自身。所以，真正的生命，是以逻各斯为基础而实现的。因此，在柏格森的形而上学里包含着逻各斯精神。

第四章主要讨论逻各斯与怀特海哲学之间的关系。怀特海最终以与逻各斯“汇集”之义相通的“聚集”作为哲学起点，并由此起点发展出“解释”这一话语行为，亦即逻各斯的“话语”含义。

因此，可以说，怀特海的哲学在其起点的定位、方法的采用、性质的承诺以及对哲学目的与任务的确定上，均是围绕着逻各斯做出的。怀特海的哲学是以逻各斯为其核心的。

第五章主要讨论逻各斯与现象学之间的关系。胡塞尔现象学意义上的悬搁实际上是一个转向超越性的过程，也就是转向逻各斯的过程。从这个意义上讲，悬搁这种方法，是和逻各斯联系在一起的，是为了回到逻各斯而提出的。

所以，可以说，胡塞尔现象学的方法论是一种以逻各斯为起点和依据的理性方法论。

海德格尔晚期提出的 Ereignis，“给出”了逻各斯意义上的时间，即曾在、当前和将来三者相互开放而统一的时间，是逻各斯精神的一种体现。

利科强调“隐喻”。隐喻性是逻各斯的一种内在本性。因此，利科哲学必然是围绕着逻各斯展开的。

利科把逻各斯表现为一种情节化的叙事过程，人通过这样一个过程返回逻各斯，返回自身。人就是在这种历史叙事和虚构叙事的统一中实现其逻各斯本性的。

梅洛·庞蒂意义上的“身体”是一种本体式的东西，是一切意义的源泉，亦即逻各斯所要求的隐喻性。因此，梅洛·庞蒂的哲学中隐含着逻各斯的精神。

第六章主要讨论逻各斯与分析哲学的关系。分析哲学的开创者弗雷格持有实在论的本体论立场，这导致了语言本有的隐喻性被忽视了，甚至被消除了。因此，弗雷格意义上的符号语言背离了逻各斯精神。而这同时也预示了分析哲学的发展方向——向逻各斯回归。

罗素的本体论立场也是一种实在论的立场。与此相关的是，罗素对语言的理解限制在“命题”上。但其晚期对语言的理解不再简单地限制在“命题”上，而是开始具有了从强调“命题”向强调“对话”的转变。从这个意义上讲，罗素的哲学开始具有了回到逻各斯意义上的语言观的态势与可能，也表明了罗素的哲学中存在着一个逐渐对逻各斯有所自觉的过程。

早期的维特根斯坦也是把语言只看作命题。但是到了后期，维特根斯坦强调“语言游戏”，强调语言在其使用中的意义增长，亦即指出了语言的根本特性——“开启性”。语言观的变化，暗中包含着本体论立场的转变，而这主要体现在维特根斯坦的“生活形式”这一概念上。生活形式是“必须接受的”。这意味着它只能是境域，只能是逻各斯。

在语言观与本体论立场这双重转变下，一方面，语言的逻各斯本性——思辨性、对话性、隐喻性，在“语言游戏”中得到了恢复；另一方面，哲学的根本任务得到了澄清——那就是保持语言的思辨性、对话性、隐喻性，从而保持人的生命的逻各斯本性。

第七章主要讨论逻各斯与卡西尔哲学之间的关系。重点从卡西尔对语言本质的阐发入手，由此揭示其与逻各斯之间的关系。卡西尔强调语言的本质在于“对话”，这显然符合逻各斯的基本含义。卡西尔对语言对话性的把握，体现出了他对逻各斯的认同。正是以逻各斯为基础，人才能实现真正的自我认识。因此，可以说，卡西尔的哲学是以逻各斯为基础，为指向的，通过对语言的逻各斯基础的展示，将“人”的逻各斯本质标明出来。

第八章讨论逻各斯与实用主义、新实用主义以及后现代主义之间的关系。早期的实用主义者，比如皮尔斯，具有较强的实在论色彩；这种色彩在莫里斯那里已经开始有所减弱，即表现出从实在论立场向逻各斯的一种回归。正是以此为基础，莫里斯才建立了具有语形学、语义学和语用学三重维度的指号学体系，并建立了强调“情境”的伦理学和价值论。

向逻各斯的回归在新实用主义那里表现为普特南的内在论。这种内在论以逻各斯的无可怀疑性承诺了真理的客观性，同时以逻各斯的开放性承诺了真理的视角性。因此它既避免了实在论的立场及其所带来的符合论真理观，也避免了相对主义及其所带来的怀疑论。

新实用主义的另一代表内格尔非常强调理性。他对理性的理解在一定程度上表明了他对逻各斯有所意识。以此为基础，内格尔指出了现代哲学中的一个重要误区，那就是过度地强调语言对哲学的重要性而忽视了理性本身。内格尔对语言和理性的关系的看法，实际上是回返逻各斯的一种表现，也是理性主义真正复兴的一种表现。

可见，从实用主义到新实用主义的发展历程中，存在着一个从偏离逻各斯到回归逻各斯的过程，即存在着一个从实在论立场向逻各斯本身回归的过程。从实用主义到新实用主义，哲学家们越来越向逻各斯靠拢、回归。无论这是一种无意识的靠拢，还是一种有意识的回归，这一历史的痕迹与方向是清晰的。这表明了逻各斯在哲学中的不朽地位与勃勃生机。

后现代主义的代表人物罗蒂认为哲学的意义不在于构成某种体系，而是在于实施某种教化。哲学之所以有教化能力，是因为哲学以逻各斯为基础，通过隐喻等方式使逻各斯的诸种内涵为人的思想所接受，从而使人的生活成为一种理性的生活。

可见，后现代主义实际上是对逻各斯的一种回应。

第一章　对西方哲学开端的回顾

西方哲学当其出现之时就强调对话，并且强调思辨的对话，强调以其解决种种冲突，实现生命一体化。

与此相关的是，西方哲学从一开始就包含一种光的隐喻和现象学“显现”的冲动。而这又暗含着对“公开”的伦理诉求。

在最初的“水是万物的本原”这一哲学命题中，从“光”的“显现”所实现的公开到思辨的对话所实现的生命一体化，体现出了一种逐步提高的伦理追求。

光的隐喻、现象学“显现”的冲动以及其所蕴含的伦理指向，到了阿那克西曼德那里，进一步上升和明确为以“报偿”“负责”为表现的“公平”“公正”，亦即“补偿正义”，而到了毕达哥拉斯那里又凸显为“分配正义”。

从概念史的角度讲，这些意义作为一种资源性的东西，潜移默化地对赫拉克利特所讲的“逻各斯”产生着影响。也只有这样，只有通过与之前的哲学概念的联系，“逻各斯”才能获得哲学含义，成为哲学概念。

即使抛开哲学史上的理论渊源、传承，我们也必须看到和承认，在赫拉克利特之前的这些哲学概念，由于其本身大都是直接来自当时日常生活中的一些语词，那么它们本身所蕴含的、利科意义上的“意义增长”，既然能够为泰勒斯、阿那克西曼德、毕达哥拉斯等人所提取，自然也能够为赫拉克利特所提取。更重要的是，这“增长”出来的“意义”，对于这些哲学家来说并不是随意的，而是有其深刻的哲学洞见的，亦即被赋予了哲学含义的，而这些含义，则是与哲学的本性相关的。因此，在泰勒斯、阿那克西曼德、毕达哥拉斯等人那里所使用的那些哲学概念，其中所蕴含的、从日常意义中“增长”出来的哲学意义，在赫拉克利特的哲学概念里也必然包含着。

正是从这一点出发，我们可以说，在赫拉克利特的逻各斯概念里，积淀着之前哲学概念所强调的诸种基本意向：思辨的对话、光的隐喻、现象学“显现”的冲动，当然，也积淀着其所蕴含的伦理指向。

而伦理具有传承性。

在伦理的传承当中，逻各斯方方面面的意义作为一种整体的关联性就无形中进入了人们的生活，最终进入了哲学家的思考，成了哲学思考中一种隐而不显的因素，并由此在现代西方哲学中发挥着重要作用。

第一节　前赫拉克利特哲学——逻各斯的意义储备阶段

（一）思辨的“对话”——哲学对戏剧的扬弃

西方哲学源自古希腊。

希腊哲学，在其产生之前，最重要的文化形态是宗教、神话、史诗以及戏剧。其中，戏剧的产生离哲学的产生是最近的。换句话说，哲学是在戏剧之后才产生的。这就意味着哲学跟戏剧之间有着某种关联——哲学很有可能是为了解决戏剧不能解决的问题而产生的。而戏剧又是承自神话和史诗。但是，戏剧和神话、史诗不一样的地方在于，戏剧——尤其是悲剧，有一个突出的特征，就是它十分注重“情节”。

这当然不是说神话、史诗没有情节，而是说，相比之下，情节对于戏剧来说显得尤为重要。

问题是：什么是情节呢？又是什么推动了或者构成了情节？

是逻辑？

不是的。逻辑在这里没有什么力量。

那么，是矛盾吗？或者说冲突？

答案是肯定的。

依据矛盾，把戏剧的情节一步一步地往前推，推到最后，就是戏剧的高潮，当然，还有结尾。

问题在于，对于戏剧来说，冲突和矛盾只是作为推动情节发展的手段，仅此而已。也就是说，戏剧只是在展现一系列的冲突和矛盾。

我们可以举出一部经典的戏剧《俄狄浦斯王》来说明这一点。

这个戏剧讲述了这样一个故事：一个国王和王后生了一个儿子，按照当时当地的习俗，他们抱着这个孩子来到阿波罗神庙，祈求阿波罗给这孩子的一生以一个预言。从这里面可以看出，阿波罗并不像一些哲学家所理解的那样，比如尼采所理解的，仅仅象征“光明”，或者说仅仅是一种“光”的隐喻——在希腊神话里，阿波罗是光明之神，但同时又主管预言。

阿波罗给出了他的预言，说这个孩子长大以后会杀父娶母。

于是这个孩子被抛弃了。最终被另一个国王抚养成人，就是俄狄浦斯。长大之后，他也听说自己的命运了——杀父娶母，他很害怕，就离开了自己的国家——他以为这是自己的国家，其实不是。他以为这样就不会杀他“父亲”了——实则是他的养父。

俄狄浦斯在路上遇到一个人，由于口角，把这个人给杀了，其实这个人才是他真正的父亲。俄狄浦斯随后来到了一个城邦——这才是他真正的国家。这个城邦遇到了灾难——有一个怪兽，出了一个谜题，难倒了所有人。俄狄浦斯挺身而出，破解了谜题，解救了城邦的危难。

于是，他成了英雄。按照城邦的承诺，王后要嫁给他，他就是城邦的新王。

到此，当初“杀父娶母”的预言已经应验。但俄狄浦斯自己并不知道，其他人也不知道。

后来，这一切都暴露出来了，俄狄浦斯刺瞎了自己的双眼，把自己流放到一个岛上。

这部戏剧几乎从头到尾都是在展现冲突和矛盾：个人与个人之间的冲突与矛盾、人与命运之间的矛盾，等等。而其中最为突出的是人与命运之间的矛盾。它展现了一个希腊神话中的观念：一切都由命运掌管。

但是，它并没有仅仅停留在这种展现上。

因为，在这种展现背后，隐藏着一个问题：既然逃避不了命运，那么人应该怎样去面对它呢？

去掩盖吗？那是无用的。我们只能去“承认”：那就是“我”做的。

“承认”意味着什么呢？保罗·利科最后的一本书名为《承认的过程》，从语用学、辩证法、伦理学、政治哲学等多个角度讨论了这个问题。

从通常意义上来说，承认是一个非常艰难的事情，正常人都会“辩解”——承认是需要勇气和决心的。

需要什么样的勇气和决心呢？

就是能够自我批判反省的决心。对应《俄狄浦斯王》这个故事，就是赎罪的决心——错了就是错了，而且无法挽回，那就只能对自己的行为承担责任。

承担起责任的，就是“人”。这样一来，就把人跟其他的动物区分开来。

在一系列的矛盾当中展现出来的人物的悲剧的命运，在悲剧的命运面前，掩盖还是承担？人最终选择的就是担起责任。

这是我认为《俄狄浦斯王》这部戏剧所要宣告的、具有哲学意蕴之处。

所以，戏剧绝不是仅仅停留在对命运的展现上，而是同时还表明了我们面对命运应当采取的态度，那就是“负责”。

正是这一点使戏剧在“人之为人”这一问题上做出了贡献，为人类文化形态进一步向哲学发展提供了基础。

但是，戏剧所能做的也就这么多了。它只能展现冲突，表明我们应该做什么，但是却无法进一步告诉我们怎样去做。

换言之，戏剧无法对其所展示的种种冲突进行调和。

这个任务只能留待后面的文化形态来解决。

所以，当哲学在戏剧之后产生出来的时候，它实际上就面临着一个任务，就是如何解决种种冲突——戏剧解决不了，但是哲学要解决，哲学的任务就是要解决冲突。

那么，哲学为什么能解决冲突呢？

这就与哲学的本性有关了。或者说，与哲学独特的思维方式有关。

跟其他的思维方式不同，哲学的思维方式是一种思辨的思维方式。

这种思维方式跟任何其他文化形态的思维方式不一样，跟戏剧、神话、史诗都不一样。

从外部表现来看，即从“表达”这个层面来说，也即作为说话方式而言，思辨作为一种思维方式，与其他的文化形态截然不同。

我们不妨想一想，思考一下：神话以什么方式说话，史诗以什么方式说话，戏剧又是以什么方式说话？

神话，包括史诗，它们的说话方式有一个潜在的规则，那就是总是在命令性说话，总是像“神谕”一样，在发布着命令。

这也是可以理解的。因为，毕竟神话和史诗直接脱胎于人类的某些原始宗教。宗教有其所谓的“神谕”，那都是“命令”，是硬性的，不容置疑。

这种强硬性到了戏剧那儿就已经变得有些松动了——“冲突”意味着什么？意味着反抗——“人”已经开始对“神谕”进行反

抗了。所以，戏剧所展现的一系列冲突，包括命运的冲突，从文化发展的形式来讲，就是对那种命令式的说话方式的反抗——神话、史诗，包括宗教，就是要对这种强权性的说话方式进行反抗。所以，在戏剧当中总是出现冲突，总是出现反抗，总是出现多元，而不是一元；同样的原因，在戏剧当中，总是不同的角色在参与说话，而不是像神话和史诗那样只有神在说话，没有人在说话。那种说话，严格来说，不叫说话，那只是一方在发布命令，一方无条件地服从而已，没有独立的思考。戏剧已经不是这样了，它是每个角色都在说话，有多元的角色。其实这个说话就是表现出多元的、不同的立场，然后自然会产生矛盾，推动情节，达到高潮。

到了哲学这里，就又不一样了。

哲学首先继承了戏剧所强调的“对话”，保持着对“对话”的要求。

但是，哲学这种“对话”又跟戏剧的“对话”不一样。

我们说过，戏剧只是展现冲突，却解决不了冲突。在戏剧中，人们各持各的“意见”，各有各的“立场”。人们当然有权表达自己的意见，这没有问题。但问题是，终究不能就这样各执己见，就这样僵持着。

所以哲学不是要求我们要进行一种各执己见的对话——你有你的主见，我有我的主见，互不相让，那样的话，冲突永远也解决不了。

哲学要求一种“变化”，要求“对话”本身不能再像戏剧那样，你说你的，我说我的，南辕北辙，各执己见，互不相让。

所以哲学的“对话”就有了一个新的特点：这种“对话”必须能够解决各执己见、互不相让的局面。

因此，如果说思辨是哲学的独特的思维方式，那么这种独特性或者独到之处就在于它使哲学的“对话”具有了解决各执己见、互不相让之局面的能力。

从这个意义上讲，思辨就是“对话”，但不是一般的对话，是哲学的“对话”。

这种对话的特点就在于能够解决各执己见、互不相让的局面。

显然，这意味着，这种对话对对话者是有一个要求的，那就是在对话当中，对话者不能固执己见。而这意味着，这种对话是带有自我否定性的——它要你否定自己原有的立场，你如果不否定、不改变自己原有的立场，又怎么可能解决各执己见、互不相让的局面呢？所以，这一定是带有自我否定性的对话。

但是，这种自我否定并不是简单的妥协或者折中。

因为这种自我否定是对每一个对话者的要求，而不是只针对某一方的要求。

因此，在对话者中的一方进行自我否定的时候，另一方也要自己进行否定——这里面实际上是进行着双重否定的。

在这双重否定当中，首先否定的是自己，而不是先去否定对方。恰恰是通过否定自己、把自己改变了，然后引导对方也做出自我改变。这样的话，就相当于完全在两个不同轨道上的人，把自己的轨道都改一下，就并轨了，就有可能达成某种一致性。于是，原来各执己见的冲突就被扬弃掉了。

当然，这不是说到此就什么都结束了。通过上述否定之后，还要对自身进行再次否定，按照黑格尔逻辑学的说法，就是通过否定对方来否定自身——这个否定是个动态的过程。这看似一个消极的过程，实际上却是一个积极的过程。因为，通过不断的否定使原来各执己见的双方合到一起，是增强凝聚力和向心力的一个过程。

所以，哲学的、思辨的对话和戏剧的那种仅仅是各执己见的“对话”不一样。

哲学是思辨，哲学是对话。通过这种思辨的自否性的对话，哲学试图解决戏剧所不能解决的问题：冲突。这是人类发展过程中需要出现的文化形态。

所以，我们要清楚哲学自诞生之日，它的任务是什么——哲学有它的继承，更有它的使命。是它所面对的使命和任务决定了它的说话方式，决定了它的思维方式，那就是思辨的对话。

相应地，哲学的使命与它的思辨的对话的特性也决定了，哪些问题是哲学问题，哪些问题不是哲学问题。换言之，也就是决定了什么才是哲学问题。

从我们的角度来看，由于哲学出现的时候，它是要解决各种冲突——试图用思辨的对话，去解决冲突，因此它以此所面对的那些问题，亦即以思辨的对话去予以解决的问题，就是哲学问题，这也是任何其他方式都解决不了的问题。

因此，哲学也是其他文化形态和文化形式所替代不了的。

（二）“水”——光的隐喻与现象学“显现”的冲动

从上面的分析可以看出，古希腊哲学从一开始就是带着它特殊的使命和独特的思维方式（也是独特的方法）来到人们的生活中的。它的第一位哲学家是泰勒斯。

泰勒斯提出了西方哲学史上第一个命题：水是万物的本原。

本原，从词源学的角度看，有“开端”的意思——所有一切都是从这儿“开始”。相应地，所有一切都是一体的、相通的——人与自然也是一体的、相通的。

这显然是一种信念。这种信念，在现代哲学里被叫作生命一体感。人在这种一体感的情感驱动下，总是去寻找一种可以作为所有事物来源的东西。因为，如果能找到这样一种东西，就说明万物是一体的。

于是，在这种信念、在这种一体感的驱动之下，就产生了希腊哲学中对“本原”的寻找。

所以，“本原”这种理论倾向是有其缘故的。

问题是：什么是本原？有了问题就要有答案，但不是所有问题都有答案。

哲学问题往往是没有答案的，或者没有明确的答案。

因为哲学——就像刚刚说过的那样，它是一种思辨的对话，它强调否定。而这种否定又不是简单的否定，它是一种“启发”，使人发生“转变”。

所以，哲学的问题和科学的问题以及常识性的问题是不一样的。

科学和常识是为人的日常生活服务的，要提供日常生活所必需的确定性，因此科学的问题和常识性的问题也必须有一个确定的答案。

哲学的问题就不是这样了。哲学的问题主要是负责“启发”的。从这个意义上讲，它恰恰要超越日常的确定性，正如尼采所说：“它乘着想象的翅膀从一种可能性飞向另一种可能性。”① 因此，相应地，哲学问题往往并没有一个确定的答案。

因此，说“水是万物的本原”是西方哲学史上的第一个“命题”，是有点问题的——因为，命题是确定性的。

从这个意义上讲，与其说“水是万物的本原”是西方哲学史上的第一个“命题”，倒不如说它是西方哲学史上第一个“对话”。

也就是说，我们不能把这个所谓的命题直接看成一种判断的过程。换言之，它在此并没有断言什么。

而且，即便是命题，也不是简单的平铺直叙的过程。每个命题实际上都是以一个问题作为自己在先的、潜在的前提，亦即每个命题实际上都是针对某一问题、某一发问所做的回答。

因此，可以说，即便是命题，它也暗中包含了“问—答”这一“对话”背景。

而对于“水是万物的本原”这一“命题”，其所包含的“问—答”式的“对话”背景就是：人在自己问自己，万物的本原是什么。

在这一“问”当中，人已经开始超出日常的确定性，超出科

① 尼采：《希腊悲剧时代的哲学》，周国平译，凤凰出版传媒集团、译林出版社2011年版，第59页。

学和常识，开始进入哲学、进入思辨的对话。正如尼采所说："正是从泰勒斯身上，我们可以明白，哲学是如何每时每刻做到这一点的，它一心越过经验的樊篱，奔赴那魔术般吸引着它的目标。"①

所以，"水是万物的本原"这样一个命题，看似一个直接的断言，其实是有一个隐藏的对话背景的——它是"对话"，遵循着哲学与生俱来的对话性的要求。

现在让我们过渡到另一个话题上来：为什么说"水"是万物的本原呢？

关于这一点，历代的哲学家、哲学史家各有见解，说法不一。比如黑格尔认为当时的人认为生命是从海上诞生的，是海神产生的，所以才会认为水是万物的本原。

问题的关键在于，水有什么特点以至于它能作为本原？

换言之，水应该是具有某种别的物质不具有的优势，因此才作为了本原。

《赞唱奥义书》里说过一段话：

> 此万有之精英为地。
>
> 地之精英为水。
>
> 水之精英为草木。
>
> 草木之精英为人。
>
> 人之精英为语言。②

由此可见，水乃大地之精英，与众不同。

这与众不同之处在于：水是透明的。

透明意味着什么？意味着能"看"清楚。

---

① 尼采：《希腊悲剧时代的哲学》，周国平译，凤凰出版传媒集团、译林出版社2011年版，第59页。

② 转引自耿占春《隐喻》，东方出版社1993年版，第1页。

还有什么能达到这种清楚的程度呢？

没有，只有“水”。

西方哲学一直贯穿着两种隐喻，一种是光的隐喻，一种是力量的隐喻。这两种隐喻从哲学产生伊始就有了，而且是一起出现的，就在“水是万物的本原”这个命题里。

本原作为所有事物的共同来源，所有东西都是从这儿来的。这个过程相当于一个生育、生长过程，这是一个创造生命的过程。从这个意义上讲，本原，暗示了一种力量——创造的力量，能创造出万物。除此之外，它还包含着更深刻的光的隐喻。

光对人类来说是极其重要的。我们说到戏剧的时候，曾说到阿波罗。

人类为什么崇尚阿波罗？就是因为他是光明之神。换言之，崇拜阿波罗其实是崇尚光明。

为什么崇尚光明呢？

因为对于原始人来说，没有光明、一片黑暗就意味着危险——黑暗当中会有野兽、会有敌人袭来。

所以人类需要光明，而且永远需要光明。

相应地，光的隐喻对人类各种文化现象的发展都是带有支配性的。那些文化现象里面总是带有光的隐喻，关于这一点我们后面还会接触到。①

另外，我们知道，西方哲学的一些最重要、最基本的概念，比如观念等，其希腊词干有“看”的意思。西方哲学，尤其是形而上学，都是跟“看”有关的。而“看”跟什么有关？是跟光有关的。没有光怎么看？光把事物“显现”出来——原来一片黑暗，什么也看不到，现在有光了，能看到了，事物“显现”出来了，

① 另外，西方哲学从诞生之日起就有一个倾向，那就是它带有一种“治疗隐喻”。治疗隐喻是指西方哲学总是把自己当成一个医生，要给“人”治病，使人恢复健康。换言之，在哲学眼里，它自己的职责就是使人恢复人性。

这就是“显现”的过程。

水之所以能够作为万物的本原，就是由于它的透明性类似于光的作用——能够让事物显现出来，让我们看到，看清楚。

从这个意义上讲，西方哲学从一开始就是一种“现象学”，或者说，从一开始就有一种现象学“冲动”，想去“显现”的冲动。

所以西方哲学在开端时，在泰勒斯那里，在他讲水是万物的本原时，就已经灌注了现象学“冲动”，并以光的隐喻满足这种冲动——把万物从黑暗中彻底暴露出来，让人看得清清楚楚。

我们前面说，人之所以需要光明，是因为黑暗中可能会隐伏着危险，只有在光明中，没有什么能够隐藏，才没有危险。如果说从这个角度看，对光明的需求实质上是一种对安全的需求，那么对光明的需求就还有另外一层寓意，那就是对“公开”的需求。

公平的前提是公开。不公开，肯定不会有公平。

怎样才算是公开？

黑暗是肯定不能带来公开的，恰恰相反，黑暗把一切都隐藏了起来，“看”不到。

只有光明，只有在光明中，一切无所隐藏，一切都“显现”了出来，一切都“公开”了。

只有在这个基础上，才会有“公平”可言。

因此，在以水作为本原的这一选择中，隐含着人对“公开”“公平”的伦理需求。

因此，可以说，在“水是万物的本原”这一哲学命题中，包含着一种伦理要求——从“光”的“显现”所实现的公开、公平到“思辨”的“对话”所实现的生命一体化，是一种逐步提高的伦理追求，最终要达到的是生命的一体化：大家都是一体的，没有格格不入的彼此之分。

这样一来，戏剧所展现却又不能解决的种种冲突就被大大地缓解了。

因为，所谓冲突，就是你有你的立场，我有我的立场，而且各执己见，于是就有了一种刚性的冲突。

现在，不是你是你、我是我了，而是你是你、你又是我，我是我、我又是你，你中有我、我中有你。因为大家是一体的，有一个共同的本原。

这样一来，人和自然、和万物之间就是“通”着的，而不是知性般“对立”着的。人的生活便充满了审美感和伦理感，人的世界便是一个审美的世界、伦理的世界，而不只是知性的、技术化的。

这种审美和伦理的生活暗中承诺了“万物有灵”，即万物都是有“灵魂”的，而且“灵魂”能引起运动。这里所说的“运动”并不只是物理学意义上的运动，而更意味着“生长”。“灵魂”在希腊语中原有“呼吸”之义，跟“呼吸”有关系。呼吸是一个不断地“内—外”交流的过程：吸是从“外”向“内”而吸，呼则是从“内”向“外”而呼。这喻示着“灵魂”是不断地把自己“敞开”的，不断地向“外”走。

这显然是贯彻了我们所说的、哲学从一开始给自己规定的性质：自否性——你不能把自己锁在自己的立场，你需要把自己否定掉，去往“外”走，把自己向“外界”打开，从“外界”吸取不同的东西，只有这样自己才能“生长”。

所以“灵魂”在此是与哲学的性质相连的。

从这个意义上讲，“灵魂”实际上象征着哲学所要求的那种思辨的对话。

当然，“灵魂”的含义远不止于此。比如后来的柏拉图在《菲德罗篇》里就说到灵魂有翅膀，能“飞”，当它飞到极高处，就能“看”到“善”本身。另外，在《克拉底鲁篇》里，“灵魂”能追随事物的运动，即前面有一个东西在运动，“灵魂”就能追随它，而且跟它的运动节奏完全一致，既不超前也不滞后。这暗示了“灵魂”的“看”实际上包含了“模仿”。换句话说，“灵魂”的“看”不仅仅是理论性的，而且是实践性的。而灵魂不是随便去

"看"的，它"看"的是"智慧"。因此，它所追随和模仿的是"智慧"。在这种追随和模仿当中，与智慧达于一致，而这不就是拥有"智慧"了吗？

所以，哲学意义上的"灵魂"总是跟哲学的性质与目的相关的。它与哲学所要求的思辨的对话以及现象学的"显现"都有关系。

因此，当后来的赫拉克利特谈到"灵魂"时，我们应该注意其中所暗含的这些意味。

相应地，在赫拉克利特谈到"逻各斯"时，其中也暗含了"对话""显现"这些意味以及相关的伦理倾向。

（三）"阿派朗"——光的隐喻的补充与现象学"显现"的冲动的明朗化

在泰勒斯之后，他的学生阿那克西曼德提出了一个概念：απειρον。

απειρον 这个词实际上是一个合成词，它有一个前缀"α"，后面是词干"ειρον"。

"ειρον"是"界限"的意思。那么"α"作为一个否定性的前缀，与"ειρον"联合在一起，是什么意思呢？

是"没有界限"的意思吗？

我个人不这么理解。我认为"α"作为一个否定性的前缀，与"ειρον"联合在一起，即 απειρον，表示的是"否定性的界限"的意思。也就是说，这个"界限"是"活的"，不是"死的"。απειρον 之所以能作为"本原"的原因，就在于这一点。因为万物的界限都是"死的"——是什么就是什么。

但是，在万物之中，有一种与众不同者，那就是"人"。

"人"的与众不同之处就在于他可以超越自己，不像"物"那样被界定"死"了。

所以唯有人能有望成为那"活的"界限。而且，"人"也必须去成为那“活的”界限。如果不是这样，如果人没有成为“活的”界限，那就意味着他已经“物”化，不再成其为人。

所以，απειρον，万物的本原，不是意味着没有界限，而是意味着没有“死”的界限。

这里所说的“界限”，跟后来的现象学所说的 Horiznt 即“地平线”很相近，它是万物得以“显现”的“背景”。

实际上，这种“界限”“地平线”的含义在我们中国传统文化里也存在着。比如，我们有一个节日叫“元旦”。这个“旦”字是一个“日”字，底下加一横。这个“日”字自然是代表太阳，那么这个横又代表什么呢？

就是“地平线”。

因此，“旦”字的意思就是太阳从“地平线”上升起来了。

而所谓的“元”旦，自然指的就是“第一个”太阳从“地平线”上升起的日子，自然也就是新年的第一天。

太阳从地平线上升起，就有了“光”，就可以“显现”。

所以，虽然光的隐喻在泰勒斯那儿已经有了，但是还不是很细致，他没有提到“地平线”。

到了阿那克西曼德这里，出现了“界限”“地平线”。

所以到阿那克西曼德这里有了一个转化，就是强调了只有“光”进入“地平线”，才会有“显现”。

如果“光”没有进入“地平线”，而在“地平线”下，那就不会有“显现”，什么也看不到，一片黑暗。

所以，“界限”这个词的出现是很重要的。在我看来，它既对前面已经出现的光的隐喻有所继承，又有进一步的补充。不是仅有“光”就可以有“显现”了，还需要有一个“地平线”，“光”必须进入这个“地平线”，万物才能从这个“背景”中走出来，就像从幕后走到台前来一样，不再是“隐身”于“幕后”，而是“现身”于台前，也即所谓的“显现”。

所以，有了这个“地平线”，在这个“地平线”之内，才有

“显现”，才能“看”到。

同时，这也暗含了另外一层含义，那就是“界限”“地平线”这个东西本身是“看”不见的。你能说你能看见了“地平线”吗？“地平线”是什么样的？它本身是看不到的。它只是让你通过它看到别的东西，它本身并不能被看到。

这就是说真正作为本原的东西是“看”不到的。

本原对于人来说是必要的、重要的，只有有它，我们才能够去“看”，才能看到万物，但是我们却不能“看”到它，它对我们来说永远是“看”不到的。

这就是为什么形而上学不能是知识形态的。康德批评他以前的形而上学是知识形态的形而上学，是错的。那么，康德为什么这么说呢？就是因为形而上学研究的东西，本原也好，本体也好，你“看”不到，又怎么可能形成“知识”呢？不可能对形上的东西形成“知识”。凡是能形成“知识”的，一定是确定的，也就是有固定的界限。而那形上的东西，本原、απειρον，它就不是一个固定的界限，恰恰相反，它是“活”的界限。

因此，对于本原、απειρον，除了它是“活”的界限，能让万物显现出来这一点之外，我们对它再也不可能知道些什么，也形成不了“知识”。

不过，从隐喻的角度看，απειρον 作为地平线，一切从中走出，“显现”出来，从这个意义上讲，απειρον 就相当于一个“说话者”——凡是在这个“地平线”里“显现”出来的东西都是它“说”出的话。人在“听”着这些“说”出来的话。

这个“听”当然不是生理意义上的听。这个“听”实际上是“听”απειρον 在“说”。而当我去“听”它“说”的时候，我就是在接受它的“召唤”，接受它的训诫、教导。从这个意义上说，人跟 απειρον 之间的关系，不仅仅是产生与被产生的关系——如果是那样的话，人就是完全被动性的了，没有什么主动性可言了，就和“物”一样了——而更像是一种师生关系。因为人在倾听，

倾听 απειρον 的召唤，接受它的引导。

我们前面说过，在泰勒斯那里是通过“水”的透明性暗示光的隐喻和“显现”。从这个意义上讲，在他那里，已经有“听”的过程了。换言之，在泰勒斯那里，“水”作为本原“显现”万物，这“显现”出来的万物就是“水”、本原“说”出的话，需要我们去“听”。

当然，同样重要的还有“说”。

我们前面说过，唯有“人”可以超越自己，唯有人能有望成为那“活的”界限，而“活的”界限也必须对于一个“说话者”才有意义。因此，要想成为那“活的”界限，成为与“物”不同的“人”，人就必须去“说”。这也就是希腊人崇尚“说”的原因之一。希腊人是以“说”为美、为优秀的。谁最能“说”，谁就是美的、优秀的。

“说”具有显现性，能把事情“显现”出来。

我们前面说过，哲学从一开始就强调对话，准确地说，是思辨的对话。

所以，这“说”也不是随便地说，它是对话，思辨的对话。

正是通过思辨的对话，才把一件事情清楚地、如其自身地“显现”出来。

为什么只有通过思辨的对话才能把一件事情清楚地、如其自身地“显现”出来呢？因为思辨的对话是自否性的对话。如果不是这样一种自否性的对话，如果是各执己见、互不相让的对话，那么就难免出现“偏见”，事情本身无形中就被遮蔽了。

除了对话，还有一种经典的“说”，那就是“命名”。尼采在《快乐的知识》里就谈到过给事物命名，后来的海德格尔也讲过。命名绝对不像我们想得那么简单，它不是逻辑实证主义所说的一个“贴标签”的过程，不是一个把名称像标签一样“贴”到对象上去的过程，不是这样的。命名的过程，其实是极其复杂的。它实际上是“显现”的过程——当我们命名时，就把这个事物“显现”出来了。这个过程，实际上是一个“近取诸身、远取诸物”的过程，也就是一个人与万物一体化的过程，亦即生命的一体化过程。哲学要对抗生命的悲剧。其中一个办法就是不断地进行“命名”，从而保持生命一体感，在这种生命一体感当中扬弃种种冲突。

至此，我们看到的是，在阿那克西曼德那里，光的隐喻被继承，同时又被补充，现象学的“显现”的冲动越发强烈和明朗。与此同时，“听”“说”的寓意也愈发深邃。

我们应该注意，这些意义作为一种资源性的东西，潜移默化地对赫拉克利特所讲的“逻各斯”的影响。也就是说，当我们去理解赫拉克利特的“逻各斯”时，不能孤立地去看待它，而是应该从概念史的角度去发掘其隐含的哲学寓意，而不是仅仅停留在它常用的字面意义上。

另外，阿那克西曼德还有一段箴言，他说：“万物由以产生的源泉，万物又毁灭而复归于它。这是‘按照必然性’发生的；因为万物都按照一定的时序为它们的不义互相作出报偿。”①

关于这一箴言，后世对之的解读真可谓仁者见仁、智者见智。

其中尼采和海德格尔的解读较为有名。

尼采主要是从“道德”的角度去看这段箴言的。

他说：“赞同阿那克西曼德的观点，把一切生成看做应当受罚的摆脱永恒存在的行为，看做必须用衰亡来赎罪的非正义行为。”②

在尼采看来，阿那克西曼德这段箴言表达的是一种道德观念，即“生成”是对“永恒”的一种脱离和背叛，因此应该受到惩罚，而这惩罚就是其毁灭，并通过毁灭回到“永恒”，从而对“永恒”进行报偿。

应该注意的是，尼采持这样的观点的时候，是 1873 年，也就

① 杨适：《古希腊哲学探本》，商务印书馆 2003 年版，第 145 页。

② 尼采：《希腊悲剧时代的哲学》，周国平译，凤凰出版传媒集团、译林出版社 2011 年版，第 65 页。

是说，是尼采思想中早期阶段的一种观点。到了19世纪80年代以后，尼采的观点与此大不相同。比如他在《苏鲁支语录》中提到“赠予的道德”，那完全是一种以充沛的创造力为基础的、不计回报的道德，与此时所理解的道德显然大相径庭。

从某种意义上讲，尼采此时所强调的实际上相对于当代哲学中所说的“补偿正义”。

我个人赞同尼采此时的这种理解——尽管后来他的理解发生了变化。

杨适先生曾指出，这种报偿针对的是侵犯他人利益的人。[①]

换言之，这种报偿实际上就是要将“不义”重新恢复为“正义”。

利科曾经以词源学考察的方式考证了“负责”一词中隐含的“账单隐喻”。他指出在拉丁语中“账单”一词原有“计算”“把某事记在某人名下”之义，并由此引申、生发出记录收支、盈亏的“道德账目”以及“道德档案”。[②]

从这个意义上讲，“负责”就跟这里的“报偿”联系在了一起。“对……负责”就是“对……进行报偿”。反过来说，“对……进行报偿”就是“对……负责”。因此，当尼采把阿那克西曼德这段箴言解读为一种“补偿正义”时，实际上就是在强调“负责”。这也很可能就是阿那克西曼德的本意。

联系我们前面所说过的光的隐喻所表达的对“公开”的伦理诉求以及光的隐喻在阿那克西曼德那里所获得的进一步补充，我们可以说，在阿那克西曼德那里，随着光的隐喻的进一步补充，其所蕴含的对“公开”的伦理诉求必然也得到了强化，而这种强化的结果就是以强调“报偿”的方式而凸显出来的“负责”。

因此，我们可以说，光的隐喻、现象学“显现”的冲动，所

---

① 参见杨适《古希腊哲学探本》，商务印书馆2003年版，第145页。

② 利科：《论公正》，程春明译，韩阳校，法律出版社2007年版，第15页。

蕴含的伦理指向，在泰勒斯那里还只是停留在“公开”这一基础性层面上，而到了阿那克西曼德那里，这种伦理指向、伦理诉求已经进一步上升和明确为以“报偿”“负责”为表现的“公平”“公正”。也可以说，这是第一种正义，即我们上面所说的“补偿正义”，还有第二种正义，那就是“分配正义”，它在我们后面要提到的毕达哥拉斯那里体现得更为明显。所以，相应地，有一点，我们要记住，那就是从泰勒斯到阿那克西曼德、再到后来的毕达哥拉斯，在一系列光的隐喻和现象学“显现”的冲动的传承与扩充之中，伦理的诉求在一点点实现：从最初的仅仅是对“公开”的要求，到对“报偿”的正义的要求，再到对“分配正义”的要求，等等。

这些伦理诉求与赫拉克利特在讲逻各斯时所灌注的深意并非没有关系。

海德格尔对这段箴言的解读更加富有特色。他把其中的“必然性”解读为“用”。[①]

他认为这“用”就是 απειρον——απειρον 不是在场者，而是“用”，并且认为“用”就是“聚集”，即逻各斯。[②]

这也许是海德格尔关于这段箴言的解读中最有价值的地方。因为它把 απειρον 和逻各斯联系起来了。

这也正是我们想要强调的。我们前面说过，应该注意，前赫拉克利特哲学中的概念所具有的意义对赫拉克利特所讲的“逻各斯”的潜移默化的影响，正是此意。

只有通过与之前的哲学概念的联系，“逻各斯”才能获得哲学含义，成为哲学概念。

另外，这段箴言也隐含着目前为止西方哲学中最早的一种时

---

① 参见海德格尔《海德格尔选集》上卷，孙周兴选编，上海三联书店 1996 年版，第 580 页。

② 同上书，第 582—583 页。

间观。

时间是什么？在日常生活中，时间是线性的，往前流动的。但阿那克西曼德不是这么认为的，他认为时间是一个圆圈、一个圆环，一切都要在这里产生、一切又最终回到起点——这是一个“报偿”的过程。

从这个意义上讲，这种时间是一种伦理的时间，而不是物理的时间。

按照时间的圆环，一切都要为自己以前干过的事情付出代价。

从这个意义上讲，“过去”并没有过去。伦理的时间强调的就是这一点。

是的，没有过去。“过去”总是参与到当下，并在“将来”得到重新的“解释”。

从这个角度讲，阿那克西曼德这种时间观，体现的是其对正义的诉求，是与其伦理方面的诉求一致的。

我们说，在阿那克西曼德那里，伦理的指向和诉求是通过光的隐喻、现象学“显现”的冲动，或者干脆一点说，就是通过απειρον表达的。那么，这种伦理的时间自然与απειρον有着内在的联系。关于这一点，杨适先生曾说过：“απειρον，‘无规定者’这个哲学重要范畴，以其深刻的思想内涵给希腊哲学刻下了重要印记。这种情形似乎还同阿那克西曼德的社会思考有关。”①

απειρον是什么？是“地平线”。那么他说的时间是不是也跟“地平线”有关？换句话说，他说的时间会不会跟“显现”有关？如果是，那么时间有什么样的意义和作用呢？那就是时间有一种“显现”的作用，它可以把原来没有显现出来的东西显现出来，把原来隐藏在黑暗中的东西拖到光天化日之下，从幕后拖到台前。这样一来就好了。因为，如果有正义，即使它暂时没有得到实现，但时间终会把它“显现”出来，这不就是正义终于得到了伸张了吗？

---

① 杨适：《古希腊哲学探本》，商务印书馆2003年版，第145页。

正义通过什么实现？通过这种时间，这种圆环式的时间，这种伦理的时间，正义终能得到实现，被损害者终于得到了补偿。

我并不认为这种伦理的时间对正义的实现是一种消极的过程——时间是“显现”，它终会把正义显现出来，正义不会永远埋藏在黑暗之下，因为一切都会涌到地平线之上，除了地平线自己以外，其他都会显现出来的，正义当然也不例外。所以，正义一定会得到显现，一定会得到伸张！

因此，这不但不是一种消极的正义观，恰恰相反，这是一种非常自信的正义观，而且具有强烈的现实效应：当我们受到某种伤害或损害的时候，是不是一定要报复？不是。时间，那地平线，一定会把一切都显现出来。

利科认为只有设置“第三方”才能取消复仇。

从某种意义上说，时间就是“第三方”。那不偏不倚的“地平线”，谁能逃过它呢？一切都会在它当中“显现”出来！丑恶的、美丽的，善良的、邪恶的，忠诚的、虚伪的……

基于以上的理由，我个人认为阿那克西曼德的这种伦理的时间观非常重要。它和 απειρον 是连着的，因而有其本体论的含义，是本体论层面上的时间观，并因而体现着 απειρον 中所蕴含的伦理指向。

在前苏格拉底哲学家里面，能和赫拉克利特、巴门尼德并驾齐驱的一个人，就是阿那克西曼德。他在本原问题上的洞见以及体现出的强烈的伦理动机，无不证明了这一点。

（四）“一”——光的隐喻与现象学“显现”的冲动的延续

在赫拉克利特之前，还有一个重要的哲学家，就是毕达哥拉斯。

据说毕达哥拉斯曾经听过阿那克西曼德的演讲。从这个意义上讲，他应该受到阿那克西曼德思想的影响。也就是说，在毕达哥拉斯那里，此前已有的光的隐喻、现象学的“显现”以及“听”与

“说”的寓意被继续延续着。

我们先来看毕达哥拉斯的灵魂观。

毕达哥拉斯的灵魂观可以说比前人的灵魂观大大丰赡起来。

毕达哥拉斯认为灵魂可以转世，就是从一个人的身体里出来，到另外一个人的身体里。

这似乎是“无稽之谈”。

但是联系此前人们的思想，这种观点就显得异常重要了。

我们前面说过，对于阿那克西曼德来说，正义是一定会实现的。因为“时间”一定会把它“显现”出来。但是问题是，人寿毕竟有限。如果到我死的时候，正义还没出现，那怎么办啊？

在这个地方，“灵魂转世”就显得特别重要了。

因为“灵魂转世”意味着个体性生命可以无限延长，这样就终可以看到正义的实现。

因此，从这个意义上讲，“灵魂转世”并不是一种带有宗教色彩的观点，毋宁说它是带有伦理色彩的观点，是正义实现的一个前提。

毕达哥拉斯还特别崇尚音乐。这种对音乐的崇尚，是与“灵魂”有关的。因为在他看来，通过音乐可以净化灵魂。

我们前面说过，“灵魂”原有“呼吸”之义。呼吸是一个不断地“内”“外”交流的过程：把自己向“外界”打开，从“外界”吸取不同的东西，这样自己才能“生长”。

音乐之所以能够净化灵魂，就在于它能够使灵魂保持着“生长”。

具体而言，这是通过“模仿”来实现的——净化都是通过模仿来达到的。

模仿是对独一无二的东西的模仿。什么被模仿？神，还有就是英雄。为什么神和英雄会被模仿呢？因为神和英雄是强大的，也是可敬的，是受人尊敬和爱戴的。

因此，在模仿当中，实际上是有一个价值引导的过程的，使人向某种更高的价值趋近。

同时，这种模仿，不是一种简单的复制过程，它包含了创造。

另外，模仿意味着亲切、喜爱、渴望自己也成为自己所模仿的那个东西。希腊有一个重要的宗教——奥尔弗斯教。奥尔弗斯教在进行歌唱仪式的时候，有一个“羊人”队，“羊人”队的成员都穿着羊皮的衣服，然后把自己装扮成羊人，这就是模仿，当然这是粗陋的、外在的模仿，但这毕竟也是一种模仿，它表达了人们对“羊人”的喜爱与渴望。因为据说“羊人”是赫尔墨斯的朋友。而赫尔墨斯则是神的信使。因此如果能够成为“羊人”，就意味着能与“神”相通。

综合这些来看，模仿的过程就是学习的过程，学习的过程就是一个提高的过程，是一个通过创造来发掘、实现自身之更高价值的过程。显然，这也正是一个超越自身的过程，它把“人”的“界限”变成“活”的，而不是像“物”的“界限”那样，是“死”的，它让“人”不断地敞开，从而才能够不断地生长。

至于音乐何以具有这种模仿效应，我们把这个问题放在后面讲尼采的那一章再专门讲。

在此只提一点：我们说过，哲学从一开始就是思辨，灵魂实际上就是象征着哲学所要求的那种思辨的对话。换言之，灵魂的“生长”过程就是一个“对话”过程，它的“生长”是通过“对话”实现的。

音乐的净化功能、模仿效应能保持灵魂的生长，只是一种辅助作用。

因此，这种思辨的对话才是毕达哥拉斯关注的重点。

思辨不是一个简单的、随随便便就可以开始的过程。那么要怎样以及用什么去推动思辨呢？这是在毕达哥拉斯之前没有被重点思考过的问题。

毕达哥拉斯制造出一套范畴表，有十组范畴。这是西方哲学史上最早的一套范畴表：

有规定者	无规定者
奇	偶
一	多
右	左
雄	雌
静	动
直	曲
明	暗
善	恶
正方	长方①

为什么要制造出这十组范畴呢？有的观点认为，这十组范畴是用来规范万物的，基本的属性都在这里面了。我个人认为这没有什么意义。因为范畴表是永远也不能穷尽的。而且如果说范畴表仅仅具有认识论意义，这似乎太狭隘了，它应该而且事实上也确实具有更深的理论意义与更高的理论价值。这种理论意义与价值，在我看来，就是与推动思辨有关。

毕达哥拉斯的这个范畴表有一个特点，那就是每一组都是两个范畴。而且，这两个范畴是对立的，比如一与多、奇与偶、雌与雄等等，都是对立的。

那么这种对立说明了什么？

还有为什么是“范畴”而不是“概念”呢？

这两个问题其实是有相关性的。我们先来看后一个问题。

概念和范畴有什么区别？概念是指称性的，它总是指称一个外部的实在，有一个外部的对应物，这就是概念。而范畴不是这样。范畴不是指称外部的实在，也不是以这种外部的实在的存在为基础。范畴是指向自己的对立面的，它是通过自己的对立面而获得自身意义的。

---

①　杨适：《古希腊哲学探本》，商务印书馆2003年版，第174页。

所以，范畴表里的一与多、奇与偶、雌与雄等等，都不是向外指的，而是通过对立面：一的对立面是多，奇的对立面是偶……它是通过自己的对立面显现自己具有何种意义、何种规定。换句话说，概念和范畴的区别在于概念是经验性，它指向一个经验实在，而范畴不是这样的，范畴是逻辑规定，它是通过逻辑上的相对关系获得自己的属性或意义的。

这十组范畴都是相对的，这就等于说，在制定出范畴表的时候，经验性的概念被“搁置”了，经验的、实在的外部世界也已经被“悬搁”了。这符合哲学的思辨性要求。哲学就是要思辨，思辨就是自否性的对话，它不能总往“外”指称，而是要向“内”开启。范畴，逻辑的规定，就总是向内指而不是向外指的——向内指向对立的方面、向对立方面的转化，使自己得以澄清，使自己显现为某种属性或者意义。所以，范畴及其对立性相当于给思辨提供出来一个空间。换言之，思辨是借助于什么展开的呢？就是借助于范畴展开的，借助于一组一组相互对立的范畴，从自己转向对立的方面，然后再往前转，不停地转，思辨就是这样一个过程。

所以，思辨是通过范畴来推动、来展开的。思辨一定是在纯粹的思想当中的，它不依赖经验，它不指向经验的实在，它是纯粹的“思”，是思想本身，它只依靠自己本身展开，这就是哲学。

灵魂是一个“对话”的过程。这种思辨的对话通过范畴来推动的，让它把自己实现为只依靠自己、不依赖经验实在的纯粹的“思”，使它不断地转向对立面，又否定对立面，从而不断地开显，不断地深入。

但是，仅靠范畴去推动思辨，对灵魂的净化来说也许稍嫌不够。

我们前面说过，音乐对灵魂的净化具有辅助作用。虽然是辅助作用，但也是不可忽视的。

也就是说，要想让灵魂得到净化、生长，那就需要在思辨当中保有音乐的特性和功用，也就是“模仿”的功用。这个功用不是范畴所能提供的。因此，思辨就不仅是靠范畴在推动，还需要另外一个过程，这个过程要有像在音乐那里一样的“模仿”效用。

那么，究竟是什么能够起到这种作用呢？

那就是隐喻。

为什么说在灵魂的对话、生长过程中，亦即在思辨的过程中，必须得采用隐喻呢？

就是因为它具有像在音乐那里一样的“模仿”效用。

隐喻为什么具有“模仿”效用呢？

“模仿”意味着寻找相似性，即使……像……，它是一个寻找相似性的过程。而隐喻正是一种寻找相似性的过程。

这样一来，我们就看到，在推动思辨的过程中，一方面使用着相互对立的范畴，从一个方面推到另一个相反的方面，然后再推到另一个相反的方面，这样不停地向前进行，这样，使“地平线”越来越开阔，使我们看到的事物越来越多、越来越清晰、越来越深入；另一方面，在这个过程中还要使用隐喻，隐喻作为一种寻找相似性的过程，具有“模仿”效用，能够像音乐一样，净化灵魂，实际上就是达到“共鸣”，达到“生命一体感”。从这个意义上讲，隐喻和思辨是不可分割的，是一体的。

隐喻是语言的本质。只有通过隐喻去发现、创造事物之间的微妙的相似性或关联性，那么你才实现了“模仿”的过程，也才实现了生命的一体化。

其实所谓的比喻关系，无论是明喻还是隐喻，实际上就是一种“比”的关系，比如说小王像一头狮子，小张是一只狐狸，前者是明喻，后者是隐喻，但都是一种“比”的关系——把小王“比”为狮子，把小张“比”为狐狸。毕达哥拉斯认为这种事物之间的“比”的关系是事物之间最基本的关系，因此这个“比”的过程就是把万事万物放到“关系”中去，相互联系起来——想产生新的知识，就必须打破自身、走出自身，与其他事物联系起来。就是这种类比当中，才有了认识、有了知识。没有类比，就没有知识，有的只是同义反复，甚至都无法完成正常沟通与交流。有一个有趣的例子，在现实生活动中也着实出现过，那就是某个人到别人家去敲门，人家就问了：你是谁呀？他回答：我！开门！结果人家并不确知他到底是谁，也不敢开门。

这就是没有打破自身、走出自身，没有把“我”与其他事物或者名称联系起来，所以对方无法对这个“我”形成认识，也不知道这个“我”到底是谁。你只有说：我是张三、我是李四，这样，人家才知道你究竟是谁。

这种情况，后世的罗素做过一个总结，他把“我”“这儿”等词称为“自我中心特称词”。就是说，当我们说“我”或者“这儿”等词的时候，必须得有一个“自我”在场，通过这个“自我”的自指与外指，才能知道这些词指的到底是谁或者什么，它们的含义是随着环境在变的，是不确定的。

更精彩的则是黑格尔的相关论述。他把“这儿”等词看作一个有着思辨性的过程，带有否定性。这个否定实际上是对原有的含义的否定，更准确地说，是对原有的关系的否定。比如，我们在火车上，路过一个地方，我们说这儿是哈尔滨，这实际上是在“这儿”和“哈尔滨”之间建立了一种关联。而现在我们又路过一个地方，我们说这儿是长春。这便否定了“这儿”和“哈尔滨”之间的关联，而代以与“长春”之间的关联。

其实，不管哪种观点，哪种说法，实际上都意味着只有通过事物之间的关联性才能进行认识。

也正是在这个意义上，有些观点认为隐喻跟认知有关，甚至是认知的基础。

不过，我们在此关注的不是这个话题，点到即止，让我们回到原来的话题上。

我们前面说过，在模仿当中，实际上是有一个价值引导的过程的，使人向某种更高的价值趋近。正因如此，“模仿”使人变得崇高。

所以我们反复强调灵魂的生长、思辨的对话，这一目的要通过两个手段来完成：一是用范畴来推动思辨的进行；二是用隐喻来达到“模仿”的效用，实现生命的一体感以及与此相关的归属感，就好像又回到了宇宙母体一样。

当然，有了这种一体感和归属感，就还会由此生发出很多其他的感觉，比如喜悦感，等等。

这实际上就是亚里士多德所说的“学习的快乐”。这种快乐就是在学习、模仿的过程中由一体感、归属感而来的快乐，这样就可以抵制住尼采意义上的生命的悲剧。实际上，在毕达哥拉斯那里，生命也被认为是悲苦的，因为它是“轮回”，在肉体里转来转去，能不苦吗？且不论别的，这一点就足够苦了。怎么才能抵制住这生命中的种种悲苦呢？就用这种欢乐！这种在学习、模仿的过程中由一体感、归属感而实现的快乐。这是两个层面交织在一起的快乐：一体感是一种本体层面的欢乐，归属感则是伦理层面的快乐。只能用双层的快乐才能抵制住生命的悲苦。

回到“对话”这个话题上来。其实，所有的话，都是对话。而在所有的对话中，有一种很特别的对话，那就是自我对话。自我对话的特别之处也正是它的优势所在，那就是自我对话拥有“第一人称视角”。就是说者和听者是一体的，因而整个对话是透明的，没有任何遮蔽。只有自我对话有这个优势。从这个意义上讲，自我对话与光的隐喻是相通的，都要求“公开”“透明”。从这个意义上讲，思辨的对话是一种自我对话，并因此与光的隐喻一致。

虽说隐喻是语言的本质，但是当逻辑语法高度发达的时候，语言的隐喻性就消退了。语言隐喻性的消退，一方面意味着隐喻所成就的那种“模仿”效用也消退了，另一方面意味着与隐喻一体的思辨的衰退。由此，语言不再是“开启性”的、“显现性”的，而是变成了一种“知性”的东西，即抽象的普遍性。

所以，在毕达哥拉斯这里出现的以范畴推动思辨、对音乐的强调以及与此相关的模仿、隐喻，是极高明的做法——它预防了知性思维对哲学的入侵。总体来说，思辨以范畴加以推动，这个范畴是逻辑规定，不是依靠外部的经验实在，它是一种自指。然而这还不够，因为这个思辨的“思”总要通过语言表达出来。因此这种思辨的“思”以语言表达出来就有一种特点，那就是自指，而不是往外指。往外指，意味着这“指”是固定的。比如说，“桌子”，这是一种往外“指”，只能指“桌子”这种东西，不能指别的，这是固定的。而自指不是往外指。这意味着这个“指”是不固定的，因为它总是指向对立面，要转化，是“活”的。所以，思辨的语言一定是自指性的语言、“活”的语言，不确定，永远“悬”在那儿，悬浮着。因而思辨的语言，严格说来，不是也不可能是指称性的语言，而是一种境域性的语言，它没有固定的指称，它只是彰显一种境域，即阿那克西曼德意义上的 απειρον——地平线。

当语言作为这种境域性的语言时，音乐所具有的那种“模仿”效应在语言中以隐喻的方式得到了恢复——语言凝聚着思辨与隐喻。

其实，语言本来就是带有音乐性的，或者说就是从音乐转变而来的，从音乐的节奏、旋律、和声中慢慢变化出来，它本来是有生命的，是“活”的，但后来又没有了，所以要“还原”，虽然不是真的要像音乐那样有严格的节奏甚至旋律，但至少要以某种方式恢复音乐本来具有的那种“模仿”效用。这种补偿性的替代方式就是隐喻：没有固定的指称、悬浮的、开放的，把所有可能性都保持在手的。这才是真正的语言、本来的语言，是与“人”的境域本性一致的并因而能彰显“人”性的境域性语言。

只有这种语言才是能够进行思辨的语言，才是能够探索形而上学的语言。这是探索形而上学的一块基石，使用它，你才能进行形上的“思”，否则不可能。使用这种语言，就是使用隐喻，尽可能地去发现、去创造相似性，使“意义”不至于固定、僵化，而保持着开放、流动。这样就把“思”不断地拓展开来，也使“人”的“界限”不断地活跃起来，使“人”的“界限”不至于僵死，使“人”不至于“物”化。

当然，这并不是说思辨的语言、境域性的语言是另外一种语言。语言本身没有变化，语言还是你平时用的那套语言。只是你在使用语言的时候，由于关注、恢复了语言的境域性，你就处在这种境域性之中了，你就处在生命的本质状态。因为生命就是境域，它不是“死”的东西。

如果仅仅把语言当作一种指称性的工具，丢掉了语言的“开启性”“显现性”，丢掉了隐喻性，“意义”就变得僵死，一切就变得抽象了，变得知性、平均、量化，变得谁“说”都一样，千篇一律。所以，毕达哥拉斯很高明，他对语言的琢磨是很透彻的：一方面我要思辨，一方面还要思辨能用语言表达，而且还要保证其不能被知性化，不能被知性侵染，要保持语言的隐喻性和境域性。所以你学习的时候，是用语言“听”进去的，这里面肯定有知性的作用。知性也不是一无是处的。知性具有规范性——平均、量化，那不就是规范性吗？所以没有知性，根本就不可能有正常的交流。但你不要停留在知性上，不要把语言彻底知性化，那就只能学到教条。你要意识到语言的隐喻性和境域性，你要始终保持在境域当中，这样才能活学活用，才能学以致用，就像孔子的那套教育方法，随着境域的不同，你知道应该怎么样去具体应对，不是僵死、教条，保持活生生的境域性，保持生命的鲜活色彩，不是像知性那样都拉齐、削平，这是非常符合人性的做法。

所以，用这种语言推动思辨并以此作为教化，是真正能起到教化作用的。它以思辨和隐喻双重的、浑然一体的方式进行教化，很容易被接受，而且能使人活学活用，对人的生命是真正有益的。

这也是当时的人们特别热衷和重视演讲的原因之一。演讲是带有强烈的修辞学倾向的：演讲时，你要面对不同的人，他们是有差异的，你要兼顾这些有差异的个体的情感、情绪等等。所以演讲一定是带有修辞性的，通过修辞学的手段去召唤他人、感染他人，从而达到教化的目的。毕达哥拉斯本人就听过阿那克西曼德的演讲。

而且演讲并不是只强调修辞，那里面也有辩证法的作用。其实，辩证法和修辞有相通之处。辩证法就是不断地“问”，就是“引导”，就是“启发”，从而使人感受到教化。

希腊的哲学是非常生动的哲学。原因之一就在于它对“说”的强调：讨论、演讲、辩论，然后用思辨进一步去讨论问题，去改变自己同时也改变别人。

我们前面说思辨与隐喻是一体的，还说自我对话与光的隐喻是相通的，都要求“公开”“透明”。从这个意义上讲，思辨的对话是一种自我对话，并因此与光的隐喻一致。因此，思辨与隐喻的一体，首先是思辨的对话作为自我的对话与光的隐喻的一体。换言之，在思辨之中，总是贯穿着或者说暗含着光的隐喻，亦即我们前面所说的现象学“显现”的冲动。

而这种光的隐喻，在毕达哥拉斯那里，突出地体现在他所说的作为本原的“一”上。

但是我们首先应该注意，在毕达哥拉斯那里，“一”是有不同意味的：作为本原的“一”和作为属性的“一”。

我们前面提到过毕达哥拉斯的范畴表，“一”和“多”是其中一组范畴。

我们注意到，在那十组范畴里，排在第一位的不是“一”和“多”，而是“无规定者”（即“不确定者”）和“有规定者”（即“确定者”）。

我们一直强调，在毕达哥拉斯那里，此前已有的光的隐喻、现象学的“显现”以及“听”与“说”的寓意被继承并延续着。其中一点便在于这种对“不确定者”和“确定者”的位置的安排。

把“不确定者”和“确定者”放在范畴表的第一位，显然意味着这是一对首要的范畴，是比其他范畴更根本的范畴。这意味着，毕达哥拉斯对阿那克西曼德的 απειρον 有着深刻的领会——απειρον 就是一个不确定者。只有对这个不确定者的意义有着清楚的了解，知道它是“起点”、是“在先”的，才会将之放在范畴表的首位。

而且，将“不确定者”和“确定者”放在一组，放在一种对立的关系当中，这就突出了当初阿那克西曼德所认为的 απειρον 与万物的差异。更加有意义的是，将“不确定者”和“确定者”放在一种对立的关系当中，意味着“不确定者”和“确定者”之间存在着一种“思辨”的关系。这一方面表明了“不确定者”和“确定者”之间的过渡和转化，另一方面也表明了这种过渡和转化只能通过思辨来把握。

所以，范畴表里“一”与“多”中的“一”，并不是表示本原的“一”，而只是表示属性的“一”。

作为本原的“一”，其实应该是那个“不确定者”，亦即阿那克西曼德意义上的 απειρον。

按照第欧根尼·拉尔修的记载：“万物的本原是一。从一产生出二，二是从属于一的不定的质料，一则是原因。”①

从这一记载可以看到，作为本原的“一”显然不是与作为质料的“多”相对立的，而是产生“多”。②

所以，作为本原的“一”并不对应于范畴表里的“一”，而是对应于“不确定者”。

关于这个作为本原的“一”，耿占春先生有如下观点：“把数

---

① 北京大学哲学系外国哲学史教研室编译：《西方哲学原著选读》，商务印书馆1982年版，第20页。

② 毕达哥拉斯认为数学上的比例关系能够生成万物。那么，他会怎么认为呢？可以肯定的是，这种“生成”具有一种“先验”意味。所以，虽然从经验层面看，我们面前的桌子，的确需要以比如说3:4:5的关系作为形式结构才能制造出来，但这并不意味着这种比例关系就此就成为万物得以产生的先验形式了，这是远远不够的。因为这种论证是从经验开始的。我们只能从“先验”开始，而不能颠倒这个次序。从“先验”开始论证“比例”能够生成万物的原因，则是因为这里存在一种“类比”的关系——不仅仅是数学上的比例，比例只是类比的一种。类比的效用在于打破类与类之间的界限——这恰恰符合 απειρον、“活”的界限的要求——从而形成判断、形成知识，即在不同的事物之间进行联结、综合。因此，类比实际是一个存在论的过程。在发生某种类比的时候，就可以让事物进入一种关联性之中，正是在这种关联性之中，事物才得到了“规定”，成其为“事物”，也就是所谓的“生成”了。

理解作万物之本质的古典毕达哥拉斯学派所用的图像符号，也同时透露出对万物之本源性的理解：1 这个数字，是一切数系的基本要素，他们用 aρχη 表之，而此字的一个意义是女性的子宫。”①

这意味着作为本原的“一”，是具有生产性的。而把一个东西生产出来，也就是把它“显现”出来。从这个意义上说，毕达哥拉斯的“一”依然暗含着光的隐喻。

我们说，思辨始终是和隐喻一体的，并且首先是和光的隐喻一体的，亦即在思辨之中始终隐伏着光的隐喻。因此，思辨不是从别的什么地方开始的，而就是从这个暗含着光的隐喻的“一”开始的。也正因为如此，这个作为本原的“一”、这个实际上的“不确定者”才在用以推动思辨的范畴表里排在了开端。

我们前面说过光的隐喻表达的是对“公开”的伦理诉求，这种诉求在阿那克西曼德那里表现为“补偿正义”，而在毕达哥拉斯这里则更多地体现为“分配正义”，这主要是通过他对数、对比例的强调而实现的。比例，实际上表达的是一个人与其所得和另一个人与其所得之间的相等。只有这种“相等”，才能说明每个人劳动与所得、付出与回报之间是公平的、有正义可言的。这些寓意后来在赫拉克利特的逻各斯那里都有体现，是逻各斯意义的一种积淀与储备。

（五）逻各斯的意义储备：思辨的“对话”、光的隐喻、现象学显现的“冲动”

现在我们来看一看，从泰勒斯到阿那克西曼德、再到毕达哥拉斯，在诸多概念中隐藏着的、又一直延续着的那些“意义”都有什么呢？

首先，是“对话”。准确地说，是思辨的对话，这是哲学本身所要求的。

---

① 耿占春：《隐喻》，东方出版社 1993 年版，第 91 页。

其次，是光的隐喻，而这种隐喻是跟现象学“显现”的冲动联系在一起的。

而思辨的对话、光的隐喻及现象学“显现”的冲动又是统一在一起的。

在泰勒斯那里，光的隐喻与现象学“显现”的冲动以“水”的透明性被潜在地表达着。通过“水”、通过“水”的透明性，光的隐喻被暗暗地使用着，并以此暗示着现象学意义上的“显现”。同时，这“显现”本身就可以视为一种“说”，虽然这种“说”还不能完全视为哲学所要求的思辨的对话，但至少有“说”的意味在里面了。

到了阿那克西曼德，απειρον 作为地平线，一方面继承着光的隐喻，另一方面又补充着这一隐喻，它强调了“显现”不仅要有“光”，还需要“地平线”，从而使现象学“显现”的冲动得到了较为充分的满足。同时，从这“地平线”内所“显现”的一切，也可以视为一种“说”出的“话语”，仍然保留了“说”的意味。

到了毕达哥拉斯那里，作为本原的“一”本身就包含着“显现”之义，可以说继承了前面的现象学“显现”的冲动以及光的隐喻。同时，对思辨、对话的推动，也进入了一个更高的层面，从原有的“说”的意味，通过范畴的作用，提升为“思辨”“对话”。作为一种自否性的对话以及其所使用的范畴的非指称性，思辨的对话成了一种向内的、自我揭示性的过程。思辨的对话由此乃是一种自我对话，具有透明性。由此，思辨的对话与光的隐喻统一起来，二者都是要去进行现象学意义上的“显现”。

哲学有哲学史，概念有概念史。

因此，即便抛开哲学史上的理论渊源、传承，我们也必须看到和承认，在赫拉克利特之前的这些哲学概念，由于其本身大都是直接来自当时日常生活中的一些语词，那么它们本身所蕴含的、利科意义上的“意义增长”，既然能够为泰勒斯、阿那克西曼德、毕达哥拉斯等人所提取，自然也能够为赫拉克利特所提取。更重要的是，这“增长”出来的“意义”，对于这些哲学家来说并不是随意的，而是有其深刻的哲学洞见的，亦即被赋予了哲学含义的，而这些含义，则是与哲学的本性相关的，或者说，是哲学的本性所决定的。因此，在泰勒斯、阿那克西曼德、毕达哥拉斯等人那里所使用的那些哲学概念，其中所蕴含的、从日常意义中“增长”出来的哲学意义，在赫拉克利特的哲学概念里也必然包含着。

正是从这一点出发，我们可以说，在赫拉克利特的逻各斯概念里，同样包含着思辨性、对话性与显现性。

当然，还要注意的是，在泰勒斯、阿那克西曼德、毕达哥拉斯等人那里所使用的那些哲学概念，其所蕴含的伦理指向，也必然同样包含在赫拉克利特的逻各斯概念里。

这样一来，赫拉克利特的逻各斯概念，实际上就是对其之前哲学的一次大总结，集之前哲学之大成。

附　论

毕达哥拉斯学派创建了数学的形而上学，这时候就会出现一个问题：数学实际上还是一种知性的思维方式，因此在数学的基础上产生的数学本体论，其实使用的还是一种知性的思维方式，那么在这种意义上讲，这种形而上学，它还是处于当年黑格尔在《逻辑学》中所批判的旧的形而上学的范畴之内。旧的形而上学的缺陷在哪里？就是在于知性的思维方式。知性的思维方式的错误不在于它使用了有限的知性范畴，而是在于它总是将事物放在一个有限的规定的范围内，并且把这一界限固定下来，不再否定。也就是说，旧的形而上学，无论它是数学的形而上学或者其他什么形而上学，它的问题就出在这一点，那就是它包含了一种设定——它设定了一条界线，而且这条界线是固定的，不再否定。

从某种意义上讲，形而上学要做的第一个理论性的工作，应该是现象学。形而上学要去研究的就是那 απειρον、那“活”的界限，就是要研究“显现”的“背景”“地平线”，就是要研究事物怎样从“地平线”下“升”起来，走到我们的“视野”当中、向我们“显现”出来，它要研究的就是这个问题，要说明的也是这个问题。也就是说，形而上学的第一个部分，作为现象学，研究的就是与“显现”有关的“地平线”，它所要做的工作就是想办法使“地平线”能够不断地向前推进——只有不断地使“地平线”向前推进，才能有不断的“显现”。可是，旧的形而上学所使用的知性的思维方式恰恰是设定了一个固定不变的界限，不再加以否定，这时形而上学所要研究的这个“地平线”就失去了其“地平线”的意义，对于这时的形而上学来说，这个地平线已然固化，不能再向前推进了，这样就不再有什么“显现”可言了。从这个意义上讲，旧的形而上学已经偏离了形而上学的目的。形而上学追求的始终是开放性，知性的研究方法是不可能达到形而上学的这种要求的。

第二节 赫拉克利特哲学的核心——逻各斯

（一）逻各斯、一与智慧

现在我们来看赫拉克利特的逻各斯。在赫拉克利特著作残篇中，直接谈及逻各斯的其实并不多，我们先来看其中一条，也是在我看来最重要的一条：“如果你们不是听了我的话，而是听了我的道（即逻各斯，引者注），那么，承认‘一切是一’就是智慧的。”①

这里有三个关键词：逻各斯、一、智慧。

显而易见的是，这三者是相互关联的。问题在于这三者是如何相互关联的。

让我们来仔细分析一下赫拉克利特的话。他说，“听了我的

---

① 北京大学哲学系外国哲学史教研室编译：《西方哲学原著选读》，商务印书馆1982年版，第22页。

道"，"那么，承认'一切是一'就是智慧的"。

这也就是说，如果真的理解了逻各斯，那么就会承认一件事——"一切是一"，而承认了这一点，就意味着是有智慧的。

这样一来，逻各斯与"一切是一"之间就不可避免地具有了一种关联性，甚至同一性。换言之，理解了逻各斯，就理解了"一切是一"，反之亦然。

卿文光先生曾说过赫拉克利特没有对逻各斯正面地说出什么。①

但是，我们可以从逻各斯与"一切是一"的这种关联中，管窥逻各斯的意思。

既然理解了逻各斯，就理解了"一切是一"，反之亦然，那么就要弄明白"一切是一"到底意味着什么。

我们前面说过，在毕达哥拉斯那里，作为本原的"一"并不与作为质料的"多"相对立，而是产生"多"。所以，作为本原的"一"并不是范畴表里的"一"，它其实是范畴表里的那个"不确定者"，亦即阿那克西曼德意义上的 απειρον。我们也说过，这个"一"含有"显现"的意味。

同样的，在赫拉克利特这里，"一切是一"的这个"一"，也只能这样理解。也就是说，这个"一"只能理解为 απειρον，亦即"地平线"。

这样一来，"一切是一"的意思显然就是：一切都在"地平线"内。

而这同时等于宣告了一件事，那就是：在"地平线"外乃是"虚无"，那是无法思，也无法说的。

所以，所谓理解、承认"一切是一"无非就是说对这个"地平线"有所意识，认识到一切都是在它之内显现出来的，而在它

---

① 卿文光：《思辨的希腊哲学史——前智者派哲学》，人民日报出版社 2015 年版，第 118 页。

之外则是虚无。

因此，相应地，理解了逻各斯，实际上也就是理解了“地平线”的意义。

从这个意义上说，逻各斯不是别的什么，就是“地平线”，就是后世现象学所说的“境域”。

也正因为如此，逻各斯才包含有“显现”的意味。同样的，也正是以这种方式，逻各斯才包含有“显现”的意味——从西方哲学一开始就具有的那种现象学“显现”的冲动在逻各斯这里沉淀着。

那么，为什么理解和承认了这一点就是有智慧的呢？

这就涉及智慧与博学的区别。

赫拉克利特明确地说：“博学并不能使人智慧。”①

这是为什么？

因为“博学”始终停留在“对象”的层面上——从一个对象转到另一个对象，从一类对象转到另一类对象，却始终没有跳出“对象”层面，转向那使“对象”得以显现的“地平线”。

所以，智慧不在于别的什么，就在于转向那“地平线”。

赫拉克利特说：“智慧就在于说出真理，并且按照自然行事，听自然的话。”② 又说：“智慧只在于一件事，就是认识那善于驾驭一切的思想。”③

这里所说的真理显然是指“一切是一”，即一切都是在“地平线”之内显现出来的，而在“地平线”之外乃是虚无。而智慧就是要“说”出这个真理。这个“说”，倒不一定是“讲述”的意思，而更应该是“公开”“去蔽”的意思。也就是说，这里的“说”实际上是一个我们上面所说的“转向”的过程。通过“转

---

① 北京大学哲学系外国哲学史教研室编译：《西方哲学原著选读》，商务印书馆1982年版，第26页。

② 同上书，第25页。

③ 同上书，第26页。

向”，达到“去蔽”的效果，使那原本没有被意识到的“地平线”敞开、显露出来。所以，所谓的“智慧就在于说出真理”，并不是指把“一切是一”这个真理到处去说，到处去讲，而是指把“一”、把“地平线”显露出来，而这就是智慧。

换言之，智慧就在于把“地平线”显露出来。

而这句话的后半句恰恰可以作为对此的一种佐证。后半句是“按照自然行事，听自然的话”。那么，这里的“自然”，指的又是什么呢？

赫拉克利特另有一句话：“自然喜欢躲藏起来。”[①]

自然为什么喜欢躲藏起来？

什么能“躲藏”起来？

“对象”吗？

显然不是。

因为“对象”一直是被关注的，是“主题”。

所以，那“躲藏”起来的是什么？

是“地平线”。

所以，那喜欢“躲藏”起来的“自然”，不是别的什么，而就是“地平线”。

因此，按照“自然”行事、听“自然”的话，实际上就是遵循“地平线”，遵循那“活”的界限，亦即努力使自己成为那“活”的界限——不断开放、不断拓展，但又始终克制、自持。

这还不是智慧吗？

这正是智慧。

因为它指出了生命究竟应该是怎样的：一方面努力实现自身，另一方面又始终不去侵犯他人，在自身实现与尊重他人之间始终保持着应有的、必要的“间距”。

---

① 北京大学哲学系外国哲学史教研室编译：《西方哲学原著选读》，商务印书馆1982年版，第26页。

因此，逻各斯作为“地平线”、作为“境域”，是“人”所参照、学习和模仿的“榜样”。

所以赫拉克利特才会说智慧就是听“自然”的话，按照“自然”行事。

而且，这“榜样”是属于所有人的。

为什么？

因为它是“地平线”，是“境域”，没有“人”能在它之“外”——“人”无一例外地要以它为“榜样”。

这就是为什么赫拉克利特会说逻各斯是大家共同的、共有的原因。①

由此也可以看出，赫拉克利特所说的智慧，是一种“实践”智慧。它超出了主体性，进入了主体间性，触及的是人与人之间的关系：尊重、合作，等等。

所以，逻各斯是有“凝聚力”的。它暗示着人与人之间的交往、协作，也暗示着在这种交往与协作中应当遵守的规则是什么，那就是“尊重”。也正因为有“尊重”，人们才能“凝聚”起来，“团结”起来。

尊重，是人与人之间伦理关系的基本要素。

而所谓尊重，就是承认他人的存在。

逻各斯作为“地平线”、作为“境域”，一方面它是“活”的界限，另一方面它又是活的“界限”。就是这“界限”，承诺了他人的存在。

所谓尊重，还在于承认他人具有“说话”、发表意见的权利。

逻各斯作为“地平线”、作为“境域”、作为“活”的界限，是“开放”的。“界限”的这种开放性，承诺了对不同视角的容纳乃至接受，也就是承认他人具有“说话”、发表意见的权利，亦即

① 北京大学哲学系外国哲学史教研室编译：《西方哲学原著选读》，商务印书馆1982年版，第22页。

尊重他人。

当代现象学家克劳斯·黑尔德极其重视尊重在伦理中的意义，他把对他人“说话”、发表意见的权利的尊重，称为“畏怯的伦理”。[①]

所以，通过参照、学习、模仿逻各斯，所具有的“实践”的智慧，是一种“伦理”智慧。

（二）逻各斯、对话与灵魂

从上面的分析中不难看出，逻各斯是和“话语”联系在一起的，这也是它的本来含义之一。

话语，即“说”。“说”，就是“显现”。“说”出一件事，就是把一件事“显现”出来。

因此，逻各斯的“话语”本义是与逻各斯作为“地平线”、作为“境域”所含有“显现”意味一致的。

我们上面说过，思辨的对话与现象学的“显现”是统一的。

因此，从这个意义上讲，逻各斯意义上的“说”必定是思辨的对话。

这意味着，在实践当中，尊重他人“说话”的权利，就是要对自己原有的立场进行批判，也就是我们前面所说的“自否性”。

当然，这个要求不是针对对话双方中的某一方的，而是针对双方的——因为，正像我们前面所说的那样，逻各斯作为“地平线”、作为“境域”，是所有人的“榜样”。

因此，真正的伦理必然包含主体的自我批判在内。

自我批判的过程就是一个自我对话的过程。

因此，逻各斯意义上的“说”，归根结底，是一种自我对话。

在自我对话中，起到关键作用的是“灵魂”。

---

① 参见克劳斯·黑尔德《世界现象学》，孙周兴编，倪梁康等译，生活·读书·新知三联书店2003年版，第285页。

赫拉克利特说："道（即逻各斯，引者注）为灵魂所固有，是增长着的。"①

既然逻各斯是灵魂所固有的，那么逻各斯作为一种自我对话，就只能在灵魂中展开。

而"灵魂的边界你是找不到的，走遍每一条街也找不到；它的根是那么深"②。

灵魂的这种"增长"的"边界"，让我们很自然地联想到那"活"的界限。

这也就是说，灵魂本身就是那"地平线"、"活"的界限、逻各斯。

因此，逻各斯作为一种自我对话，实际上就是灵魂的自我对话。

而这种对话的表现过程就是"思辨"，而其结果，从个人身上而言，就是"品格"，从群体角度而言，就是民主。

灵魂的自我对话作为一个思辨过程，在赫拉克利特那里突出地表现为对立统一原则。这似乎也是后人在谈及赫拉克利特时，谈得最多的一点。所谓对立，就是承认有另一种意见、另一种看问题的视角；而所谓统一，就是视角间的融合。因此，自我对话实际上就是开辟出一个新的视角，然后再在新旧视角间寻求统一。

所以，灵魂的自我对话过程自然也就是一个灵魂的"视角"不断开启的过程，亦即灵魂的"边界"不断拓展的过程。

因此，自我对话作为一个思辨的过程，虽然是"否定"的，却是一个不断"增长"的过程。在这里，灵魂真正成了那"活"的界限。

这里要注意的是，作为一个否定的过程，灵魂的自我对话所否

---

① 北京大学哲学系外国哲学史教研室编译：《西方哲学原著选读》，商务印书馆1982年版，第23页。

② 同上书，第26页。

定的到底是什么。其所否定的并不是灵魂那“活”的界限本身。恰恰相反，这是唯一被维护、被保持的东西，亦即在自我对话中，而且就是在自我对话中，灵魂保持其为“活”的界限。

为什么这一点被保持着、没有被否定呢？

因为它是否定不了的。

为什么它是否定不了的呢？

因为它是“地平线”——其外乃是虚无。对它的否定，意味着可以思“无”，而这是荒谬的。

因此，这一点，而且只有这一点是否定不了的，是被保持着的。

所以我们一定要清楚，在自我对话中，思辨否定的到底是什么。那绝不是逻各斯，绝不是“活”的界限本身。恰恰相反，思辨保持的、维护的才是逻各斯本身。换言之，思辨就像一种过滤过程，把除逻各斯以外，除“活”的界限以外的一切过滤出去，从而让剩下的逻各斯、“活”的界限显露出来。这就是思辨的意义。

而既然这种保持所保持的乃是一“活”的界限，那么这就意味着这“界限”在不断地增长。

这于语言上表现出来就是语义的“盈余”，就是象征、隐喻。

所以，逻各斯意义上的“说”，不仅是思辨的对话，而且还是隐喻——这“说”不仅是一种思辨，而且还是隐喻，是思辨与隐喻的统一。

严格来说，没有脱离隐喻的、光秃秃的思辨。假设真的脱离了隐喻，那也就是脱离了语义，脱离了语义的盈余，那么试问：思辨靠什么开启“视角”、拓展“界限”呢？即便在推动思辨展开的范畴当中也是有着这种“盈余”的——范畴的“对立”，表现的正是一种意义“盈余”。

脱离了隐喻，也就没有了思辨。脱离了隐喻、陷在单一的“指称”中，那就只能是“知性”，不再是思辨了——思辨没有了。

所以，逻各斯意义上的“说”，是思辨，但也是隐喻。

因此，应该这样说：逻各斯意义上的“说”，是思辨性的、对话性的，也是隐喻性的。

相应地，当逻各斯以一种语言哲学的方式被加以研究时，这项研究的主题应该是“对话”和“隐喻”。

而当逻各斯以一种伦理学的视角被看待时，其主题就是“品格”。

我们说，灵魂作为“活”的界限，在思辨的自我对话当中保持着并不断增长。

那么，这种“增长”到底增长了什么？

我们认为，其所增长的就是“活”，就是灵魂作为“活”的界限的“活”。

换言之，在思辨的自我对话当中，增长着的是生命的“活力”“创造力”。而这正是“人”的品格——灵魂的“边界”越增长，人的创造力就越得到体现，人就越成其为“人”，人的品格就越完善。

所以，赫拉克利特说：“人的性格就是他的守护神。”①

这里的“性格”，实际上是指“品格”。人的品格在思辨的对话中不断得以完善，其表现为：一方面灵魂作为“活”的界限，在不断地增长，亦即人的创造力不断地实现；另一方面灵魂作为“活”的界限，又终究保持为“界限”，而且始终保持为“界限”，亦即在自我不断实现自己的创造力的同时，又始终尊重他人的权利。

正是这样的品格、这样既实现自我又尊重他人的品格，人才成其为“人”。换言之，正是这种品格造就了“人”，成就了“人”，使人成其为“人”。正是在这个意义上讲，它是“人”的“守护神”。

---

① 北京大学哲学系外国哲学史教研室编译：《西方哲学原著选读》，商务印书馆1982年版，第28页。

我们前面说过，逻各斯作为一种思辨的、自我的对话，其结果，从个人身上而言，是“品格”，而从群体角度而言，则是民主。

因此，当逻各斯以一种伦理学的视角被看待时，其主题不仅仅是“品格”，还有民主。

我们说，在泰勒斯那里，“伦理”还只是停留在“公开”这一基础性层面上，而到了阿那克西曼德那里，这种伦理指向、伦理诉求已经进一步上升和明确为以“报偿”“负责”为表现的“公平”“公正”，出现了“补偿正义”，然后到了毕达哥拉斯那里则体现为“分配正义”。

而现在到了赫拉克利特这里，“公开”与“正义”进一步具体化为个人的品格与民主的政治——逻各斯作为“地平线”，作为“境域”，作为所有人参照、学习和模仿的“榜样”，在个人身上体现出来，就是其品格的完善，而从城邦的角度体现出来，就是民主政治。

个人品格我们已经说过，现在来看民主政治。

正义，无论是补偿正义还是分配正义，都只有通过民主政治才能实现。

首先，民主政治作为逻各斯的伦理体现，体现了人与人之间的“平等”。这种平等是由逻各斯的“境域”本性决定的——所有人都在“境域”之中，所有人都应学习它，无一例外，在它面前，人与人之间没有了差别，是绝对平等的。

其次，正是在这种源初的平等的基础上，补偿正义与分配正义才能得到实现。

因为如果没有这种源初的平等，那就无所谓损害，也无所谓补偿。只有以这种源初的平等作为依据和标准，才能“看”出什么是损害性的、谁受到了损害并应该得到补偿。

由此还应该看出和值得注意的是，从阿那克西曼德开始就被强调的“补偿”，指的是对人的境域本性的补偿，不应是在具体事物上的补偿。

我们曾经说过，这种补偿是把原来没有显现出来的东西显现出来了，而把原来作为主题的东西沉入到"地平线"之下。因此，说穿了，这种补偿，是一种"恢复"，其所恢复的正是"境域性"——原来已经主题化了，现在重新返回境域、返回地平线，恢复起来。

对"人"，这种补偿、这种恢复，就是对人的境域本性的恢复，就是要恢复那固有着逻各斯的灵魂，那边界不断增长着的灵魂，恢复那使人成其为"人"的"活"的界限。

因此，从这个意义上讲，补偿正义甚至全部正义，其意义就在于恢复人的这种境域本性，使人的生命恢复为"活"的界限，恢复人在生命境域性上的平等性，这就是民主政治所要做的事情。而分配正义则是在这个基础之上才能实现的。如果没有对人在生命境域性上的平等性的恢复，人的创造力就得不到正名与承认，那么分配正义是很难想象的。

因此，作为民主政治，无论是讲补偿正义还是分配正义，归根结底，都是在做一件事，那就是维护人在生命境域性上的平等性，这是来自逻各斯的、源初的因而是无可否认也不能取消的基本权利。

我们可以用一个图表来表述这种关系：

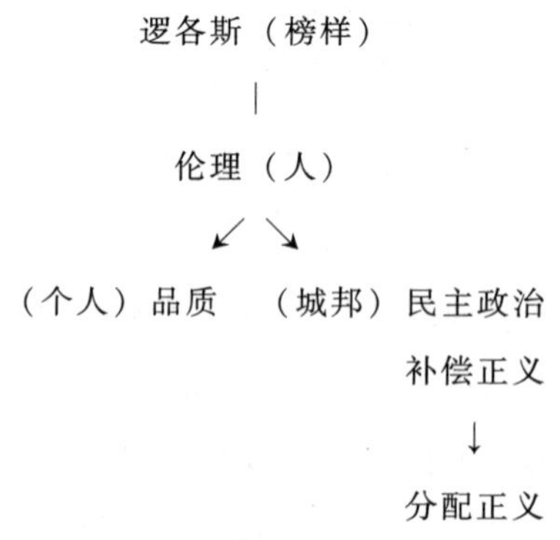

图 1

从这个图表中可以清晰地看出，伦理的来源是逻各斯，伦理就是人以逻各斯为榜样进行学习，学习它作为“活”的界限所具有的既不断实现自身又始终尊重他人的精神。伦理作为这种学习的结果在个人身上体现出来就是品质的完善，在城邦那里体现出来则是以补偿正义为基础的政治原则，而其目的就是要维护从逻各斯而来的、人在生命境域性上的平等性。当然，这相应地也就维护了“人”的既不断实现自身又始终尊重他人的品质。

所以，正义是对平等的维护，但要注意的是，这种平等是人生命境域性上的平等性。通过这种维护，使人始终保持在与逻各斯同在的状态中，保持着人之为人的独特品质。

从以上论述、分析可以看出，逻各斯这个概念沉淀着哲学从一开始就具有的那些精神（对话精神）以及前赫拉克利特哲学概念里所蕴含的意味（现象学的“显现”）乃至伦理指向。

逻各斯作为“说”、作为“对话”，是思辨的对话，同时也是隐喻，是思辨与隐喻的统一。

从这个意义上讲，从逻各斯当中可以发展出一种语言哲学，而其研究的主题，相应地，则应该是“对话”和“隐喻”。

逻各斯作为“地平线”、作为“境域”，是所有人参照、学习和模仿的“榜样”，所以，从逻各斯当中又可以发展出一种伦理学。由于这种伦理在个人身上体现出来，是品格的完善，而从城邦的角度体现出来，则是民主政治，因此，相应地，这种伦理学又可以在自身内部分化、发展出一种道德哲学和政治哲学。

而语言哲学、道德哲学、政治哲学，正是现代西方哲学的主题。从时间上来说，20 世纪前半叶，语言哲学是主题，而 20 世纪后半叶至今，道德哲学、政治哲学是主题。当然，这并不是说当语言哲学充当主题时，人们就不关心“道德”“政治”了，也不是说当道德哲学、政治哲学充当主题时，人们就不关心“语言”了。事实上，它们总是“纠缠”在一起的。

而由此我们也可以看到，现代西方哲学中，无论是语言哲学，还是伦理学、政治哲学，实际上都是从逻各斯发展出来的。我们可以用下面这个图表示这种关系：

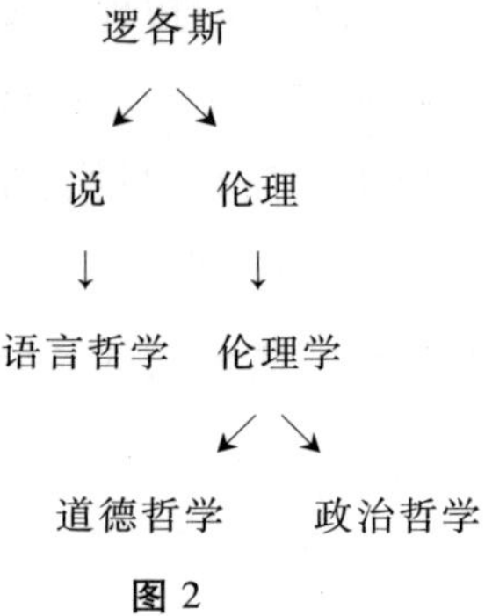

图 2

最后，我们还要强调或者“啰唆”一句的是：现代西方哲学各个主题性的研究，比如语言哲学、道德哲学、政治哲学都是源自逻各斯的。我的同事卿文光先生曾指出：“真正说来，赫拉克利特的‘逻各斯’没有消失，永远不会消失，赫拉克利特之后的希腊哲学的诸理性概念正是‘逻各斯’概念的内涵或意义的充分实现。”①

其实，同样地，现代西方哲学也是逻各斯内涵与意义的彰显。正是从这个意义上讲，整个现代西方哲学中始终贯穿着逻各斯的意蕴，充满了逻各斯的气息。

① 卿文光：《思辨的希腊哲学史——前智者派哲学》，人民日报出版社 2015 年版，第 147 页。

第二章　逻各斯与意志哲学

本章主要讨论逻各斯与叔本华哲学以及与尼采哲学的关系。

叔本华认为“世界是我的表象”。但这“表象”不是主观表象，而是作为“身体”具有超主观的主体间性。

所以，“身体”具有本体论意义——它就像逻各斯那样，是开放的、“活”的界限，一切在其中开放出来。

这个开放的过程又是一个“汇集”的过程。

在这种“汇集”当中，发生着逻各斯意义上的“对话”。

这样的对话是真正的、哲学意义上的、思辨的对话，人们在其中取消自己原有观点的直接有效性，并以此取消自身的僵化性和抽象性，从而将自身实现为生动性和丰富性。人就是借助于这种对话使得自己不断地增长、丰富，不断地实现出来，同时又不断融合为一体，实现了“生命一体感”，人由此进入“本体”的世界以及“伦理”的世界。

尼采强调酒神精神，其目的是要颠覆以往哲学企图建立知性意义上的逻辑秩序的观念。哲学应该建立的并不是一种知性的逻辑秩序，而是源自逻各斯本身的一种伦理秩序和价值秩序。这其实是哲学在开端处本来就负有的任务，现在要把它重新找回来。

因此，可以说，尼采强调酒神精神，就是要回到“哲学”本身。

为此，必须首先批判日神精神。日神精神过于强调“区分”“确定”，以至于将活生生的逻各斯逐渐异化为僵死的逻辑。同时，也将活生生的语言——诗、隐喻异化为“命题”“判断”。

酒神精神则是回到逻各斯本身的手段。

相应地，酒神精神必然是反“区分”、反“确定”的，是反对知性、反对形式逻辑的，也是反对把语言异化为“命题”“判断”的，而它强调的，必然是“汇集”“思辨”“隐喻”。

酒神精神有三种主要表现方式：音乐、悲剧、神话。这三者与酒神精神所强调的“汇集”“思辨”“隐喻”是对应着的。

酒神精神所强调的“汇集”“思辨”“隐喻”就是通过音乐、悲剧、神话表现出来的。

从逻各斯被日神精神异化的角度讲，这实际上是一个“否定”过程，而从酒神精神摆脱异化、向逻各斯回归而言则是一个“否定之否定”的过程，而在否定之否定之后，逻各斯又迈进了日神精神，然而此时是一个有着酒神精神作为奠基的结合的过程，因此这不再是一种异化，不再追求抽象，而是要求具体的情境和伦理保障，这是逻各斯的现实化原则。

尼采用诗、用逻各斯本身的“语言”表达了逻各斯本身，把逻各斯的思辨因素与隐喻因素紧紧结合在了一起，以思辨的自否性与隐喻的联想性共同担负起不断开启“人”的“地平线”的任务。

第一节　逻各斯与叔本华哲学

意志哲学是现代西方哲学的一个重要派别，而且在现代西方哲学的不同阶段上都有体现，前有叔本华、尼采，后有保罗·利科，等等。

关于叔本华哲学与德国古典哲学的关系，如果用一句话来概括的话，那就是：继承康德，批判黑格尔。

这一点不仅仅出现在叔本华身上，在现代西方哲学很多哲学家那里都有这种情况。许多哲学家都大谈特谈康德，却极少有人谈到黑格尔，就算谈到，也是以批判为主，而且这些批判多数没有切中要害，甚至是错误的。

这个现象其实是很反常的。从康德哲学到黑格尔哲学，在方方面面确实体现出一种进步。按道理来说，应该是黑格尔哲学被现代哲学继承得更多，至少被谈及得更多。

但是恰恰相反，人们更多的是继承康德的东西，而不是黑格尔的。这也说明了一个问题：现代哲学家对黑格尔的研究是远远不够的。黑格尔的哲学有其独到之处，其所达到的深度，即便放之整个哲学史，也没有几个人能与之相比。

对黑格尔哲学的误解、漠视，在一定程度上导致了现代哲学对体系性哲学的放弃。

这至少有一个弊端：体系都有其“开端”。放弃体系，意味着放弃了“开端”。

而放弃了“开端”，在某种意义上说，也就放弃了“追问”。

所以，现代哲学里很少有人是“刨根问底”的，除了胡塞尔等寥寥几人。

在古希腊哲学那里，例如像我们在第一章里提到的那样，总是有一个“开端”。Aπειρον、一、逻各斯，都是“开端”，都具有“开端性”。

因此，当现代哲学放弃了体系、放弃了“开端”时，这就意味着逻各斯除了在有限的几个哲学家那里之外，在很多情况下并不是被自觉地遵守和运用着，而只是在一种不自觉的状态下被遵守和运用着。这一点，我们要清楚。

那么，为什么逻各斯没有被自觉到，却还是在发生着作用呢？

原因是多方面的，但主要原因应该是下面这个：

我们前面说过，逻各斯具有伦理指向。

伦理这种东西是有传承性的，当然，也有变化性。

在伦理的这种传承当中，逻各斯方方面面的意义就都无形中进入了人们的生活，最终进入了哲学家的思考，成了哲学思考中一种隐而不显的因素。

这个原因，在我个人看来，甚至可能是逻各斯在现代哲学中很少被自觉到却还是在发生着作用的最重要的原因。

所以，很多事情是不能光看表面的。叔本华的哲学，从表面看，与逻各斯毫无关系。但事实未必如此。

叔本华的名著——也是他的成名作——《作为意志与表象的世界》里有一句被后来人当作名言的话：世界是我的表象。

这句话是什么意思呢？

这句话很容易让人误解，以为他是在说一切不过是主观的表象，而且还是“我”的主观表象。

其实并非如此。

如果真是那样的话，那这岂不成了唯我论了吗？

表象，确有其主观性，比如视觉、听觉、触觉等等，都是主观感觉。然而这些“主观”的感觉都是与“身体”有关的。

从这个意义上讲，“世界是我的表象”就转换成了“世界是我的身体”。西方传统哲学，特别是柏拉图之后的哲学，历来是贬低身体的——身体一直被当成是欲望的根源。

而当叔本华说“世界是我的表象”的时候，这里隐含的“身体”所表达的却不是一种消极的意义，恰恰相反，它不但暗示了一种积极的意义，而且暗示的还是一种“根本”意义。

这种“根本”指的是：“身体”在此起到的是一“界限”的作用。

而这“界限”又有双重含义，一方面，是本体论层面的；另一方面，是伦理学的。

说“世界是我的身体”，意味着一切都在“身体”之内，于是，“身体”在此成了“背景”“地平线”。

同时，作为“界限”“背景”“地平线”，又意味着对他人存在的承诺，于是，“身体”在此已经不再是“主观”的，而是“超主观”的，是“主体间性”的，它构成了伦理的客观性基础。

因此，当叔本华说“世界是我的表象”时，他实际上是表达了一种“界限”的意识——要有一个“界限”，界限之内是可以思、可以说的，界限之外是不可以思、不可以说的。而且，既然在这个“界限”之内的一切是可以思、可以说的，那就要去“思”，去“说”，正是在这种“说”当中，“主观”被超越了。

同时这也意味着我们是通过我们的“身体”来“说”的，来认识这个世界的。

所以“身体”具有本体论意义——它就像逻各斯那样，是“活”的界限，是活的“界限”。它是开放性的，一切在其中开放出来。

这样一个开放的过程是一个什么样的过程呢？

是一个“汇集”的过程。

所有的“主观”在此开放出来，“汇集”在一起，从而超越了“主观”。

也就是说，在这种“汇集”当中是要发生“碰撞”的，或者用逻各斯的本义来说，就是要“说话”——作为一种“碰撞”，这是一种“对话”。在这种“对话”当中，逻各斯作为“活”的界限，显示出了它的源初的“榜样”性——我们怎么可以固执己见呢？我们不应该守着一条“僵死”的界限啊，我们应该学习那源初的逻各斯，像它一样，做一条“活”的界限。

于是，“僵死”的“主观”被打破了，“人”超越了“主观”，进入了“本体”世界。人与人之间也相应地进入了“伦理”世界。

除了本体意义和伦理意义之外，“身体”还具有另外一种意义，那就是对隐喻的构成意义。

逻各斯作为“背景”“地平线”，是没有“形象”的，正如赫拉克利特所说的那样：自然喜欢躲藏起来。

但是它总要“显现”点什么来。

就像巴门尼德说的那样：存在者存在。实际上就是在说“存在”总要“显现”出“存在者”，或者说“是”必有其“所是”。

这“存在者”“所是”就是“形象”。

因此逻各斯本身虽然不是“形象”，却必须构成“形象”。

这样一来，“身体”就必须能够构成“形象”。

“身体”凭借什么构成“形象”呢?

我们知道，真正的本体都是只依靠于自身的、是以自身为中介的。

因此，“身体”只能凭借自身构成“形象”。

换言之,“身体”成了一种“话语”，从而“表达”出“形象”。

在这种“话语”中，世界万象开始具有了“形象”——人用“身体”创造了世界。

这种“话语”，就是隐喻。

“身体”构成了这种“话语”，构成了隐喻，通过这种“话语”、通过隐喻，人和世界被一体化了。

当然，隐喻的这种一体化效应指向的仍是伦理——一种允许对话、追求统一的伦理。

这样的对话是真正的、哲学意义上的、思辨的对话：取消自己原有观点的直接有效性，并以此取消自身的僵化性和抽象性，从而将自身实现为生动性和丰富性——这才是生命，才是“人”。

人就是借助于这种对话使得自己不断地增长、丰富，不断地实现出来。

那么，现在看，说世界是“我的表象”“我的身体”，这实际上体现了一种什么样的观念呢——“身体”是一“地平线”，一切在此“涌现”。“身体”由此是一种“表达”、一种“话语”，这“话语”既具有隐喻性，又具有思辨的对话性。在这对话当中，双方都实现了自身，都使自身获得了增长与丰富，同时又不断融合为一体。所以这体现的是一种“生命一体感”的伦理倾向，实际上也就是叔本华说的“个体性原理”，也正如他所说：“看穿了个体化原理，对待所有的一切都是同等的关切。他认识到整体大全，体会了这整体的本质而发现这本质永在不断的生灭中，在无意义的冲动中，在内在的矛盾和常住的痛苦中；不管他向哪儿看，他都看到这受苦的人类，受苦的动物界，和一个在消逝的世界。”①

所以，叔本华说“世界是我的表象”，并不是说这个世界是我们主观意识当中的一个表象。如果是那样的话，叔本华就是以“人”为一切尺度的。但他并不是这样。他知道人不是尺度，逻各斯才是。人怎么会是万物的尺度呢？如果人是万物的尺度，那其他生命怎么办呢？叔本华的意思是非常清楚的，他并不是把“人”当成核心，他的哲学表达的是一种生命一体感，人在这里并没有什么优先性，只是万物之一而已。在这场逻各斯意义上的对话当中，万物众生汇集到了一起，成了一体。所以，真正作为尺度的是逻各斯，而不是人。

叔本华哲学中最强调的是“意志”。这种意志实际上是求生、求存的冲动。那么，这种冲动跟我们刚才所讲的内容有什么联系吗？答案是肯定的。因为在叔本华看来，这个意志主要是去“实现”自己，这是一种冲动，它得把自己“实现”出来。而“实现”“显现”这些含义在逻各斯中是存在的——我们说过，那里面有现象学“显现”的冲动。

我们都知道叔本华的哲学通常被认为是非理性的，似乎这个冲动是反逻各斯的。但是，事实上，是这样的吗？实际上，叔本华反对的理性并不是真正的理性，而是知性。注意，这一点在尼采那里也出现过。他们所反对的理性是以主客二元对立为出发点，以认知为目的的。可是，逻各斯意义上的理性不是以主客二元对立为出发点、以认知为目的的。恰恰相反，逻各斯意义上的理性是以主客未分为出发点的，其目的也不在于认知，或者至少不仅仅在于认知，它更多的是注重伦理问题。说得通俗一点，逻各斯意义上的理性就是本体式的理性，不是人的认知理性。所以，叔本华反对理性，这没错，但要注意，他反对的是认知理性，亦即知性，绝非作为本体

① 叔本华：《作为意志和表象的世界》，石冲白译，杨一之校，商务印书馆 1997 年版，第 519 页。

的理性。

事实上，通过上面的分析可以看出，叔本华自己就在讲理性，真正的理性，逻各斯意义上的理性，思辨的、自否的理性。

作为一个反对认知理性的哲学家，叔本华认为在人的生命中，艺术起到的才是根本性的作用。而科学，作为一种认知理性、知性，总是把世界与人分开，认为世界就是现成的，而人就是要认识这个世界的。然而从逻各斯的角度看，这样的“分开”已经不是生命的源初状态。人与世界本来不是截然分开的，不是处于对峙的状态中的。所以，当科学把人与世界截然分开的时候，就走向了跟逻各斯背道而驰的方向。因此，从“人”的发展的角度讲，应该有一种相反的力量来平衡这种“偏向”。那么，这种力量是什么呢？很多哲学家认为是艺术。当然，也有人认为是宗教。而叔本华认为是艺术。

艺术为什么有这种平衡的作用，能够把科学对逻各斯的偏离给重新拉回来呢？因为在艺术中，人是自由的，是不带有功利性的。在叔本华那样的哲学家看来，在艺术创作中，人没有功利性，只是为了创造而创造，因此人是自由的，是自为的。在艺术当中，人们可以把对世界的那种对峙性态度放弃掉，重新开始跟世界近距离接触，甚至“对话”，所以在艺术创作中，生命一体感得到了一种空前的实现。通过艺术这种创造性活动，人能够重新去体会世界对他来说意味着什么，也能重新去体会生命到底意味着什么。因为，在与世界的“对话”当中，功利性存在的意义和价值已经被剥掉了。

在这种对话的过程当中，我们都放弃了原来的姿态，我们不再是一个认知的主体，世界也不再是被认识的客体，这之间不再有不可逾越的鸿沟：我们之间是可以对话的。我们在这场对话中，都否定了自己的直接性与抽象性，而在否定自己直接性与抽象性的同时，我们双方都使得自己得到了增长与拓展，这样，人的生命才真正地确立起来。

因为作为一个“人”而言，生命必须最大限度地得到丰富与拓展，而不能是抽象和干瘪的。如果我们失去了这场对话，如果我们仅仅活在一种功利主义的态度中，背负沉重的目的，而不能像在艺术创作当中那样无目的地、快乐地进行创造，那么我们的生命就会越来越抽象，越来越贫瘠，得不到丰富，得不到拓展，这就是“异化”。所以，叔本华把艺术看得很重要。

结合我们前面讲的古希腊哲学，叔本华的哲学在哲学史上到底有什么独特的地方呢？

我们说哲学追求一种超越于物理学之上的伦理秩序或者说价值秩序。这种对伦理、价值秩序的追求就是反抗宗教、史诗中所宣扬的不可反抗的“命运”。那么，叔本华的哲学有没有做到西方哲学在一开端就要求做到的这些呢？它做到了，就像上面讲的那样——通过艺术。

在叔本华看来，这个世界的本源是一种冲动，在他看来冲动是一切痛苦、罪恶的根源。因为欲望这个东西得不到满足就会痛苦，满足之后就会无聊。从这个意义上讲，人生是带有悲剧性的。对于叔本华来说，这悲剧不是哪一个人的，而是属于每一个人的。作为哲学家，他提出了反抗这种悲剧命运的方案。他与哲学开端的那些哲学家们所做的事情是一样的，与泰勒斯、阿那克西曼德做的是同样的事——命运是这样的，但是可以反抗。反抗的方案就是我们刚才所说的“艺术”。

当然，除了艺术，还有一种反抗方案，那就是哲学。还有一个方案，就是叔本华说的佛教的涅槃——叔本华受到过佛教的影响。涅槃在他那里似乎也就是指一种物我两忘的状态，实际上还是为了达到那种“生命一体化”。

所以，可以说叔本华开列出这么三个“药方”，以此来反抗宗教、史诗所说的不可抗拒的“命运”。

哲学从开端起就具有一种反抗性。或者说，哲学本身就是一种治疗隐喻。哲学来到世间是干什么的？是治“病”的。哲学家们都是负责“开药方”的，只是不同的哲学家开的“药方”不同罢了，但都是为“人”的悲剧性命运进行“治疗”。当然，后来在分析哲学当中，人们不这么认为了，人们认为哲学自己有病，所以要先给哲学本身治病。

需要指出一点：叔本华所说的人的悲剧性，是本体论意义上的悲剧，也就是人注定就是悲剧性的，这是先天的、本质的悲剧，不是后天造成的。所以，相应地，叔本华开出的“药方”也是本体论意义上的。所以，大家要注意，本体论这种东西也许不像我们当代哲学中一些观点认为的那样，是没有用的，它至少是一种“治疗”，而它“治疗”的对象，是“人”，它要把人恢复到那种健康的本源状态，恢复那种不断实现自身又始终尊重他人的品质。

最后，我们简单地总结一下：首先，叔本华的哲学具有哲学从一开始就要求具有的那种反抗性，反抗悲剧性的“命运”；他用艺术等方式来恢复人与世界之间的本源性关系，以强调人跟世界的生命一体感；而如果能达到这种一体感，实际上就是达到了反抗或者说“治疗”的目的。这就是叔本华哲学的特色。

第二节　逻各斯与尼采哲学

（一）逻各斯的异化与酒神精神

现在我们来看逻各斯与尼采哲学的关系。

尼采是意志哲学的重要代表人物，更是现代哲学中的巨匠。

尼采的第一部著作叫作《悲剧的诞生》。

如果问在这本书里面，尼采推崇的是什么？那么，得到的答案很可能是：尼采推崇的是酒神精神。

然而，实际上并非如此。尼采并不是单向度地推崇酒神精神，也不是单向度地去菲薄日神精神。虽然从一些话里会感觉到尼采特别地推崇酒神精神，但是通过仔细的分析，我们会看到，他真正强调的是酒神精神和日神精神这二者的交汇。这一点，在《悲剧的诞生》这本书的开端就体现出来了。

在《悲剧的诞生》这本书的开端，尼采写过这样一段话，他说："与希腊人的这两个艺术神祇——阿波罗（Apollo）与狄奥尼索斯（Dionysus）——紧密相联的，是我们的以下认识：在希腊世界里存在着一种巨大的对立，按照起源和目标来讲，就是造型艺术（即阿波罗艺术）与非造型的音乐艺术（即狄奥尼索斯艺术）之间的巨大对立。两种十分不同的本能并行共存，多半处于公开的相互分裂中，相互刺激而达至常新的更为有力的生育，以便在其中保持那种对立的斗争，而'艺术'这个共同的名词只不过是在表面上消除了那种对立；直到最后，通过希腊'意志'的一种形而上学的神奇行为，两者又似乎相互结合起来了，在这种交合中，终于产生出既是狄奥尼索斯式的又是阿波罗式的阿提卡悲剧的艺术作品。"①

换句话说，在尼采看来，悲剧的诞生，在于日神精神和酒神精神的交汇，那才是真正的悲剧的起源和开始。

我们先来看尼采对日神以及日神精神的分析和论述。

日神也就是阿波罗，尼采把他称为"构型之神"。阿波罗既然被称为日神，就与"光明"有关。"光明"带来的是"显现"，显现出"形体""形象"。从这个意义上讲，尼采把日神视为一种构型之神、把日神精神视为一种构型艺术，就是指其使万物有"形象"可言。另外，阿波罗这个神还掌管着医药、诗歌等很多事务。这里需要我们注意的是，他是掌管诗歌的。

诗歌与哲学有什么关系呢？或者更集中一点问：诗与我们所讲的逻各斯有什么关系？

这实际上就等于在问：日神精神与逻各斯有什么关系？

我们说，在逻各斯里积淀着诸种哲学意向：思辨的对话、光的隐喻、现象学"显现"的冲动，等等。而且，逻各斯本身虽然不是"形象"，但必须构成"形象"。

---

① 尼采：《悲剧的诞生》，孙周兴译，商务印书馆2012年版，第19页。

而日神与日神精神又确实含有一种“使……形象化”“显现”出来之义。

这便意味着日神精神与逻各斯有着某种交集。

另外，我们在第一章里便已经论述过，逻各斯意义上的“说”，是思辨与隐喻的统一。

思辨暂且放在一边不论，先来看隐喻，看看它和日神精神有什么关系。

隐喻是一种“象征”。

“象征”这个词，从词源学的角度来讲，它的原始意思就是“把一些东西挪移到一起”。

我们知道，后来的海德格尔认为逻各斯有一个原始的含义，那就是“采集”“汇集”。①

这也就是说，“象征”这个词的原始含义非常接近于逻各斯的原始含义。

那么，这说明什么问题呢？

这说明逻各斯和象征之间有着某种必然的联系。

这种联系是什么呢？

那就是逻各斯总要借助于“象征”来构成“形象”。或者也可以说，逻各斯总是要借助于“象征”这种方法才能进行“表达”。

而在各种“语言游戏”当中，最富有象征性的，当然是“诗”。

所以，逻各斯与诗就有了内在的关联。

诗作为最富有象征性的表达形式，它能够让逻各斯“显现”的目的得以实现。

而且只能这样，没有太好的方法。逻各斯只能借助于象征性、诗化的方式才能进行“表达”。这也就是很多哲学家往往转向诗化哲学的原因，尼采是这样，后来的海德格尔也是。当然，也有很多人想要把诗、象征、隐喻这些东西彻底地从哲学研究中驱逐出去，

---

① 参见海德格尔《路标》，孙周兴译，商务印书馆2000年版，第323页。

比如说我们后面会讲到的日常语言学派中的赖尔，他就做过这样的工作，想把隐喻、象征这类东西从哲学中驱除出去，然而有趣的是，在他大谈要去掉隐喻、象征的时候，他自己倒在不停地使用隐喻，整个《心的概念》那部书中处处都是隐喻，到处都在打比方，著名的比如“机械论妖怪”。①

这说明什么？说明隐喻这个东西是去除不了的。

去除不了的原因，就在于逻各斯只能借助象征性、诗化的方式才能进行“表达”。因此，即便真的驱除了隐喻，那也只能是对逻各斯的遮蔽。

赫拉克利特当年说逻各斯是需要去“听”的。这实际上就暗示了逻各斯是一种“表达”。而这“表达”只有借助象征性、诗化的方式才能进行。如果驱除了隐喻，逻各斯也就无法“表达”了，而我们也无从“听”起。

当然，对于隐喻可以做广义的理解。隐喻是各种各样的，包括我们的建筑、仪式、服装，等等。

任何一样东西，都可以说是隐喻性的，都可以看成是逻各斯的“表达”。尼采说：“自然的本质就要得到象征的表达；必需有一个全新的象征世界，首先是整个身体的象征意义，不只是嘴、脸、话的象征意义，而是丰满的让所有肢体有节奏地运动的舞姿。然后，其他象征力量，音乐的象征力量，表现在节奏、力度和和声中的象征力量，突然间热烈地生长起来。”②

从这个意义上讲，我们可以扩而言之的是：凡是有形象者，都是逻各斯“说”的“话”。

这些“话”需要我们去“听”，只要能够去“听”，就能达到一种赫拉克利特所说的“幸福”。赫拉克利特是哲学史上第一个明确提出什么是幸福的哲学家。在他看来，幸福是什么呢？幸福就是

---

① 参见赖尔《心的概念》，徐大建译，商务印书馆 1992 年版，第 88 页。

② 尼采：《悲剧的诞生》，孙周兴译，商务印书馆 2012 年版，第 30 页。

维护正义、为正义而战。而他所说的正义就是逻各斯。因为逻各斯本来就有尺度、比例之义，与“分配正义”这一基本正义相关。所以维护正义就是维护逻各斯。那么，怎样才能维护逻各斯呢？才能获得幸福呢？就是努力地去“听”，“听”逻各斯“说”出的“话”——一切有形象者。这个时候，你就在维护着逻各斯，你就在按着逻各斯做事，就是幸福的。

实际上，所谓的“听”逻各斯“说”出的“话”，就是将自己向其“敞开”，而这意味着已将自己实现为那“活”的界限——不断地“听”，不断地“敞开”，始终保持一种活生生的态势。这正是逻各斯的本性。所以，此时人与逻各斯一致了，幸福便在于此。为什么是幸福呢？因为与逻各斯一致，意味着自身之外乃是虚无，因而自身是完满的。完满，便意味着力量的充盈不竭，意味着依靠自身就可以存在、生长，因而意味着自主。能自主的生命，难道不是一种幸福吗？

而日神是掌管诗歌的，因此，相应地，日神精神也就与逻各斯有了关联。

阿波罗就是这样一个神。那么狄奥尼索斯呢？他又是什么样的？狄奥尼索斯是宙斯的儿子。狄奥尼索斯和阿波罗完全不同——日神代表的是“建构”，而酒神正好相反，他代表的是“解构”。打一个比方说，如果阿波罗是盖房子的，那么狄奥尼索斯就是拆房子的，推翻、推倒。

酒神和日神之间的不同还体现在其他方面，比如说，日神阿波罗强调“区分”，什么事都要区分得很清楚，界限很分明，一切都要弄得清清楚楚、有条有理、有秩序。酒神不是这样——为什么要弄得那么清楚呢？都混在一起、你中有我、我中有你，一体化，这有什么不好？

如果联系一下我们之前讲过的古希腊哲学，那么阿波罗、日神精神对应于古希腊哲学里的哪个阶段呢？是苏格拉底、柏拉图之后的那个阶段。

苏格拉底、柏拉图之后的希腊哲学越来越强调“逻辑”，强调的是“确定性”。

我们说，哲学从一开始就要求一种超物理的秩序——它认为还有一个更高的秩序，也是更值得追求的秩序，那是一种伦理、价值的秩序。这种秩序，在第一章讲阿那克西曼德的时候提到过。阿那克西曼德第一次提出“环形时间观”的时候就把这种秩序感明显地提出来了。在这种秩序里面，一种作为伦理基础的“补偿正义”被显现了出来。

但是，阿波罗、日神精神所代表的并不是这种秩序。它代表的是一种知性意义上的逻辑秩序，就像我们说的那样，强调“区分”，强调“确定”。

而狄奥尼索斯、酒神精神代表的则是古希腊哲学开端时强调的那种秩序，一种更高的、超越了知性的秩序，那是源自源初的逻各斯本身的秩序，是一种伦理秩序和价值秩序。

所以，从这个意义上讲，我们可以说，尼采强调酒神精神，就是要破坏以往哲学企图建立知性意义上的逻辑秩序的观念。换句话说，尼采就是想要改变一下传统的哲学观：你们去追寻的那种秩序，不是真正的源初的秩序，是不对的，应该赋予哲学以新的任务。而实际上，这所谓新的任务，其实是哲学在开端处本来就负有的任务，只是后来被丢掉了，现在要把它重新找回来。

因此，可以说，尼采强调酒神精神，就是要回到“哲学”本身。

所以，要注意，尼采并不否认哲学应该去追求一种超然的秩序——这是哲学的基本任务，这个基本任务在尼采看来并没有错，但是他的哲学，或者说他认为他的哲学和以往的哲学不一样，区别之处就在于，以前的哲学在追求超然的秩序的时候，是通过日神精神来追求的。换句话说，在尼采看来，之前的哲学在追求超然的秩序的时候，就是构建了一个超然的世界。典型的例子，就是柏拉图的理念的世界。因为阿波罗是一个构型之神。人们凭借一种构型的精神给自己构造出一个所谓的超然的世界，人们在这个世界当中享受到“美”的感觉。

但是，尼采认为这是一种不好的世界，是假象的世界。为什么？因为这样一个构造出来的世界，虽然在其中我们可能会得到一种美的享受，但是这样一个世界，它总会遇到一种情况，这种情况叫做“例外”。也就是说，在这样一个世界里，总是有例外的情况发生，不论是经验也好，科学也好，总会遇到反常的情况。而当“例外”出现的时候，尼采认为人就会陷入“恐惧”。[①]

这种恐惧和对别的事情的恐惧还不一样。因为这种恐惧实际上是来自生命本身的一种恐惧。比如说，我们在做一种归纳，认为已经是非常完善、完满了，不会出现例外，可是突然有一天它就是出现例外了，表面上看着好像这只是一个归纳的问题，其实不是这样。在这里面，透露出来的是：生命本身就是有例外的情况。你不能保证在所有境遇下都是如此这般，在什么情况下都可以有效。生命本身作为逻各斯、作为“活”的界限，本就是开放的、自我否定的，这本就是承诺了有新的情况出现的可能。如果真的没有“例外”，那其实并不是好事，恰恰相反，那是违背了生命的本性——“例外”意味着“崭新”。

从这个意义上讲，日神精神，或者说仅有日神精神是不够的。因为它虽然跟逻各斯有关，但是由于它过于强调“区分”“确定”，所以它在无形中已经“异化”了——从活生生的逻各斯渐渐异化为僵死的逻辑。由是它丧失了开放性，所以它忍受不了“例外”。与此相关的是另一种异化，那就是语言的异化。思辨与隐喻是一体的，因此当活生生的逻各斯渐渐异化为僵死的逻辑时，诗、隐喻、象征也渐渐衰亡了，最终异化为“命题”“判断”。

从哲学史的角度看，这种异化最初发生在巴门尼德那里。当

---

① 参见尼采《悲剧的诞生》，孙周兴译，商务印书馆 2012 年版，第 24 页。

然，巴门尼德本人并没有这种企图。

当巴门尼德强调“存在者存在”时，就像我们前面说过的那样，他实际上强调的仍是活生生的逻各斯，强调这活生生的逻各斯要“显现”。

但同时，这里面隐含着一种混淆，那就是对两种“同一性”的混淆。

巴门尼德自己所强调的是一种作为“自身性”的“同一性”。它是 physik，是依靠自己的力量存在、生长。

然而，从其所讲的命题来看，似乎是一种同语反复，因此很容易让人以为他讲的是一种“对象性”的“同一性”，也即黑格尔意义上的抽象的同一性。

这就产生了混淆。而这种混淆带来了异化——人们以为巴门尼德强调的是一种抽象的同一性。而抽象的同一性对应于形式逻辑。因此，人们就以为巴门尼德强调的是形式逻辑。这样一来，活生生的逻各斯被遮蔽了，剩下的是“逻辑”。

相应地，隐喻也被遗忘了——“逻辑”现在是唯一的“真理”，这“真理”就是要表达确定性，就是要通过“命题”“判断”来表达一种确定性。于是，语言也被异化了。

其后的西方哲学几乎一直是沿着这条路走的——至少在尼采看来是这样的。

所以，以往的哲学、丧失了逻各斯的哲学，偏离了生命的本质。正因如此，尽管它构建了一个所谓的超然的世界，却是背离了生命的开放本性，所以在它面临本来属于生命常态的“例外”时，才会显得那么恐惧——这是一种荒谬的“恐惧”。

实际上这里面还涉及了西方哲学一个重要的区分，就是知识和真理的区分。我们都说哲学是追求真理的，而不说哲学是追求知识的。哲学以此来区分它和科学——科学追求知识，哲学追求真理。那么，真理和知识到底有什么区别呢？那就是：知识是没有境域性的。对于科学知识来说，你讲、我讲，你在这个地方讲，我在那个地方讲，你在这个时候讲、我在那个时候讲，都是一样的，而且都是有效的。比如 1 + 1 = ？谁讲、在什么地方讲、在什么时候讲，都是等于 2。

但是，哲学所追求的真理，跟科学知识不一样。不一样的地方就在于它强调境域性——真理这个东西不是可以脱离境域的，在哪一个地方、哪一个时候、哪一个人那里，都是如此这般的，都是如此有效的。它总是根据具体的境域而变化，不是放到每一个境域当中都有着同样的有效性。这是真理和知识不一样的地方，也是哲学和科学不一样的地方。

所以，逻各斯被异化为逻辑之后，人们得到的其实不是真理，而是知识——真理被遮蔽了。

正因为哲学追求这样一种不是在所有境域下都可以通用的东西，所以，从这种意义上来说，“例外”是它允许的，甚至是它所追求的。人的生命从本质上来说又是逻各斯，是“活”的界限。因为是“活”的界限，所以人的生命总处在某一个具体境域当中，不断变化。这是一种与生俱来的变化，没有固定。

所以，对于哲学来说，“例外”是人与生俱来的，它就是发生“例外”，要是不发生例外，总是一样的，那就坏了，那就说明你那本应是“活”的界限已经“死”了。

所以哲学和科学不一样。它追求的不是逻辑意义上的“真理”，不是“确定”的、容不得“例外”的知识，而是追求“人”的本质的完善，追求对逻各斯的回归，这才是它认为的真理，也是真正的真理。

我们说，尼采强调酒神精神，就是要回到“哲学”本身。而这种“回到”，就是针对逻各斯的异化而言。

这样一来，我们就可以看到，酒神精神实际上是回到逻各斯本身的手段。

相应地，酒神精神必然是反“区分”、反“确定”的，是反对知性、反对形式逻辑的，当然也是反对把语言异化为“命题”“判断”的那种语言观的。而它强调的，必然是“汇集”“思辨”“隐喻”。

然而，酒神精神如何体现出这一切呢？

（二）酒神精神的显现：音乐、悲剧与神话

尼采指出：“狄奥尼索斯因素，连同它那甚至在痛苦中感受到的原始快感，就是音乐和悲剧神话的共同母腹。”①

这就是说，酒神精神是音乐、悲剧、神话的共同起源，而反过来说，音乐、悲剧、神话则是酒神精神的三种表现。

先来看音乐。

尼采对音乐推崇备至。他说：“音乐显现为意志（叔本华讲的意志），也即显现为审美的、纯粹观照的、无意志的情调的对立面。”② 又说：“音乐不可能是意志……但音乐却显现为意志。”③

可见，尼采把音乐放到了一个近似本体的、极高的位置上。

尼采认为在音乐的诸因素中，旋律是最重要的。而“旋律使诗歌得以产生”④。

从这个意义上讲，在音乐与语言之间就有了一种“模仿”关系——语言是模仿音乐的，“在民歌创作中，我们看到语言高度紧张，全力去模仿音乐……词语、形象、概念寻求一种类似于音乐的表达”⑤。

反过来说：“语言决不能展示出音乐最幽深的核心，倒不如说，只要语言参与对音乐的模仿，那它就始终仅仅处于一种与音乐的表面接触中，而音乐最深邃的意义，则是所有抒情诗的雄辩和辞

---

① 尼采：《悲剧的诞生》，孙周兴译，商务印书馆 2012 年版，第 174 页。

② 同上书，第 51 页。

③ 同上书，第 51—52 页。

④ 同上书，第 49 页。

⑤ 同上书，第 50 页。

令都不能让我们哪怕稍稍接近一步的。”①

也就是说，在尼采看来，语言并不是最接近本原的东西，音乐才是。而语言的一切，不过是对音乐的模仿，是次生的。这种关系可以用下图表示：

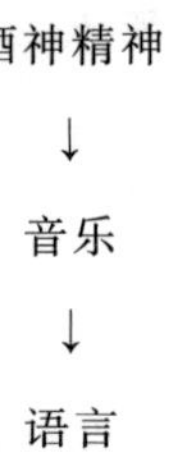

关于音乐与万物之间的关系，尼采是这样说的：“根据音乐对于万物之真正本质的这样一种内在关系，我们也可以说明下面这一点，即：当一种合适的音乐对某个场景、行动、事件和环境响起来的时候，这种音乐似乎向我们揭示了这些个场景、行动、事件和环境最隐秘的意义，表现为对后者的最正确和最清晰的注解；同样地，对于完全醉心于一部交响乐之印象的人来说，就仿佛他看到了生活和世界中的所有可能事件都在自己眼前一幕幕展开。”②

既然“生活和世界中的所有可能事件都在自己眼前一幕幕展开”，那么这就说明音乐具有“地平线”效应——它就像那“地平线”、像那“活”的界限一样，把事物一一展现出来。也正因为如此，音乐才被尼采置于一个如此之高的地位。

而音乐和万物之间的关系，就是“地平线”、“活”的界限与万物之间的关系，亦即逻各斯与万物之间的关系。

接下来看悲剧。

“悲剧是从悲剧合唱队中产生的。”③

悲剧的典型特点就是超越现实。

---

① 尼采：《悲剧的诞生》，孙周兴译，商务印书馆2012年版，第53页。

② 同上书，第118—119页。

③ 同上书，第53页。

这种超越是如何实现的呢？就是靠自我转变。具体来说，就是进入“角色”。

尼采认为：“酒神颂歌本质上不同于其他所有的合唱曲。少女们手持月桂枝，庄严地走向阿波罗神庙，同时唱着一首进行曲，她们依然是她们自己，并且保持着自己的市民姓名；而酒神颂歌的合唱队却是一支由转变者组成的合唱歌队，他们完全忘掉了自己的市民身世和社会地位：他们标成了无时间的、生活在一切社会领域之外的他们自己的神的仆人。”①

就是在这种忘却当中，“转变”实现了，“超越”实现了。

事实上，这种忘却是一种与现实决绝的态度。

只有在这种决绝的忘却之中，那被遮蔽的、源初的逻各斯式的生活才会出现。

在这种拒绝的忘却之中，歌唱者完全进入了他所扮演的“角色”。从某种意义上讲，这是一种想象力的活动过程。它打开一个“实验性”的空间——尝试着“转变”，将自己重新塑造、实现出来。

关于音乐与悲剧的关系，尼采是这样说的：“悲剧在其音乐的普遍效力与容易接受狄奥尼索斯的观众之间，设立了一个崇高的比喻，即神话，并且在观众那里唤起一种假象，仿佛音乐只不过是使形象的神话世界复活的最高表现手段而已。信赖于这样一种高贵的幻觉，现在悲剧就可以手舞足蹈地挑起酒神颂歌的舞蹈。”②

从这段话可以看出，尼采实际上是指出了人们的一种错误观念，即认为悲剧、神话才是核心，而音乐只是为其服务的工具。尼采认为，恰恰相反，音乐才是源头，悲剧也好、神话也好，都是从那里来的。

同时，“音乐也赋予悲剧神话一种十分强烈的和令人信服的形

---

① 尼采：《悲剧的诞生》，孙周兴译，商务印书馆2012年版，第64—65页。

② 同上书，第153页。

而上学意蕴……结果是，悲剧观众自以为仿佛听到了万物最内在深渊在对他大声诉说”[①]。

有必要指出的是，这里所说的“听到”“最内在深渊”“大声诉说”无不暗示着与逻各斯的关联。

“最内在深渊”、万物的发源处，其实就是“地平线”、“活”的界限、逻各斯。

而这“最内在深渊”居然还在“大声诉说”，恰如逻各斯的“说”“表达”，也正因为如此才有“听到”。

可见，只有以音乐为基础，悲剧、神话才能切近那源初的、形上的逻各斯，它们才具有“形而上学意蕴”。

这种关系可用下图表示：

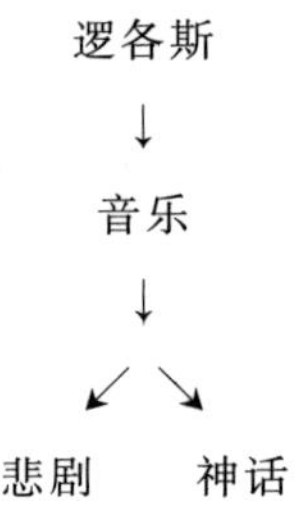

最后，我们来看神话。尼采认为：“要是没有神话，任何一种文化都会失去自己那种健康的、创造性的自然力量。”[②]

实际上，从上面的分析中已可看出，神话其实是音乐与人之间的一个中介，是那切近逻各斯的音乐与人之间的中介。换言之，逻各斯需要通过神话传递到人身上，并由此使人成其为“人”。

音乐、悲剧、神话都分析完了，现在该是回答问题的时候了：酒神精神如何体现“汇集”“思辨”以及“隐喻”呢？

先来看“思辨”。

尼采说：“在酒神颂歌中，却有一个不自觉的演员群体站在我

① 尼采：《悲剧的诞生》，孙周兴译，商务印书馆2012年版，第153页。

② 同上书，第166页。

们面前，他们彼此看到了各自的变化。”[1]

可见，在悲剧当中，首先是存在着“各自的变化”的。我们说过，思辨具体自否性，对话的双方都要在其中否定自身，从而打破自身的抽象性，丰富自身、发展自身。而这里、悲剧这里，就出现了这种双方的变化。不但如此，这种变化，还是可以被对方看到的。实际上，这就是“映现”。

在酒神精神的三种表现中，即音乐、悲剧、神话中，是悲剧或者说主要是悲剧体现了“思辨”。

再来看“隐喻”。尼采说：“音乐激发对狄奥尼索斯式的普遍性的比喻性直观。”[2]

这就是说，“隐喻”主要是通过音乐体现出来的。

这也是可以理解的。因为，隐喻主要是一种象征，而音乐正是一种象征力量。[3] 而且，隐喻和音乐都是在寻找某种相通性、共同性、一体性。

最后，我们来看“汇集”。

实际上，当酒神精神作为一种向逻各斯本身回归的手段时，它已经体现出了一种“汇集”。

因为逻各斯最初是被日神精神异化了，所以才有了从这种异化回归的过程。

这种关系可以用下图表示：

逻各斯→日神精神（异化）→酒神精神→逻各斯

从中不难看出，从逻各斯被日神精神异化的角度讲，这实际上是一个“否定”过程，而从酒神精神摆脱异化、向逻各斯回归而言则是一个“否定之否定”的过程。

所以，酒神精神本身就是一个“否定之否定”的“汇集”过

① 尼采：《悲剧的诞生》，孙周兴译，商务印书馆2012年版，第65页。

② 同上书，第121页。

③ 同上书，第30页。

程——把之前的一切包括异化，都“汇集”到一起，重新“开始”。

当然，这同时也体现出了酒神精神本就是具有思辨性的。

另外，尼采认为：“狄奥尼索斯状态的陶醉，以其对此在生命的惯常范围和边界的消灭……一切过去亲身体验的东西都在其中淹没了。”①

既然，一切“惯常范围和边界”都消灭了，那么这就意味着一切从原来的“区分”“对立”开始“汇集”成为一体。

这种“汇集”，“是个体的破碎，是个体与原始存在（Ursein）的融合为一”②。

因此，这种“汇集”不是事物之间的汇聚，它实际上是黑格尔意义上的主体与实体的统一。

从中也可以看出，“汇集”与“思辨”是联系在一起的。“汇集”从过程上来说，就是一个扬弃异化、否定之否定的思辨过程；而从结果上来说，“汇集”乃是主体与实体的统一，并且由此指向了一种真正的伦理。

从上面一系列分析可以窥见，尼采心目中的伦理，首先就要对苏格拉底式的伦理进行批判。

尼采对苏格拉底真可谓“深恶痛绝”，甚至以“恶魔”相称，他认为就是这个“恶魔”导致了酒神精神的衰败。尼采说：“狄奥尼索斯已经从悲剧舞台上被赶了下来，而且是被一种恶魔般的力量赶下来的——一种借欧里庇德斯之口说话的恶魔般的力量。连欧里庇德斯在某种意义上也只是面具：借他之口说话的神祇不是狄奥尼索斯，也不是阿波罗，而是一个完全新生的恶魔，名叫苏格拉底。”③

尼采为什么认为苏格拉底导致了酒神精神的衰败呢？

---

① 尼采：《悲剧的诞生》，孙周兴译，商务印书馆2012年版，第59页。

② 同上书，第66页。

③ 同上书，第90页。

因为在他看来，苏格拉底所倡导的理性主义实际上代表的是日神精神。而日神精神是对逻各斯的一种异化。像我们前面所说的那样，它只强调“逻辑”“区分”“确定”，或者说只追求“知识”，而把“思辨”“隐喻”“真理”统统丢掉了。

因此，在尼采看来，这样的一种精神、一种背离了逻各斯的精神，如何能提供真正的伦理呢？它只能提供悖于生命本质的教条。

所以，尼采大声疾呼：“今日我们所谓的一切文化、教化、文明，有朝一日必将出现在狄奥尼索斯面前，接受这位可靠的法官的审判！”①

可见，伦理的源泉和标杆不是那异化了的日神精神，而是酒神精神。通过它，我们将重返生命之源——活生生的逻各斯。一切伦理都是以它为核心、为指向的。

我们说，酒神精神有三种主要表现：音乐、悲剧、神话。这三者与酒神精神所强调的“汇集”“思辨”“隐喻”是对应着的。

因此，当伦理以逻各斯为核心、为指向时，伦理必然与这一切“纠缠”在一起。

换言之，通过音乐、悲剧、神话表现出来的“汇集”“思辨”“隐喻”实际上表达的是一种“伦理”。

然而，这究竟是一种什么样的伦理呢？

简言之，就是我们前面反复提到过的“生命一体化”。

尼采有一段精彩的描述：“我们真的成了原始本质本身……在我们仿佛与不可估量的此在之原始快乐合为一体时，在我们预感到狄奥尼索斯式的狂喜中这样一种快乐的坚不可摧和永恒时，在这同一瞬间里，我们被这种折磨的狂怒锋芒刺穿了。尽管有恐惧和同情，我们仍然是幸福的生命体，不是作为个体，而是作为一个生命

---

① 尼采：《悲剧的诞生》，孙周兴译，商务印书馆2012年版，第145页。

体——我们已经与它的生殖快乐融为一体了。"[1]

与天地、万物、众神融为一体，这时候，才有真正的"人"。

我们前面说过，尼采虽然强调酒神精神，但是他同时也强调酒神精神要和日神精神结合。

尼采说："最清晰明亮的形象也满足不了我们：因为它好像既揭示了某个东西又掩盖了某个东西；当它似乎以其比喻性揭示要求我们去撕碎面纱，去揭示那神秘的背景时，恰恰那种透亮的整体可见性又反过来迷住了眼睛，阻止它进一步深入。"[2]

从这段隐喻性的话里，我们可以看出，尼采实际上是说明了这一个道理，那就是："背景"是无法"看"的。因为"背景"根本就不是"对象"。

正因如此，酒神精神才需要和日神精神结合，也就是我们前面说过的逻各斯总要借助"形象"来进行"表达"。

这样一来，在否定之否定之后，酒神精神就又迈进了日神精神。

但是要注意，这时的日神精神已不再是异化阶段时的日神精神了，因为它有酒神精神作为根基，为酒神精神所灌注、所贯穿。因此，这是一个逻各斯在"表达"的过程，它包含着思辨，也包含着隐喻，而不仅仅是知性，不仅仅是形式的逻辑，不仅仅是"命题""判断"。

当然，酒神精神，在尼采看来，它的分量要比日神精神重，是根本，它是一种原始的力量、创造性的冲动。而日神精神实际上是为酒神精神服务的。换句话说，日神精神是围绕着酒神精神转的。

（三）逻各斯的现实化原则：情境与伦理保障

我们说过，从逻各斯被日神精神异化的角度讲，这实际上是一

---

① 尼采：《悲剧的诞生》，孙周兴译，商务印书馆2012年版，第123页。

② 同上书，第172页。

个“否定”过程，而从酒神精神摆脱异化、向逻各斯回归而言则是一个“否定之否定”的过程，而在否定之否定之后，酒神精神就又迈进了日神精神，此时是一个酒神精神与日神精神结合的过程，酒神精神在日神精神中爆发出来。

因此，如果说《悲剧的诞生》侧重于向逻各斯“回归”，那么《苏鲁支语录》（即《查拉图斯特拉如是说》）则侧重于从逻各斯重新出发。

《苏鲁支语录》是尼采晚期的代表作，同时也是尼采自己本人最重视的一部作品。

尼采从 1872 年出版了《悲剧的诞生》以后，基本上把关注的重心放在了形而上学上，而且他试图通过艺术去通达形而上学。关于这一点，我们前面已经有所领略。比如，他强调音乐、悲剧、神话，等等，并且强调它们的形而上学意蕴。几年之后，尼采的思路转向了实证主义。这段时间大致从 1878 年持续到 1882 年。在这期间，他写了几部著作，也都很有名：《人性的，太人性的》《快乐的科学》，还有《朝霞》，1883 年才写了《苏鲁支语录》。而这时，人们发现，尼采的哲学思路又“跳”回来了——回到原来对形而上学的关注上来了。而且“跳”回来之后，思想特别流畅，没有什么窒滞的地方，一路往下发展，视野越来越开阔，水平自然也越来越高。

所以，从这个意义上来讲，我个人认为《苏鲁支语录》在尼采思想发展过程中是一部里程碑式的著作。从这部著作开始，或者说，这部著作标志着，尼采对哲学的性质、哲学的任务、哲学的基本问题以及需要采用的相应的方法，都已经了然于胸——尼采的思想到此开始趋向于成熟了。

《苏鲁支语录》这部著作的风格，显然是诗化的。从哲学的角度来看，在这部著作里，尼采有很多颠覆性的话语，是对传统哲学的一种批判。这种颠覆，也并非像我们平常说的那样，颠覆了传统的价值观、道德观，不仅仅是这样。尼采是从哲学的根本理念上颠覆了传统的哲学。哲学在原来的根本理念当中认为自己应该做的，基本上在尼采那儿都给颠覆了，然后他又自己开辟出一条路，走得也非常不错。所以，《苏鲁支语录》这部著作，无论是在尼采自己的思想历程中，还是在现代哲学中，甚至在整部哲学史上，都显得非常重要。

我们看一下这本书的前言，这个前言共分十节，我们先来看第一节。

这一节在一开头便有一个关键之处：苏鲁支在早晨起来的时候对太阳“说话”。①

这意味着什么？

首先太阳象征日神、日神精神。

尼采在此说：“倘若不有为你所照耀之物，你的幸福何有？”②

可见，在这里，尼采首先就摆出姿态：日神精神并不是一种原始的东西。那最原始的东西不是它——因为“它”还需要依赖“我”，所以“它”怎么可能是最原始的东西呢？这就体现出来了对日神精神的一种批判。

在这里，尼采显然很好地秉承着希腊哲学精神的起点，因为希腊哲学最开始就是对神话和史诗所宣扬的那种秩序的批判。而尼采在这里体现出来的是对日神精神的一种批判。所以，在整部书的开端处，就体现出尼采的哲学观：作为一种批判性精神去反抗既定的命令型秩序，这种秩序所带给人的不是平等，不是对话，而是奴役，是对人性最大的不尊重和最大的曲解。

但是需要注意的是，这种批判不是一种简单、粗暴的否定，因为苏鲁支毕竟是在和太阳“对话”，而不是“不理不睬”。

这意味着在《悲剧的诞生》中所开启、所持有的酒神精神和日神精神相结合的思路在这里仍然延续着。

---

① 参见尼采《苏鲁支语录》，徐梵澄译，商务印书馆 1992 年版，第 3 页。

② 同上。

接下来，苏鲁支说："我餍足了智慧，如采取了过多的蜜的蜜蜂，我需要向我求索之手。"[①] 也就是说，从一开始苏鲁支就不是想要从别人那里索取什么，恰恰相反，他要做的是"赠予"。

"赠予"有一个前提，那就是自身的"充盈"。

如果自身不是充盈的，何以馈赠他人呢？

所以，首先要有一种巨大的力量，使自身足以是充盈的。

这个巨大的力量，就是所谓的"意志"。

因此，在和太阳"对话"的背后，隐藏着我们上面说过的、在否定之否定之后，即在从逻各斯的异化回归到逻各斯之后重新出发这一根源性的起点：意志作为强大的力量，自身无比充盈，它一定要"实现"，一定要"表达"，而且就是借助日神精神来表达，实际上也就是"赠予"。

所以，这"赠予"不是"无根"的，它是有其本体论层面的基础和支撑的。

尼采后来讲"赠予的道德"。在他看来，这是一种真正的道德、是不计回报的："道德便是其本身的报酬。"[②]

而这种"赠予的道德"，不计回报的、真正的道德显然只能建立在自身充盈的基础上，因为只有自身充盈，才能"赠予"，并且不计回报。

接下来我们看到的是，苏鲁支做了一件事，是什么呢？他下山了。这里的德文原词是 untergang，有"向下去"的意思。徐梵澄先生翻译成"堕落"。

赫拉克利特在残篇里提到一句很短的话："灵魂在地府里嗅着。"[③] 据哲学史家考证，也把它说成是"深渊"，比如沃格林就是

---

① 尼采：《苏鲁支语录》，徐梵澄译，商务印书馆 1992 年版，第 3 页。

② 同上书，第 71 页。

③ 赫拉克利特：《赫拉克利特著作残篇》，北京大学哲学系外国哲学史教研室编译，商务印书馆 1982 年版，第 26 页。

这样解释的。[①] 也就是说，灵魂是要进入一个深渊当中去，要“下降”到一个深渊当中去。那么，赫拉克利特当年的这个比喻，到底想要比喻什么？它让我们想到了一件事情，就是逻各斯的“对话性”——思辨性的对话。而且逻各斯作为这样一种对话，应该自觉地要求有一个具体的情境。那么，灵魂在“地府”里嗅着，灵魂下坠到“深渊”，象征着什么？

首先，灵魂意味着什么？

我们说哲学的思辨性、那种否定性的力量源泉就是来自灵魂自身——是灵魂自己与自己对话，是灵魂自身与自身这种对话推动着思辨的进行。因而，灵魂在“地府”里嗅着，灵魂下坠到“深渊”，便象征着这种逻各斯意义上的、思辨的对话要有一个具体的情境。逻各斯作为思辨的对话只有进入或者说下降到一个具体的情境当中，才真正成其为思辨的对话。

回过头来再看苏鲁支。说他“下山”也好，“下降”也好，“堕落”也好，实际上这是一个巨大的隐喻。它意味着，尼采在这个时候已经意识到了，要想解决人生的根本问题——比如道德，只能是用思辨的、对话的方式来解决，而这种思辨的对话，需要一个具体的情境——思辨的对话必须在具体的情境当中展开。

因为只有在具体的情境当中，才有冲突，才有关于冲突的调和、扬弃和统一，才有思辨的真正价值。因此，这里边所说的“下山”“下降”“堕落”，并不是我们通常所说的物理意义上的下降，也不是道德意义上的败坏，我理解为“具体化”的过程——逻各斯作为思辨意义上的对话，进入一个具体的情境当中，尽力地去展示那些冲突，尽力地去扬弃那些冲突，尽力地形成更高的统一。只有在这种逻各斯的思辨的对话的艰难过程当中，才能够真正地去提出并且有可能真正地去解决有关人生的最重大、最根本的问题，比如说，人按照理性的引导能否以及如何过上幸福生活？人的

---

① 参见沃格林《城邦的世界》，陈周旺译，译林出版社 2012 年版，第 313 页。

自由体现在哪里？人生的意义又在哪里？等等。所有这些问题，只有在一个个具体情境的推动下，才能得到展示，也才能得到解答。如果没有这样一个个具体情境的推动，那么哲学的、思辨的“思”就成了一种抽象的“思”了。没有情境，能谈什么？如果没有这些情境对思辨的具体的展开，那么人类的自由恐怕也就是一种抽象自由——我们试图超越物理世界及其相关的知性思维、形式逻辑——我们本该有自由，但是，当我们“悬搁”了这一切的时候，我们还只是具有一种抽象的或者说消极的自由。这种自由实际上就是思与存在的直接同一。它还不是具体的、丰富的，一句话，还不是“实现”出来的。要想“实现”，那就只能通过情境展开，通过具体的过程。所以逻各斯意义上的思辨的对话，要求进入具体的情境，才能真正地实现自由，也才能够真正地解决人生的基本问题。

而这些基本问题正是哲学的任务。因此，相应地，哲学所面临的任务，也可以得以完成。

所以，我们是从“逻各斯”出发，从其作为一种思辨的对话，从这一角度来审视尼采的这部《苏鲁支语录》，将其看作逻各斯意义上的思辨的对话及其情境化的一个过程，是一个全面展开的、思辨性的对话的过程。

同时，这也符合我们刚才所说的那一点：在《悲剧的诞生》中所开启、所持有的酒神精神和日神精神相结合的思路在这里仍然延续着——在否定之否定之后，酒神精神就又迈进了日神精神，在日神精神中爆发出来，亦即“思辨”要进入“具体”的“情境”，在具体的情境中展开。

这个过程在《苏鲁支语录》前言中有所体现。在前言的第二至第七节，我们发现苏鲁支在跟不同的人进行对话。

他首先遇到的是一个老者。二人互相以礼相待，却话不投机。

老者劝苏鲁支不要去山下，不要到人群中去，就留在山林中。

苏鲁支问老者：“圣者在树林里何所为呢？”

老者回答：“我编制歌词，自唱，而每当编制，也酣笑，也悲泣，也低喃。如是，我歌颂上帝。”

而苏鲁支却向内心说：上帝已死！①

这里有两点需要我们注意：

第一，苏鲁支和老者的区别正在于他们对逻各斯的理解不同，后者停留在了否定之否定的阶段，没有再由此出发，而前者正相反，在经历了否定之否定的阶段后，从业已回到的逻各斯再度出发。结合我们上面所讲的“情境”问题，那么这二者的区别就在于后者并没有进入具体的情境，因此严格来说，他的“思”仍是抽象的，不是真正的思辨，而前者则由于从逻各斯再度出发，迈入具体的情境，因而是展开了的、真正的思辨。

第二，苏鲁支是向内心说：上帝已死。这意味着什么？

“向内心说”意味着一种自我对话，亦即思辨。因此，真正的思辨是不需要“上帝”的——那被歌颂的上帝，仍然是一个“对象”，而思辨的起点是“境域”。

这样一来，有关“思辨”所必须澄清的两点就都得到了指明：一是思辨从起点上来说必须是怎样的，二是思辨从过程上来说必须是怎样的——思辨的起点必须是境域，而思辨的过程则必须是在具体的情境中的。

然而，与此同时，另一个问题也浮现了出来：逻各斯意义上的对话并不是那么容易实现的，至少在与那位老者的对话中就没有实现。因为在这场对话中，对话的双方仍是格格不入地对峙着，没有自否，没有开发，更没有融合。

接下来的种种对话，例如与围观布告的人、踏软索者的对话，那里面有种种冲突、种种对峙，有神话、史诗意义上的“命令”，包括苏鲁支自己也在那里“宣告”“说教”，但是没有人听。

所以，一个异常严酷的问题摆在了苏鲁支面前，也摆在了尼采和我们面前，那就是：难道真的只有自我对话才是思辨？难道与他

---

① 参见尼采《苏鲁支语录》，徐梵澄译，商务印书馆 1992 年版，第 5 页。

人的对话根本就实现不了思辨？

我们先不急着回答这个问题，先接着往下看苏鲁支接下来又发生了什么事。

苏鲁支很失望，回到了原始的丛林当中，又跟一位老人对话。这是第八节里所叙述的。

这位老人是否就是他下山时遇到的那位老人呢？

答案是否定的。

为什么这么说呢？

因为这位老人说了一句话："谁叩着我的门扉，必得拿去我献给他的。"①

这意味着什么？

什么叫"必得拿去"？

不拿不行吗？

如果不拿不行，那么，原因何在？

只有一种情况，那就是这老人象征着"境域"！

只有如此，那显现出来的、"献给"我们的，才必须去"拿"。

所以，从这个意义上讲，苏鲁支与这位老人的对话，实际上相对于从逻各斯再度出发、迈入具体的情境后，又转了回来，又一次回到了那作为起点的逻各斯、境域。

这是一种强调、强化。因为在这场对话中，起点的"境域性"再次被指明。

然而，这不是一种单纯的、重复性的强调，因为在这种返回中，毕竟包含了试图与他人进行逻各斯意义上的对话之不果。

因此，在这回返当中，必须面对、解决这一危机。

换句话说，必须在这种再次回返当中，挖掘出我们原来可能忽略了的东西，并以此解决危机。

那么，原来忽略了的东西是什么呢？

---

① 尼采：《苏鲁支语录》，徐梵澄译，商务印书馆 1992 年版，第 15 页。

这就涉及前言的第九节里所说的内容了，苏鲁支意识到：我需要一个“伙伴”，而且是一个“活的”伙伴。[①]

“活的”意味着什么？意味着能“对话”。

这个能对话的伙伴在哪里？

其实他不在“外边”，而就在作为起点的“境域”本身。

换言之，境域本身就意味着“主体间性”。

而这就是原来被忽略了的东西。

正因为如此，自我对话就是与他人对话。也正因为如此，思辨是可以在与他人的对话那里实现的。

于是苏鲁支找回了信心——他终于找到了应有的对话方式。

从此他不搞“宣告”了，但也不沉默颓丧，而是从本体论层面，从作为起点的逻各斯、境域汲取了更明晰的方向：与他人对话并非不能实现思辨，关键在于对话的双方必须是平等的，而且是心存敬畏的。

倘若对话的双方不是平等的，那就只是“宣告”“说教”，一方只是说，另一方只是听，甚至没有说的权利和机会。这种情况发生在苏鲁支与围观布告者以及踏软索者之间。

倘若不是心存敬畏，就不可能承认他人观点可能存在着合理性，应予考虑，换言之，应对自己的观点进行反思、批判。这样一来，思辨自然无法展开。这种情况发生在苏鲁支和他下山时所遇到的那位老者之间。

实事求是地讲，对这两种情况的消除都是有一定难度的，原因也是多种多样的。特别是第二种情况，更难以消除。就在前言的第十节，我们发现了一件事情，就是苏鲁支首先开始与之对话的那一个对象是谁？是他自己。[②]

但无论如何，作为一种“原则”，思辨的对话所需要的条件算

---

① 参见尼采《苏鲁支语录》，徐梵澄译，商务印书馆 1992 年版，第 16 页。

② 同上书，第 17 页。

是提炼出来了。

从某种意义上讲，这原则是伦理性的。

因此，思辨的对话所需要的实际上是一种伦理上的保障。

那么，这种伦理上的保障来自何处呢?

就是来自逻各斯本身。

我在前面多次提到，逻各斯包含着伦理指向。逻各斯作为“活”的界限，既不断实现自己又始终尊重他人。

尊重他人，就是讲求平等，就是心存敬畏。

如果心中没有敬畏，必然会目中无人，那还会尊重他人吗?

所以，思辨的对话所需要的伦理上的保障不是别的什么而就是逻各斯本身提供的。

只有遵守逻各斯，有了伦理上的保障，才能真正实现思辨的对话。

苏鲁支与其下山时所遇到的那位老人之间之所以未能实现思辨的对话，就是因为由逻各斯所提供的伦理保障在他二人那里未能发生效力——老人固然自以为是，而那时的苏鲁支不免骄傲。脱离了伦理保障的对话，自然不可能是一种思辨的对话——再次返回逻各斯的苏鲁支有了对逻各斯、对思辨更深的体会，他抓住了更深的东西。

所以，苏鲁支最后回到的是这样一个境界：他首先开始跟自己对话，不再是向外宣布。这恰恰是回到了希腊哲学的开端，回到了一种自我对话的形式，也恰恰符合了思辨最原始的含义，也就是“灵魂的自我对话”。他由此抓取了此前未曾深刻体会的东西，为展开、实现思辨的对话做了更充分的准备。

前言最后一句话：“如是开始了苏鲁支的堕落。”[①] 也就是说，当苏鲁支他意识到他应该采取一种对话的方式，而且首先应该与自己对话的时候，其后发生的会是什么呢？那不仅仅是要有具体的情

---

① 尼采：《苏鲁支语录》，徐梵澄译，商务印书馆 1992 年版，第 18 页。

境，更重要的还要有伦理保障。只有这样，才有真正思辨的对话。

尼采通过这样一系列艰难的探索，最终摸索到了这样一种真正的对话方式：思辨的对话。并且他表明了，真正的、逻各斯意义上的、思辨的对话，需要有其境遇性，需要有一个境遇化的过程，有其具体的情境，而且还需要有伦理保障。

这部著作后面的内容就是对这样一种思辨的对话具体实践的过程。当然，尼采是采用诗的方式，而不是逻辑的方式来展现的。但是，这里的“诗”不是一种主观的表达，而是逻各斯本身的“语言”——逻各斯本身就与诗联系在一起——尼采用诗的方式，表达了逻各斯本身，把逻各斯最重要的两个因素：思辨与隐喻紧紧结合在了一起，把思辨的深度、充实与隐喻的美感、空灵完美地结合到了一起。思辨的自否性与隐喻的联想性共同担负起不断开启“地平线”的任务。

第三章　逻各斯与柏格森的形而上学

在柏格森看来，形而上学的研究对象是生命本身。生命作为绵延，就是变化，就是多样化，就是相互渗透、相互融合。而想要实现这一点，就需要直觉。柏格森意义上的直觉，是一种理智的交融，是一个“对话”的过程。因此，这实际上是一个逻各斯在发挥效用的过程。从这个意义上讲，在柏格森那里，真正的生命不是在别的什么那里，而就是在逻各斯之中实现的。因此，相应地，逻各斯也就成了柏格森形而上学的一个内在基础。也正因为如此，人才能在形而上学，而且只能在形而上学中复归自己的逻各斯本性。这也正是形而上学的意义所在。当然，这同时也表明了，形而上学是不能取消的。

第一节　形而上学的对象——绵延

《时间与自由意志》可说是柏格森关于形而上学的奠基性著作。虽然在这部著作里，柏格森没有直接地讨论形而上学的性质、对象、方法等问题，但是在这部著作里所做的批判性工作却是他后来研究形而上学所必需的。

在《时间与自由意志》开篇，柏格森就指出：“人们通常辨别两种数量：一种是广度性的和可测量的；一种是强度性的和不可测量的。”① 柏格森旋即指出：“但人们又认为对于第二种数量可以谈

---

① 柏格森：《时间与自由意志》，吴士栋译，商务印书馆 1958 年版，第 2 页。

论其强度上的大小。这种做法只是逃避困难而已。因为这两种数量既然都被称为大小，又被认为同样地可增可减，人们就从而承认二者之间有些共同的地方。"[①] 这样一来，就为这两种数量相混淆提供了可能。按照柏格森的说法，那就是"我们在把强度性的东西翻译为广度性的东西"[②]。

在《时间与自由意志》的第二章里，柏格森以"数目"为例，进一步指出："我们不知不觉地把我们所数的每一瞬间放在空间的一个点上……诚然，在我们为了想象开头两三个数目利用了这个影像之后，只要知道在需要着影像来帮助我们想象其他数目时它也会同样有用，那就够了。但是每个关于数目的明确观念意味着一个在空间的视觉影像。"[③]

至此，基本上已经可以得出这样一个结论：我们把空间性赋予了一些非空间性的东西。这种做法不见得就一定是错误的，因为它可以为生活提供某种便利，比如稳定性，也就是说，它对于生活来说具有实用性的一面。但是，这种做法也确实具有一定的遮蔽性。因为它毕竟把一些非空间性的东西当成了空间性的东西。

柏格森的这种批判极似尼采在《悲剧的诞生》中对阿波罗精神的批判。二者都认为有些非空间性的、非固定的、活生生的东西被一些空间性的、固定的、形象化的东西所遮蔽甚至取代了。

很快，柏格森就指出了空间对时间的遮蔽，"当我们谈论时间的时候，我们一般地想着一个纯一的媒介；而在这媒介里，我们的意识被并排置列，如同在空间一样，以便构成一个无连续的众多体"[④]。但是，"意识状态在本质上是不外于彼此的；只因时间被当作一种纯一媒介而意识状态被散布于时间之中，意识状态才变成外

① 柏格森：《时间与自由意志》，吴士栋译，商务印书馆1958年版，第2页。

② 同上书，第3页。

③ 同上书，第58页。

④ 同上书，第67页。

于彼此的"①。

这就是说，时间和意识都不是空间性的，而且这两者就其本身状态而言也不是相互外在的。也就是说，对于时间来说，过去、现在、未来是彼此渗透的，不可分割的，对于意识而言，一个个意识状态之间也是如此。

到此，柏格森开始提出他的"绵延"概念。由以上的铺垫，我们可以想见，所谓的绵延，就是真正的时间、真正的意识，或者说纯时间、纯意识。所以，柏格森才说："简言之，纯绵延尽管可以不是旁的而只是种种性质的陆续出现；这些变化相互渗透，相互溶化，没有清楚的轮廓，在彼此之间不倾向于发生外在关系，又跟数目丝毫无关：纯绵延只是纯粹的多样性。"②

从这里也可以看到绵延的特征：变化、多样、相互渗透、融为一体。

另外，柏格森特别强调绵延是"性质"而非"数量"，而且绵延作为性质，是直接呈现于意识之中的，或者说，是意识所直接意识到的。

由此可以看出柏格森对生命的理解：生命作为绵延，就化，就是多样化，就是相互渗透、相互融合。

而且至此也可以初步得出形而上学和科学的区别：形而上学要研究的是绵延，而科学要研究的恰恰是非绵延，而且也只能研究非绵延，也就是固定化的东西。

这样一来，形而上学就有了存在的必要，因为只有形而上学的研究对象才是生命本身。

作为绵延的生命，是真实的生命，是真实的自我，这样的自我是自由的前提，"它正在通过它的游移不决而生长着与发展着，一

---

① 柏格森：《时间与自由意志》，吴士栋译，商务印书馆1958年版，第73页。

② 同上书，第77页。

直等到自由的动作瓜熟蒂落地出现时为止”[①]。

可见，柏格森意义上的自由是以绵延为基础的。柏格森形而上学的核心就是“生命”与“自由”。

值得注意的，是柏格森对语言的批判。柏格森认为语言具有抽象化、凝固化的特征（这与尼采也有相似之处）。他指出：“简言之，人类的种种印象，其固定的、共同的、因而不属于任何私人的因素被储藏在简单而现成的字眼里；这些字眼压倒了，至少盖住了我们个人意识之种种嫩脆而不牢固的印象。”[②]

应该说，柏格森对语言的这种批判是有一定道理的。[③]

语言有时只能表达一些共性的东西，而独特性则被过滤掉了。而且语言确实具有抽象化、凝固化的作用，往往把活生生的东西固定化了。但是柏格森对语言的批判似乎有些过激，在他那里，语言的凝固化作用盖过了语言的其他作用，以至于一使用语言就会造成凝固。他的这种观念后来变得更加激进，以至于拒斥任何符号。

事实上，语言虽然确实具有抽象化、凝固化的作用，会对绵延造成遮蔽，甚至使人由此失去自由，但是语言也有别的作用，海德格尔等人恰恰是利用语言来展现“存在”的。这里的区别在于，柏格森对语言的看法，其本质上是把语言看成了“实在”。这种观念，尼采和胡塞尔也有，而海德格尔等人则把语言看成现象学意义上的“境域”，恰恰利于展现柏格森所强调的绵延。例如海德格尔早期所强调的“形式显现”，就是通过发掘语词的境域性，消解语词的单纯的指称作用，消解了对象化趋势，从而也就消解了语言的抽象化、凝固化作用，而与此同时，也就显现出了深藏在对象后面

---

① 柏格森：《时间与自由意志》，吴士栋译，商务印书馆 1958 年版，第 131 页。

② 同上书，第 97—98 页。

③ 语言在时间被空间遮蔽的过程中起到了相当大的作用，比如我们说：“你七点之前在哪里？”“你步行到火车站需要用多长时间？”等等。这些语词，显然是跟空间有关的——跟方位、跟距离有关。在这些漫不经心的、最最日常的话语里，其实我们已经不知不觉地把时间空间化了。

的“境域”，实现了语言的“境域化”作用。

所以，应该看到，语言不仅仅具有凝固化作用，也具有境域化作用。因此，语言固然能够对绵延构成遮蔽，但同时也能够成为绵延的现身之处——只有在语言的敞开之处，才有绵延。

第二节　直觉与逻各斯

如果说《时间与自由意志》是柏格森关于形而上学的奠基性著作，那么《形而上学导言》就是他关于形而上学的正面阐述。

在《形而上学导言》一开始，柏格森就激进地表示形而上学不能依赖任何符号，甚至说“形而上学就是一门不用符号的科学”①。

柏格森通过举出描述人物这一例子来说明符号的本质以及缺陷，他认为，在描述人物时，“对我来说，体现他的成百上千的偶性不是加于这个观念之上，从而使这个观念丰富，恰恰相反，它们脱离了这个观念；然而这并不会穷尽这个观念的本质或者使本质贫乏化。我所知道的关于人物的一切，给我提供了我能观察他的许多观察点。描绘他的那一切特征，有一些在不同程度上象征性地表达他的符号，而这些特征之使他能为我所知，仅仅是由于将它们与我已知的人和物作许多比较。因此，符号和观察点将我置于他之外，它们所给予我的只是它与其他人物共同的东西，而不是属于他、并且仅仅属于他的东西”②。

通过这样一个例子，我们可以看出，柏格森之所以拒斥符号，是因为这种东西总是带有一种大而化之的倾向，也就是他在《时间与自由意志》里所批判的语言只能表达共性那种倾向。关于这一点，我们在上面已经分析过。

---

① 柏格森：《形而上学导言》，刘放桐译，商务印书馆 1963 年版，第 4 页。

② 同上书，第 2 页。

值得注意的是，柏格森在此又多提出了一个词：观察点。这个东西也是不能要的。其实，准确地说，应该是不能有特殊的观察点。

应该说，柏格森的这个观点是正确的。形而上学作为一种超越性而言，它就是要“超越”。首先要超越实在，然后还要超越自身，而且还要不断超越。如果你被束缚在某一特殊的观察点上，也就是说，如果你被束缚在某一特殊的视角上，那么你又如何能够进行超越呢？所以，研究形而上学确实不能有特殊的观察点，无论是在开端还是在以后的过程里。

既然不能依赖符号，那么形而上学又应该依赖什么呢？

柏格森认为应该依靠“直觉”。

柏格森的“直觉”历来被认为很神秘，其实并非如此。

柏格森对此有明确的表述：“所谓直觉，就是一种理智的交融，这种交融使人们自己置身于对象之内，以便与其中独特的、从而是无法表达的东西相符合。”①

柏格森着力指出：“我们在理智上也许不能和任何其他东西交融，但我们肯定能和自我交融。”②

这是整篇《形而上学导言》里最重要的话。

因为它表明了交融的对象——我们是和谁交融？是和自己。

而这种交融又暗含着一个前提，那就是自我已是“境域”，或者说，是柏格森所说的“绵延”。因为两个“实在”是无法交融的，只有两个“境域”才能交融。

但是，我们应该注意，这种境域的交融，其实是一个“对话”的过程。因此，“和自我交融”，实际上就是和自我对话。这里有一个“说”的过程。当然，柏格森是不愿意承认这一点的。但是，如果把这个“说”更广义一点来理解的话，把它理解为“显现”，

---

① 柏格森：《形而上学导言》，刘放桐译，商务印书馆 1963 年版，第 3—4 页。

② 同上书，第 4—5 页。

那么我想柏格森就不会不同意了，也无法不同意。因为你总不能说，形而上学没有任何显现吧？

所以，当柏格森说直觉是一种理智的交融，并且我们肯定能和自我交融时，这里实际上体现出逻各斯的影子、“对话”的影子。

对话是需要符号、需要形象的。

因此，说是不依赖符号，总归还是要依赖的。对于这一点，柏格森自己也有着比较清醒的意识，他说：“任何一个形象都不能代替绵延的直觉，但是，由不同种类的事物，可以获得许多不同的形象，这些形象的作用会聚起来以后，就可以正好把意识引向获得某种直觉的地方。”①

值得寻味的是，这段话与柏拉图在《会饮篇》里关于“美”的论述颇有相通之处。柏拉图在《会饮篇》里论述“美”时，认为我们对于“美”的认识是需要一个过程的，这一过程大致是这样的：首先，人们可以爱上形体之美；其次，人们“必须思考身体之美如何与其他方面的美相联系”②；第三，要把心灵之美看得比形体之美更为重要；第四，转向法律与体制之美；第五，转向更为普遍的各种知识之美；第六，获得美本身。

如果从胡塞尔现象学的观点来看，柏格森和柏拉图的这两段论述其实都属于想象力的自由变更、最终达到本质直观的过程。③ 柏格森还就此强调：“用选择极不相似的形象的办法，我们就可以防止这些形象中的任何一个僭居我们所要获得的直觉的地位，因为任

---

① 柏格森：《形而上学导言》，刘放桐译，商务印书馆 1963 年版，第 7 页。

② 柏拉图：《柏拉图全集》第二卷，王晓朝译，人民出版社 2003 年版，第253 页。

③ 事实上，柏拉图所说的理念和胡塞尔所说的本质都不是形象性的东西，即不是对象性的东西，它们更多的是一种境域性的东西，是一种界限，如克劳斯·黑尔德说：“‘境域’其实就意味着‘界线’（Grenzlinie）——，而这种边界显示自身为本质变更中的实事规定性。”（克劳斯·黑尔德：《世界现象学》，孙周兴编，倪梁康等译，生活·读书·新知三联书店 2003 年版，第 67 页）再如伽达默尔说：“‘事物的本质’这个法律概念指的并不是派别之间争论的问题，相反，它是一种界限，用来限制那些颁布法律的立法者的专横意志和对法律所作的解释。”（加达默尔：《哲学解释学》，夏镇平、宋建平译，上海译文出版社 2004 年版，第 73 页）

何一个形象都会被与它相对立的其他形象所撵走。这些形象虽然方面不同，它们都需要心灵作同样的注意，而对某些形象则需要心灵有同样程度的紧张。如果能够作到这样，我们就能逐步使意识习惯于一种特殊的和清晰明确的倾向，也就是为了实实在在而无遮掩地使意识显示其本身而必须采取的倾向。但是，要作到这样，意识无论如何要同意作出努力。因为在意识面前没有什么东西展现出来：意识必须处于一种态度中，为了作出所希望的努力，从而通过自己而达到直觉，意识就必须采取这种态度。"①

由此我们可以清楚地看出，柏格森还是认为需要符号、需要形象的，但是绝不能让形象遮蔽了绵延，对此最好的办法就是采用"极不相似的形象"，以便在形象之间造成一种流动，使我们的目光不至于停留在某一个形象上，从而遮蔽了绵延。另外，柏格森说"在意识面前没有什么东西展现出来"，这意味着绵延、真正的生命，其实就是境域，它只是努力使自身展现出来，展现为境域，如此而已。如此这般的生命，柏格森是这样来描述的："内在生活同时具有质的多样性、进步的连续性以及方向的统一性。"②

我们也由此可以看出柏格森的形而上学观。在他那里，形而上学可不是什么命题的系统。在他那里，形而上学就是活生生的生命本身。所谓形而上学，对于柏格森来说，就是活生生的生命之展现与保持。从这个意义上讲，对于柏格森来说，形而上学更多的是一种生活态度和生活方式，当然，也是一种价值追求。这种价值可说是最高价值。因为这种价值所体现的不是别的什么，而是生命本身。也正是从这个意义上讲，形而上学才能够叫作"第一哲学"。

柏格森对传统的经验主义和唯理主义都作出了批判。

柏格森认为，经验主义与唯理主义的区别只在于：经验主义最终只承认"杂多"，而唯理主义则坚持"统一"。

---

① 柏格森：《形而上学导言》，刘放桐译，商务印书馆 1963 年版，第 7—8 页。

② 同上书，第 7 页。

应该说，经验主义更多地代表了一种“原子论”的观点，而唯理主义则更多地代表了一种“观念论”的观点。正因如此，经验主义只承认“杂多”，“因此自我就受到不断变窄的间隔的压缩，随着分析之一步一步向前推进而趋向于零”①。

也正因如此，唯理主义坚持“统一”，“它不断地扩大，它不会使自己消失于零中，而会散失于无限中”②。

实际上，问题就在于一点，那就是经验主义和唯理主义这二者都没有认识到生命的绵延本性，而是将之误当作实在。在这一错误的基础上，又采用了错误的研究方法，也就是柏格森所说的“分析的方法”。

我们前面说过，直觉作为一种方法，并不是不需要符号，而是不滞于符号。而分析这种方法则是滞于符号。正如柏格森所言：“分析必绕着对象打转，它拥有一种永远无法满足的掌握对象的期望，于是便无穷无尽地增加它的观察点的数目，企图以此完成它的永远没有完成的肖像；它还不断地换用各种各样的符号，以便完成那经常未完成的复制，如此以至无限。”③

所以，经验主义和唯理主义都错了，而且在错误的道路上越走越远，直到无路可走——经验主义“趋向于零”，导致静滞之困境，唯理主义则“散失于无限中”，导致空洞之困境。

应该说，柏格森对经验主义与唯理主义的批判是正确的，批到了点子上，一针见血。经验主义与唯理主义打“根儿”上就错了，错在不应该把绵延当作实在。

因此，形而上学的起点就是绵延，“这样，朝着哲学所选择的这个顶点下降的方向，哲学就可以达到统一性、杂多性以至我们试图以之界说自我的运动着的生命的任何一

① 柏格森：《形而上学导言》，刘放桐译，商务印书馆1963年版，第16页。

② 同上。

③ 同上书，第4页。

个概念”[①]。

形而上学也只能采取“直觉”这种方法。而且直觉这种方法还有一个好处，那就是“可以容易地通向两个相反的概念”[②]。

我们前面已经说到过，直觉作为一种理智的交融，是一种逻各斯的、对话的过程。这里又再次看到这一点。因为如果不是作为对话、交融，又怎么会通向相反的概念呢？之所以能够通向相反的概念恰恰是因为这里面有一种对话、交融在发生着。

所以，柏格森所说的直觉，绝非我们通常意义上所说的直觉。它实际上是逻各斯的对话精神的体现。它并不排除对立面，恰恰相反，它以对话的开放性与包容性“汇集”着一切方面，无所遗漏。

另外，柏格森认为：“直觉则把自己置身于可动性中，或者说置身于绵延中，二者意思相同。”[③]

柏格森的这种观点跟黑格尔很相似，黑格尔在《精神哲学》里曾经说过：“我们为概念推动的思维始终是彻底内在于也同样为概念所推动的对象之中的；我们仿佛只注视着对象的自己发展，而不要由于我们主观的表象和想法的介入而改变这个发展。”[④]

可见，柏格森所说的直觉，虽然叫作直觉，但其实它并不是知性的，更不是感性的，而是思辨的理性的。而它之所以是思辨的理性的，正在于它以一种逻各斯的、对话的精神汇集着、融通着相反的方面。

通过直觉，生命保持其绵延。不仅如此，生命还由此有其自由——生命是自由的，只因它是绵延；反之，如果你把它看成现成的，那么相应地你就会把它看成是被决定的。

柏格森驳斥决定论。首先来看物理决定论。

从某种意义上讲，物理决定论和我们上面所提到的经验主义所

---

① 柏格森：《形而上学导言》，刘放桐译，商务印书馆 1963 年版，第 17 页。

② 同上书，第 18 页。

③ 同上书，第 21 页。

④ 黑格尔：《精神哲学》，杨祖陶译，人民出版社 2006 年版，第 7 页。

持的原子论立场是联系在一起的。“人们想象宇宙为一堆物质：人们的想象又将物质分解为许多分子与原子。人们认为这些粒子进行各式各样的运动，有时振动，有时移动；人们又认为物理现象、化学作用、五官所感觉的种种物质属性、热、声音、电甚至吸引力都可客观地还原为这些基本运动。”[①] 另外，物理决定论还坚持能量守恒定律。这样一来，“如果数学家知道了某人身体内各分子与各原子在指定瞬间的位置，又知道了宇宙内一切能影响这人身体内各原子的位置与运动，则他就能把这人的过去动作、现在动作、未来动作推算得丝毫不差，如同人们预测天文现象一样”[②]。我们在上面已经分析过，原子论的错误在于把绵延异化了。至于能量守恒定律，柏格森认为，它实际上是以不矛盾律为其实质的。[③] 这样一来，我们就可以看到，物理规律实际上最终还是要归结为逻辑规律。那么，逻辑规律又归结为什么呢？逻辑规律最终归结为哲学信念。因为不矛盾律实际上是以“无中不能生有”这一哲学信念为基础的。当年巴门尼德正是以此信念，才确立了形式逻辑的优先性地位。但是问题是，如果我们持有的是与巴门尼德不同的哲学信念呢？或者说，我们持有的是与巴门尼德不同的本体论立场呢？如果我们并不要求一切都要确定到僵化、不可改变的程度呢？

分析至此，我们可以看到，所谓决定论有一系列前提，其最终前提是哲学的，是巴门尼德式的本体论立场，此种立场认为一切确定了就不能再改变，其所导致的是决定论的第二个前提，那就是形式逻辑，把一切搞搞清楚，不能有矛盾，于是才有了能量守恒定律，有了决定论。

但是问题是，如果我们持有的是与巴门尼德不同的哲学信念呢？或者说，我们持有的是与巴门尼德不同的本体论立场呢？如果

① 柏格森：《时间与自由意志》，吴士栋译，商务印书馆 1958 年版，第 107 页。

② 同上书，第 108 页。

③ 参见柏格森《时间与自由意志》，吴士栋译，商务印书馆 1958 年版，第 112 页。

我们并不要求一切都要确定到僵化、不可改变的程度呢？如果我们接受甚至欢迎和要求一切是可以相互蕴含、相互过渡，从而相互转变的呢？换言之，如果我们以柏格森意义上的绵延作为我们的本体论立场、以柏格森意义上的直觉即思辨作为我们的真正的逻辑，那又如何？

显然，我们由此将得不出决定论。

同样地，心理决定论也是如此。柏格森认为心理决定论的基础在于联想论派的一种主张，那就是："把自我当作一堆心理状态的集合，其中最强的状态起着决定作用而带动其他状态跟它一起走。"①

柏格森卓越地指出："联想论没有把并排置列的众多性和相互溶合的众多性辨别清楚。"② 并排置列是把多样性拉齐扯平，放在一处，这些多样性彼此之间相互外在，因而是静止的，是死的，没有生成、变化可言，而相互溶合的多样性则是相互渗透，是动态的，是生成，是变化。

联想论作为经验主义的一种理论，骨子里秉承的仍是经验主义的原子论的立场，"要树立种种界限分明的区别"③，是对生命的绵延的无知。

既然种种决定论最终是出于对绵延的不了解，那么它们就是一种错误的理论。反过来说，真正的生命，绵延，不是被决定的，而是自由的。

这自由当然不是空洞的。绵延作为境域，在直觉中，即在作为逻各斯的、思辨的理性的对话中，不断打破自己原来的界限，使自己保持在一种"不确定性"当中，因此是自由的。这个过程自然也是创造的过程。但是这创造过程的重点并不在于它创造了哪些以

---

① 柏格森：《时间与自由意志》，吴士栋译，商务印书馆 1958 年版，第 118 页。

② 同上书，第 121 页。

③ 同上书，第 119 页。

及什么样的对象，而是创造并且是首先创造了人自身，使人作为绵延、作为境域，不断地自我突破，不固化、不物化。

从这个意义上讲，直觉作为逻各斯的、思辨的理性的对话，其首要作用就是自我教化。这种教化首先就是一个自我否定的过程。通过这种对话式的、自否性的教化，实现人之为人。形而上学的意义便在于此。反之，如果没有形而上学，没有形而上学所揭示的绵延，没有直觉，即没有作为逻各斯的、思辨的理性的、自否性的对话，没有自我教化，那么人必然会物化，就像物一样，是什么就是什么，确定得很，然而那还有什么意义呢？人的自由从何而言？人的价值又从何而言？

有趣的是，柏格森居然也提到了情绪，并且像海德格尔一样赋予了情绪以积极的作用。柏格森写道："强烈情绪，甚至突然发作的强烈情绪，好像阿尔色斯提的愤怒一样，反映了本人的整个历史，则它就不会再被打上'命运注定'的烙印。"① 对于海德格尔来说，情绪是一种"现身"方式。柏格森在这里有相似的意思，都是真正的生命——绵延、境域的显露。

当然，仅靠情绪是不行的。一方面，它绝非真正生命得以显现的唯一方式；另一方面，它也不是真正的生命自觉的显现方式。要想自觉地把真正的生命显现出来，最终还是要依靠态度的转变，也就是胡塞尔所谓的"哲学的思维态度"。柏格森对此也有相似的意识，他说："心灵必须违背自身，必须一反它平时常在思想时所习惯的方向，必须不断地修正（或毋宁说改造）它所有的范畴。"② 可见，要想真正地实现绵延性的、境域性的亦即真正的生命，首先要做的就是进行一种态度转变，从日常的态度中转变出来，并且连同从日常态度所产生的实用主义、相对主义态度以及其所要求的确定性，包括从为此保驾护航的形式逻辑及其所建立的"物"的秩

① 柏格森：《时间与自由意志》，吴士栋译，商务印书馆1958年版，第124页。

② 柏格森：《形而上学导言》，刘放桐译，商务印书馆1963年版，第31页。

序中转变出来，跳出来。不这样，我们就是“物”，就是确定的、没有自由的。形而上学始终是围绕着自由展开的。难能可贵的是，柏格森认为，自由并不是在两个相反的或者几个不同的可能性之间可以进行选择，因为那样的话，就把生命又实在化了，完全没有实现生命的主动性，他指出：“其实不是有了两种倾向，甚至不是有了两个方向，而是有了这样一个自我：它正在通过它的游移不决而生长着与发展着，一直等到自由的动作瓜熟蒂落地出现时为止。”①

真正的生命、绵延、境域，是不断自我突破的，但它同时又始终是“界限”。这界限意味着对“他人”的存在的承诺与尊重。可见，在真正的自由当中是包含着自律的。

我们知道，逻各斯有“尺度”之义。这尺度便是一种界限。它暗示着自我与他人之间的平等，不可以以自我淹没他人。

所以，真正的生命、绵延、境域，包含着逻各斯的“尺度”内涵，它暗示着自我虽然不断地进行着突破，但是无论怎样，不能否认他人的存在。

因此，尽管柏格森本人没有言明，但是实际上从他的这种以绵延为主题的形而上学之中，从自由这一轴心里，可以发展出另一个形而上学的重要问题：他人问题。

形而上学意义上的生命，作为绵延、作为境域，是可以交融的，这样一来，生命彼此之间便不是格格不入的，而是能够感通的。因此，真正的生命虽然不否认他人的存在，但并不是说你就是你、我就是我，全然无关。因为，真正的生命是不断自我突破的，在这种突破之中，原有的界限被打破了，于是“我”也就成了“你”，“你”也就成了“我”。所谓的“你”，不过是另一个“我”。也正是在这个意义上，“你”才是另一个“我”。

总结一下：柏格森的形而上学以绵延为主题，以直觉为方法。这个绵延，其实就是现象学意义上的境域，是开放性的、生成性

① 柏格森：《时间与自由意志》，吴士栋译，商务印书馆1958年版，第131页。

的。相应地，直觉，是一种逻各斯的、思辨的理性的、自否性的对话。在这种直觉当中，绵延作为活生生的生命过程得以保持自身，并且以境域的界限性、逻各斯的尺度性始终承诺着“他人”的存在意义以及以境域交融、对话的方式突破界限，实现自我与他人的融合。

胡塞尔曾经说过，视域是不确定的可确定性。[①]

作为始终是界限而言，它是确定的；但从这界限可以不断被打破这一点而言，它又是不确定的。

我们可以借用胡塞尔的一个观点对柏格森的形而上学最终作出如下把握：这是一种以界限的确定性实现了自律、以界限的不确定性实现了生命的创造与融合的形而上学，它是一种生命的形而上学，同时也是一种道德的形而上学。[②]

① 参见胡塞尔《笛卡尔式的沉思》，张廷国译，中国城市出版社 2002 年版，第 41 页。

② 这也提示着我们，真正的道德形而上学必然是与生命一体的——与生命的创造性和融合性一体。

第四章　逻各斯与怀特海的哲学

怀特海思辨哲学所选择的“起点”——“现实实有”，作为一个连带着其“境域”的“对象”，已经蕴含了对“活”的界限、对逻各斯的意识。

但“现实实有”毕竟还只是连带着其“境域”的“对象”，还不是“境域”，不是逻各斯。所以，后期怀特海以完全是“非对象性”同时又与逻各斯“汇集”之义相通的“收集”取代现实实有作为哲学起点。

在“收集”这个基础上发展出来的是“解释”这一话语行为。这就相当于在逻各斯“汇集”的意义上又展开了它的“话语”含义。

同时，怀特海认为哲学就是一种去蔽、一种“显现”、一种“自明”。这与逻各斯概念里积淀的从哲学一开端就有的现象学“显现”的冲动一致。

因此，怀特海的思辨哲学与逻各斯的“汇集”“话语”“显现”等哲学内涵都有着紧密的联系，在其起点的定位上、方法的采用上、性质的承诺上以及在对哲学目的与任务的确定上，均是围绕着逻各斯做出的。

与此相应的是，怀特海是秉承着形而上学的目的来思考这一切的。

在怀特海看来，传统形而上学在目标设定上和方法选择上是矛盾的，其所采取的是背离逻各斯的方法。这种目标和方法之间的矛盾决定了传统形而上学不可能成为真正的形而上学，不可能把形上意义赋予现实生活，也不可能使生命保有其逻各斯的本性。

另外，怀特海认为传统形而上学采用了一种主谓式的表达方式，而主谓式的表达方式实际上也是逻各斯异化的产物。

由此可以看出，怀特海对传统形而上学的批评是以围绕逻各斯为标准而展开的，传统形而上学就是因为在方法上和表达上违背了逻各斯，才遭到了怀特海的批评。

相应地，也可以想见，怀特海的形而上学理想是：真正的形而上学必须是围绕着逻各斯展开的：其所采取的方法必须是遵循逻各斯之义的对话与隐喻，而不是与此相悖的归纳、演绎；其所诉诸的表达方式也不是命题而是思辨的对话；其目的也不是要建立一个“知识”体系，而是使人保有逻各斯的本性。

第一节　逻各斯与怀特海的符号理论

怀特海这个哲学家很难进行样板式的划分，一般思想家可以划分为人文主义的、科学主义的，或者现象学的、分析哲学的，而对于怀特海则无法这么划分。我们知道，近代有唯理论与经验论，这两个流派到康德那汇合，但康德之后又分开了。到了现代，唯理论主要表现为现象学，经验论则主要表现为分析哲学。但是，怀特海是个例外。他的思想，很多地方既包含了唯理论，又包含了经验论。也就是说，在他那里，唯理论和经验论“合”上了——就像在康德那里一样。从这个意义上讲，他就是现代西方哲学中的“康德”。

这个比喻可能有点过重，但也没有什么。因为，怀特海思想的原创性、精微性、博大性在20世纪西方哲学家中很少有人能与之相比。胡塞尔是比不上他的，胡塞尔在精微性方面比他强，原创性方面也比他强，但“博大”是比不上怀特海的。海德格尔思想特别博大，原创性也强，但是论“精细”恐怕很难比得上怀特海。

维特根斯坦思想的精细性、原创性都很强，但在“博大”方面不够。甚至利科也难以与怀特海相比，利科思想绝对博大，几乎所有的哲学类别，本体论、方法论、伦理学、道德哲学、政治哲学、时间理论、叙事理论、隐喻理论、现象学、解释学、分析哲学，等等，没有他不涉猎的。利科的思想也说得上精微，其对每一种理论的研究均非泛泛，而是有着相当深度的。但利科思想的原创性弱了一点，毕竟他的思想基础主要是来自胡塞尔、海德格尔等人。

所以，能集原创性、精微性、博大性于一身的，在现代哲学家里，真的不多。所以，把怀特海视为 20 世纪的“康德”也不为过。

不过，怀特海的哲学一直被人忽视。

因为怀特海本人思想有个倾向——我们知道康德的哲学是先验哲学，而怀特海的哲学特点是既有先验论又有经验论的倾向，二者分不开。他的思想确实有经验论的一面，但又总是不限于经验论，又总是追求一种先验的观念，进而形成一种形而上学体系。比如，他总是在进行各种经验性的分析——罗素的逻辑分析只是限于语言层面，甚至可以说是语法层面，而怀特海不仅进行语言分析，而且还进行人类学考察，把人类的精神观念史分析一遍，阐述宇宙论时代人们怎么看待世界，跟天文有什么关系，跟地理有什么关系，其中明显带有实证科学的因素，不是简单的语言分析，另外，更重要的是，在进行这种分析的同时，他又特别强调思辨，以至于他把自己的哲学就叫作“思辨哲学”。这意味着，要想研究怀特海，就需要同时兼备多方面、多学科的知识与能力，不仅仅是哲学。所以，研究怀特海的人很少。

我们先来看怀特海的符号理论。怀特海有一本关于符号理论的小册子《符号的意义及效果》，原本是他于 1927 年在弗吉尼亚大学作的三次演讲，后集结成书。全书共三章，我们直接看第三章。

第三章的标题是“使用符号的诸方法”。

怀特海说：“使用符号的目的在于提高符号所代表的对象的重

要性。”[①] 就是说，在他看来，符号有一种“突显”作用。这里面实际上是有“兴趣”的作用。符号——尤其是像命名这种活动，是带着“兴趣”在里面的。“兴趣”把一个对象从一种整体的混沌性当中“突显”出来，成为“主题”。

接下来，怀特海说：“符号在其流变的过程中，对不同的人会有不同的意义。在任何一个时代，有的人的心态以过去为主，有的人以当前为主，还有的以将来为主，更有的则以永不会出现的、有问题的将来为主。对于这些不同的群体，一套古老的符号，其意义会有形形色色的差别。”[②]

怀特海在此要表达什么呢？他是说，符号可能就是这么一套——从形式上来讲，但是，它的意思不是固定不变的，即便是在同一个年代，它的意思也是多样的，不同的人有不同的理解。实际上，对于一个符号来说，它的意义应该是“活”的，后面我们会讲到利科，利科有一本名著叫《活的隐喻》。他在这本书里强调隐喻必须是“活”的。隐喻为什么必须是“活”的？还有，隐喻何以是“活”的呢？

我们前面讲过，逻各斯、思辨和隐喻的关系。我们认为，逻各斯作为“说”，既是思辨性的，又是隐喻性。

因此，只有“活”的隐喻才能体现逻各斯，“死”的隐喻只是一种单纯的指称，降低到了实在论的层面上，已经背离了逻各斯。

所以，隐喻必须是“活”的。

而隐喻之所以能够是“活”的，就在于符号的意义是增长的、变化的，而这关键在于“解释”。

可见，怀特海在此所表达的意思无形中已经跟逻各斯联系在了一起。

---

① 怀特海：《宗教的形成 符号的意义及效果》，周邦宪译，译林出版社 2012 年版，第 125 页。

② 同上书，第 126 页。

意义要是僵化了、“死”了，实际上“人”也就死了——因为意义的僵化意味着人不再有创造性。意义要想保持是“活”的，就要不断使用隐喻。隐喻，从某种意义上讲，是一种“投射”作用，也就是把一个对象身上的某种特性、特征投射到另外一个对象身上。比如说，黄河在咆哮。“咆哮”本是动物才发出的，但是现在被投射到了“黄河”上。通过这样一种投射，就在主语与谓语、黄河与咆哮之间形成了一种张力的关系——黄河作为主语，要有一个谓语，或者说要有一个相应的属性，这是一种欲求，而且这个欲求现在是空的，等待着充实，现在有一个谓语来了；问题是“咆哮”这个谓语本是用在动物身上的，所以好像是添上的，从正常的语义角度来说，这是个错误的句子，是一种违背正常语义现象的东西；这样一来，在主词与谓词之间就出现一种“矛盾”，矛盾出现了，也就是张力出现了。矛盾，意味着要解决。而且，矛盾只有通过思辨的方式才能加以解决。因此，作为主语的“黄河”与作为谓语的“咆哮”之间就要发生一种思辨的否定。这种否定不是一种单纯的否定，它是要把主词和谓词原本具有的特性，或者说那些作为直接性的特性给否定掉，然后达到一种融合、统一。

我们前面反复提及思辨与隐喻的一体化，在这里又再次感受到了这一点——隐喻哪里是那么简单的过程呢？那是有思辨性在里面的。

从这个角度讲，隐喻实际上就是一个不断否定意义又不断建构意义的过程——它在不断寻找原本不是同一层面、不是同一类型的两个对象之间的那种原初细微的共同性。

当然怀特海的说法还是比较“近代化”的——他不说“隐喻”，而是说要靠“想象力”，即通过想象力来实现意义的增长、变化。

其实隐喻不就是想象力的活动吗？想象力有什么作用呢？想象力有“跳跃”甚至“飞跃”的作用。“跳”和“走”是不一样的。“跳”的时候是离开地面的，而“走”的时候则是在地面上的。因此想象力作为一种"跳跃",就意味着你离开了原来的语义,丢掉了,不要了,要一个全新的语义。更准确地说,所谓的想象力"跳跃",就是要离开原来固定的语义——那个固定的语义我不要了,我要一个全新的语义。怀特海要表达的是这个意思。

而且,怀特海还进一步阐发所有语言的意思都是从这种想象力的"跳跃"当中来的。当然,这个结论有一点偏颇,但是有其合理的方面。

怀特海为什么认为所有的语义都是由想象力产生的呢?因为在他看来,在人类语言的最初阶段,全是依靠这种"跳跃"进行"投射",这样才出现了一个个崭新的语义,源源不断地产生新的意思。语义什么时候变成固定的了?就是丧失了这种想象力的"跳跃",这样意义就固定住了,这才有了日常的、固定的语义。比如:桌子腿。有腿的其实是人或者动物。因此说"桌子腿"时,就是把人或者动物的特性投射给了桌子,这是一个"隐喻"。但是问题是,它在使用中,意义已经渐渐稳定了,以至于没有人会认为你在说"桌子腿"时是在使用一个隐喻。

所以,日常语义实际上最初都是从想象力的"跳跃"中产生的。

从这个意义上讲,语言的本质就是隐喻。

从这一点来说,怀特海所要表达的实际上就是隐喻对逻各斯的重要意义。

第二节 逻各斯与怀特海的思辨哲学

我们上面所看到的怀特海的符号理论与逻各斯之间的关系,其实只是怀特海哲学与逻各斯之间的关系的一隅而已,只是"冰山"的一角。

我们现在接着来看怀特海的思辨哲学及其与逻各斯的关系。

怀特海把他自己后期的哲学工作称为思辨哲学。

和传统的形而上学一致的地方在于，思辨哲学试图发展出一种综合性的框架，通过这种综合性的框架来解释一切现象。但是，怀特海所说的思辨哲学无论是在理论目的上还是在出发点上以及相应的所要采用的方法上，都跟传统的形而上学有很大的不同。

第一，怀特海的思辨哲学始终是从“现实实有”出发。

怀特海自己认为这种“现实实有”是终极实在，并且根据它确定了一条本体论原则：没有“现实实有”，就没有理由。[①]

而这个“现实实有”，怀特海用的原词是“Actual Entity”。从这个原词里，我们可以看出些什么来呢？

至少可以看出两点来：

（1）Actul 源自动词 act，而 act 是“行动”“行为”之意；

（2）Entity 我们一般译为“实体”，“统一体”。

因此，这个“现实实有”是什么意思呢？就是一个“行动的统一体”。换句话说，“现实实有”是含有一种“行动性”的，不是静止的，是动态的。

从这个意义上讲，“现实实有”不能被理解为传统意义上的实体（怀特海自己也是反对这一点的），毋宁说它是一个连带着其“境域”的“对象”。

换言之，作为一种行动性、一种动态，这个“现实实有”虽然是“对象”，却不是孤零零的、脱离了“境域”的“对象”。恰恰相反，它始终在境域之中，随着境域“行动”。正因为如此，它才是“终极实在”。

第二，以上这一点决定了怀特海的思辨哲学必然既是按照一定先验路径进行考察的，又不仅仅是诉诸先验的路径，而是包括后天的、经验的各种原理。正如怀特海自己所设想的那样：他要进行一种综合的努力，在一个综合性的观念体系里面把各种经验的要素加以组合。这是因为他的哲学的出发点“现实实有”，不是一个一般

① 参见怀特海《过程与实在》，李步楼译，商务印书馆 2012 年版，第 32 页。

意义上的“对象”，而是一个连带着其“境域”的“对象”。所以，相应地，其哲学思考必然一方面涉及“境域”，这就需要先验的考察；而另一方面则涉及“对象”，而这就需要经验的考察。所以，怀特海的哲学里才总是“先验”与“经验”相伴随，其所采用的诸种方法和以往形而上学所运用的方法也大有不同。我们前面提到过，怀特海特别强调想象力，这就是他在方法上与传统形而上学非常不同的地方。另外，他还强调科学上所使用的实验的方法，这在哲学研究当中是极其少见的。在近代哲学中，比如说在培根那里，在笛卡尔那里，我们见到过把科学的方法移植到哲学的思考当中，包括再后来的莱布尼茨甚至黑格尔，也做过类似的事情，而且黑格尔本人明确强调过应该把科学的方法移植到哲学的思考当中。但这毕竟是近代哲学的事情。这种情况甚至在 19 世纪都已经开始有所转变了——19 世纪的哲学主要采用的是心理学和历史学这两个学科作为方法论基础，而 19 世纪之后，在现代哲学中，更是主要采用语言学作为基础，即人们在进行哲学思考的时候更多的是采用语言学的方法，比如我们后面要讲到的维特根斯坦的“语言游戏”等等。至于对物理学、化学这些自然科学中所涌现出来的那些方法，哲学采用得很少。当然数学和逻辑学的方法是例外，比如弗雷格所开创的数理逻辑，一直被分析哲学广泛地应用着。但是，怀特海不同。在他的哲学体系里面，我们看到的是，他更多地使用的是物理学的方法——把近现代物理学的方法用到了哲学的领域当中，也就是所谓的实验的方法。所以怀特海所采用的方法是非常博杂的，这一点上他非常像卡西尔，就是什么方法都拿来用，科学上的实验的、归纳和演绎的方法，语言哲学和心理学上的方法，也包括宗教和神话里面的东西，都往里添，都可以作为方法来使用。这也提醒着我们，在未来的哲学研究里面，我们不能把我们的方法设定得过于僵化。方法是“起点”决定的，它本身不是一成不变的。方法是用来解决问题的，只要这个方法能解决问题，演绎的方法、归纳的方法、逻辑分析、概念分析、概念史分析、词源学考察、辩证法以及现象学的各种方法，都可以拿过来用，不能太僵化，否则就被局限住了。

第三，通过这种想象力以及实验方法的使用，怀特海使思辨哲学成为一个可以“修正”的体系，这是他的思辨哲学跟以往的形而上学的又一个不同之处。以往的形而上学喜欢做一种宏大的构想，这种宏大的构想往往是试图找到一个第一原理，然后从所谓的第一原理出发、辐射出来，包罗万象，什么都能解释。而且，这个体系作为一种秩序而言，是必然的，是不可改变的。也就是说，这个体系是不用去修正的。但实际上这是一种妄想。“体系”这种东西本身就需要“开放性”。

“修正”恰恰意味着把“封闭”打开。拒斥修正，实际上就是选择了封闭，决绝了开放。

所以，一个真正的哲学体系不能拒斥修正，也不应该惧怕修正。怀特海在这一点上是非常明智的。他承认思辨哲学是可修正的体系。也就是说，作为一个体系而言，它保持了适当的开放性，它总是承诺有未知的东西，因此它总是把它的视角向一个未知的领域保持着一种敬畏感，并且对于一种陌生的、未知的领域保持着一种“接纳”的态度——我欢迎你进入我这个体系里，而不是加以拒斥。这样一来，思辨哲学实际上就是一个不断开放、不断充实、不断发展的体系。

所以，修正是正常的。不断的修正就意味着不断的进步。没有修正才是可怕的，那意味着已经定型，已经僵化。[①]

从以上诸个角度来讲，“‘思辨哲学’就是对于受具体的事实和逻辑的严密性这双重要求所限制的广泛概括所进行的想象建构”[②]。

---

① 从某种意义上讲，这种修正类似于思辨的过程，即一个自我否定的过程。这也许是怀特海把自己的哲学叫作“思辨哲学”的一个原因吧。

② 菲利浦·罗斯：《怀特海》，李超杰译，中华书局2002年版，第9页。

思辨哲学同时受逻辑和经验这双重限制，意味着思辨哲学作为一个活动过程而言，既要有逻辑性又要有应用性。

由此可以看出，怀特海的思辨哲学所具有的那些特征，实际上最终还是为了有所“应用”，是要用到“人”的生活上的。

我们曾近说过，尼采在分析人类精神现象的时候，认为人类会产生一种恐惧，这种恐惧是在出现“例外”的时候产生的。尼采认为，当出现“例外”的时候，日神精神就变得无能为力了，所以我们需要另外一种精神，即酒神精神。他要求高扬酒神精神，力图回到逻各斯本身。

怀特海也承认有“例外”。但是，他采取的不是什么酒神精神。实际上，他应对这一情况的方案，早就包含在了他的思辨哲学的基本特征之中了——思辨哲学的体系本来就是开放的，向可能的和未知的领域和世界保持开放。这样一来，当“例外”出现的时候，思辨哲学的体系可以进行修正、调整，亦即可以接受，可以适应。

修正的主要力量其实还是想象力——怀特海始终强调想象力的作用。“尽管‘思辨哲学’旨在表达的清晰性，在其更具想象力的模式中它还将倾向于具有高度的隐喻性，‘无言地诉诸于一种想象的跳跃’。”①

正如菲利浦·罗斯指出的那样：“对于‘想象跳跃’的要求是思辨方法的一部分。”②

这里又体现出了我们所强调的思辨与隐喻的一体性。当我们进行思辨的时候，从语言层面来说就是要打破那种正常的语义规则。所以，尽管思辨哲学从它所采取的科学实验的方法这一角度而言，它确实像科学一样要求自己所使用的语言要有高度的清晰性，但是它同时更强调想象力的使用，强调想象力的语言表达模式，实际上

① 菲利浦·罗斯：《怀特海》，李超杰译，中华书局2002年版，第10页。

② 同上。

也就是隐喻。

所以，你看，说“思辨哲学”，说着说着，就说到“隐喻”这里了。

因为这二者本就是一体的，是“逻各斯”意义上的“说”。

所以，怀特海的思辨哲学是和逻各斯紧密联系在一起的。

他的思辨哲学所选择的“起点”，“现实实有”，作为一个连带着其“境域”的“对象”，已经蕴含了对“活”的界限、对逻各斯的意识。而他的思辨哲学所强调的方法——想象力，又和逻各斯意义上的“说”的隐喻性联系在一起，而且在这隐喻中确实包含着一种对直接性的否定、一种不断提高的统一，是有思辨性在里面的，因此又与逻各斯意义上的“说”的思辨性联系在一起。最后，他的思辨哲学所承诺的修正性，实际上是在其所选择的起点和所采用的方法的基础上实现的——境域本就意味着“开放性”，而隐喻和思辨则使这种开放性得以保持，由此思辨哲学才具有了修正性。

第三节　逻各斯与怀特海思辨哲学的自我批判

在这种思辨哲学的种种特征当中，“起点”的境域性无疑是最重要的。

我们刚才曾经提到过，怀特海思辨哲学的起点是“现实实有”。我们说，这是一个连带着其“境域”的“对象”。

怀特海晚年写了一本小书，叫作《思维方式》，他在当中说道：“哲学不能排除任何东西，因此它绝不应从建立体系开始，它的起始阶段可以称之为‘收集’（assemblage）。”①

我把这句话看作怀特海对自己思辨哲学的一种批判与深化。

他原本要求思辨哲学解释一切，要求一个“体系”——尽管这个体系是可以修正的。

① 怀特海：《思维方式》，刘放桐译，商务印书馆2004年版，第2页。

而现在他则要求不要去建立体系。

这是为什么呢？

而且，更重要的是他此时明确地说哲学的起点是“收集”，这和逻各斯的“汇集”之义很接近了。

那么，就有一个问题了：为什么怀特海哲学的起点会从“现实实有”转而定位为“收集”呢？

这正是一种“深化”的表现。

因为现实实有毕竟还只是连带着其“境域”的“对象”，还不是“境域”，不是逻各斯。而现在，“收集”就完全是一种“非对象性”了。从这个意义上讲，怀特海把“收集”作为哲学的起点，意味着他对逻各斯的境域性的理解更加深入了。

哲学的开端不能排斥任何东西，这实际上意味着一种“无偏见”的开放性、接纳性。

怀特海充分地认识到了无论是在常识层面，还是在科学层面，我们的一切认识都是在兴趣的指导下来进行的。就像我们前面讲“命名”时所说的，在命名的过程当中，它一定包含一种价值倾向，那就是“生命一体化”的倾向。扩而言之，在我们人类的一切认识行为当中，都包含着某种价值倾向或兴趣，在科学的研究过程当中也避免不了这种情况。

近代哲学家，比如培根青睐用归纳这种方法，但是为什么归纳的方法不太为后来的哲学家所青睐呢？我们知道，归纳的方法在现实当中是一种非常有效的方法，它能够给我们带来知识方面实际的进展。归纳会出现一个问题，就是可能会出现例外。仅仅如此并不能说明归纳这种方法就不能使用了，但是，这说明了我们在使用归纳的过程中有某种力量在悄然地支配着。正是这种力量决定了归纳的有效性和限度。这种力量是什么？举个例子来说，当我们在进行抽检的时候，比如抽检几位同学，看一下他们的学习情况怎么样，而且是随机抽检，这似乎很合理，没什么问题，而且抽检的结果似乎也能说明一定问题——从中归纳出几点，“说明”一下这个班的同学在学习态度、学习兴趣方面是怎样的。但是在后来的一位哲学家普特南看来，这是有问题的。因为你所谓的随机抽检，实际上还是一种“选择”，而这里面肯定是有倾向性的。你自觉也好，不自觉也好，当你进行“选择”的时候，只要它是选择，这里面就肯定包含有价值取向。既然是沿着某种价值取向进行的，这意味着什么？意味着这种选择一定是带有某种“角度性”的。相应地，你得出的结论也是在一定“角度”下才能成立的，因此它不可能不出现例外。而出现这种情况之后，就会出现像尼采说的那种恐惧。所以，尼采嘲笑科学：不就是这么一套方法嘛，归纳，最后得出结论。然而当你发现这个结论有例外时，恐惧就来了，而且还消除不了。所以尼采呼唤酒神精神。其实尼采在这个问题上也不见得就是最高明的。因为他至少没说清一个问题，就是为什么这种方法会出现这样一种结果。那是因为——就像我们前面说的那样——自然科学所采取的这种归纳法，它总包含一种“选择”的过程，而这种选择不可能是随意的，那里面总是带有价值取向。正是这种价值取向在暗中影响，导致归纳的有效性，也决定了这种有效性的限度——只是在某种在先的价值取向范围内，结论才是有效的，超出这一范围，就无效了。

而哲学要求无偏见。这意味着哲学要承担一个任务，就是它要调整我们看世界的“角度”。

我们在判断事情的时候，总是会不自觉地带有角度性。这种角度性实际上就是价值倾向或者兴趣的体现。它贯穿到我们的认识当中去。

于是，任何认识都是在某种事先的伦理倾向下的结果。

这样，一方面固然对认识来说不是件好事，因为这很容易导致以偏概全；另一方面这意味着我们在最初就没有保持一种伦理上的开放性，而是用某种僵固的伦理框架限制了自己。

我们说，“人”从本性来说就是那“活”的界限、那活生生的逻各斯。所以，当我们用某种僵固的伦理框架限制了自己的时候，这已经背离了生命的本性。而其在认识方面所产生的结果，就是结论的局限性。

所以，归纳这种方法的局限性的原因并不在于别的什么，而在于人本身，在于人对逻各斯的背离。

只有当人背离了逻各斯的时候，归纳才会出现，并且有效，但同时它的局限性也被决定了。

因此，对待例如像归纳这样的科学实验的方法，我们并不是说要抛弃它们，但是一定要认识到它的根源。我们要使用它，但要知道这种使用的“来源”是什么，那是对逻各斯的背离，因而要在使用的同时，自觉地再回到逻各斯，那就是提醒自己这种方法的局限性，而且要努力地超出导致这种局限性的根源，那就是超出其中的价值倾向，超出单一的“视角”。

这就是为什么哲学必须以“无偏见”作为起点的原因。因为哲学归根结底关注的是“人”，是和逻各斯合一的“人”。所以，它不能像其他学科一样任由某一种价值倾向导致偏见、僵固。它必须要求超出这种偏见和僵固，进行修正、调整，这样才能保证“人”在本体论意义上的开放性。

正因为如此，怀特海才把哲学的开端定位在了“收集”“无偏见”上。这体现出了怀特海对人的逻各斯本性的愈老弥深的理解——此时的怀特海已经非常清楚哲学与科学的区别。科学是关于“物”的，哲学是关于“人”的。所以，科学可以采用以背离逻各斯为代价产生的方法，但是哲学不能。不但不能，而且哲学还要努力挽回由于科学采用以背离逻各斯为代价产生的方法所带来的对人的某种异化——哲学的目的就是要使人回到逻各斯，回到那没有偏见的起点。思辨哲学作为一个以“收集”为起点的哲学，作为一个不能有偏见的因而必须无所不包、不能有任何遗漏的哲学体系，它就是要完成这样一个任务。因此不以某种僵固的价值取向来看问题，要自觉地调整看问题的“角度”。

实际上，这也是思辨哲学修正性的体现。

思辨哲学作为一种修正性的体系，并不仅仅表现在它所采用的方法具有可修正性——即当我们采取一种方法时，如果发现这种方法无效，则可以采取另一种方法——而且表现在甚至可以对原有的论点进行修正。可见，这种意义上的修正已经很接近于思辨意义上的自我否定了。

因此，事实上，这种修正才是最根本的，因为如果你看问题的角度没有修正，那么你的方法无论怎么修正都是没有用的。

所以，修正主要包括两个方面，一个是方法的修正，另外一个更重要的就是角度的修正。

当把角度和方法都修正了的时候，一个事件或一个问题才得到了真正的、新的同时也是更充分的解释。

所以，思辨哲学在解释一切的时候，它实际上是试图找回那些被我们遗忘的东西，那些被我们认为不重要但其实很重要的东西。

思辨哲学作为一种无所不包的体系，它实际上带有一种“召唤性”，就像我们前面讲“命名”的时候说的那种召唤性，把我们遗忘的东西都召唤回来，然后将它们“汇集”，这才是生命的真正状态。

由此，我们也能解释一件事情，就是怀特海本人作为一个数学家，而且在他的哲学体系里又确实采取了很多数学的方法、物理学的方法、实验归纳的方法，可是他为什么同时又强调隐喻呢？

我们知道任何一个哲学体系，它都要承担一个任务，这个任务可能是哲学史赋予的，也可能是当代哲学所赋予的。但是无论是谁赋予的，它都要采取一种方法来解决。因此，一门哲学所采用的方法是至关重要的。一种哲学的方法必须跟它的根本任务联系起来。如果一种方法不能解决哲学的根本任务，不能对哲学的根本任务得以完成有所推进，那么这种方法恐怕就不是合适的方法了。

我们刚才说过，自然科学的方法的根源是什么、性质是什么以及结果是什么。

因此，要想哲学真正成其为关于“人”的学问，就必须在自然科学方法之外，另外实施一种方法。那就是隐喻。因为只有通过隐喻，才能实现“召唤”“汇集”，才能回到生命的本真状态，才能保证哲学完成其所承担的任务。

哲学史上同时兼用数学等自然科学的方法和诗、隐喻来表达哲学思想的哲学家其实并不多，现代哲学中就更少有人能够做到这一点了。用诗、隐喻表达哲学的确实有很多，比如尼采、海德格尔，等等，但是他们基本不用自然科学的方法。用自然科学的方法表达哲学思想的也很多，弗雷格、罗素、早期的维特根斯坦，等等，但是他们基本上没有使用诗、隐喻的方式来表达哲学。

但是怀特海把这两方面合到一起了。为什么会出现这种现象？我们知道，在古希腊神话里，掌管诗的神叫缪斯，缪斯的母亲是记忆女神。这就说明一个问题：诗和记忆有关。而记忆和什么有关？和过去有关。那么，诗有一种什么样的作用？就是对过去的召唤作用——那过去的、被我们遗忘的，我们要用诗把它召唤回来。而怀特海的思辨哲学恰好就有这样一种目的，就是要把在日常当中被人们遗忘的、忽视的东西给召唤回来，“汇集”到一起，所以他当然要在自然科学的方法之外采用隐喻的方式。而且，对他来说，这才是根本的方法。因为只有这种方法才是回归、通往、符合逻各斯的。

所以怀特海的哲学里在使用各种自然科学方法的同时充满了哲学的隐喻，显现出一种奇妙的结合。

西方哲学史上的大哲学家往往同时也是大科学家，比如大数学家、大物理学家，当然也有大文学家。但大都“自行其是”，很少有人把自然科学的方法和诗、隐喻的方法熔为一炉。现代哲学里就出了这么一个人，就是怀特海，既具有自然科学的严密性，又具有诗意隐喻的人文情怀。

所以，我们一直强调怀特海非常重要，就是因为他的思路和方法太少有了。单独的现象学和分析哲学恐怕都达不到他的水准。其方法的涵盖性之广，是单独的现象学和分析哲学所达不到的。当然，如果现象学和分析哲学能够合流的话，就有这种希望了。事实上，虽然在20世纪上半叶，现象学和分析哲学相互敌视，但在20世纪下半叶二者却越来越呈现出一种合流的趋势。从某种意义上讲，怀特海的哲学是这种合流的预演。现象学是近代哲学中之唯理论在现代的体现，分析哲学则是近代哲学中之经验论在现代的体现。近代唯理论和经验论合流于当年的康德，那么怀特海作为现代哲学中的“康德”，其哲学作为现象学与分析哲学合流的预演，是很自然的事情。

从这样一个“起点”出发，我们需要做些什么呢？

“在汇集的过程当中，人们必须利用‘语言、社会制度和行动，以及包括此三者的融合，即解释行动和社会制度的语言’。”①

就是说，在汇集的状态下，人可以，而且必须借助于一些东西。哪些东西呢？就是语言、社会制度和行动。

语言我们就不再强调了，前面讲过怀特海的符号理论。

而社会制度，在怀特海看来，是和符号有关的。符号是带有权威性的和支配性的。所谓风俗、习惯，就是借助于符号的权威性和支配性产生效用的。②

最后是“行动”。这是什么意思呢？这行动是单纯物理性的吗？当然不是。我们知道，哲学史上不止一个哲学家把自己的哲学叫作“行动哲学”，比如费希特、利科。他们说的“行动”都不是物理性的行动，毋宁说那是一种本体性的行动。而怀特海所说的行动也是这样一种行动。这种行动的本体性就体现在“解释”行为中。我们知道，在现代哲学中，解释学是一大流派，伽达默尔的解释学、利科的解释学等等。现代解释学大都倾向于把解释学本体论化。其实在怀特海这里已经体现出“解释”的本体论倾向。

---

① 菲利浦·罗斯：《怀特海》，李超杰译，中华书局2002年版，第14页。

② 参见怀特海《宗教的形成 符号的意义及效果》，周邦宪译，译林出版社2012年版，第131—132页。

这也就是说，从“汇集”这个起点出发，我们要做的最重要的是“解释”。

因此，在“汇集”这个基础上出现的是“解释”这一话语行为。这就相当于在逻各斯“汇集”的意义上又展开了它的“话语”含义。所以，怀特海的思路始终是围绕着逻各斯，说来说去还是在围绕着逻各斯做文章，把逻各斯的精神一层层展开、体现出来。

所以，我们始终强调“逻各斯”是贯穿于现代西方哲学之中的。尽管我们做的可能还只是一种浅层的揭露，但在一定程度上还是揭示出了现代西方哲学中确实仍然具有逻各斯意蕴。

接着来看怀特海的思辨哲学。

怀特海强调思辨哲学是一种既不断地系统化，又不断向未来开放、不断修正的，从而产生了强大适应性的哲学体系。它以无偏见的“汇集”为起点，兼容多种方法，尤其是想象力、隐喻，以此来面对哲学所承担的回到人的本性、回到逻各斯的任务。因此，对于这样一种哲学来说，无论哪一个领域、哪一个方向，尽管它可能不时髦、被人遗忘、被人忽略，它都要涉及。所以，真正的哲学往往是不合时宜的。哲学确实是要秉承时代的精神，但是哲学很难“时髦”。哲学也确实是要体现时代的精神，但哲学肯定不是“时尚”。如果说有一种哲学它特别时髦甚至成为时尚，我想那一定不是什么高明的哲学。因为一种真正的哲学，它关注的一定是被忽略、被遗忘的东西，而不是大家都去追捧的东西。

所以，哲学和常识、科学不同。科学总是要“证明”。在证明的过程当中我们采取演绎、归纳种种方法——这些方法，我们前面说过，其实是以背离逻各斯为代价的。哲学不是这样的。真正的哲学没有偏见，它什么都不拒斥，因而也就什么都不遗漏。所以，哲学是最丰富的。

我们常常听到一种说法，说哲学是抽象的。这其实是一种误解，而且是对哲学根本性的误解。哲学什么都不拒斥，什么都没有遗漏，它是无所不包的，它怎么可能会是抽象的呢？那所谓的抽象到底表现在哪里？

哲学是最丰富的。它也不搞什么抽象、什么证明——它不需要“证明”。为什么？因为，对于哲学来说，其开端是“自明”的。

哲学的开端是那“活”的界限、那活生生的逻各斯，其外乃是虚无。所以，哲学的开端是一个无法再怀疑的东西，也是一个无法否认的东西，因而是“自明”的，不需要再加以证明了。

在怀特海看来，哲学的话语必须不断地锤炼和设计自己。①

实际上，哲学话语的这种努力，即不断锤炼和设计自己，目的就是要使哲学达到自明性。

所以，对于怀特海来说，哲学的目的就是在于“去蔽”。哲学不要求证明，也不去证明。哲学所要做的就是把掩盖在真理上的那些成见、偏见统统地去掉。那都是遮蔽、障碍，挡住了你看问题的全面的视角。如果你被它限制住，那就说明你看不到问题的真相。所以，哲学要用各种手段和方法努力去掉这些障碍，让我们能够更加全面地、更加充分地看到事情本身。

真正的哲学不加拒斥地接纳一切，把那些平时被我们遗忘的东西重新“捡”了回来，实际上这就起到了“去蔽”的作用。因为对某些事情的遗忘和忽视本身就对我们构成了一种障碍。它让我们对某些事情“视而不见”不加以思索和追问，从而使人局限在某种“现成性”当中，丧失了批判的能力与发展的可能。

哲学的目的和任务就是去掉这些因为遗忘和忽视所造成的偏见和障碍，让我们从一个“角度”走出来，把我们原来僵化单一的视角打开、扩开，换一个“角度”去思考问题，把原来的偏见、遮蔽去掉，自我批判一下。

所以，真正的哲学，本身并不要求“证明”。它其实是一个事情不断自己显现出来、不断清晰化的过程。

可以看出，怀特海对哲学的根本目的的这种定位非常像后来的

---

① 参见菲利浦·罗斯《怀特海》，李超杰译，中华书局2002年版，第10页。

现象学。哲学就是自明性的，就是事情本身的“显现”，这“显现”本身就是一种“证明”——如果说这里面一定要有证明的话，那么这种证明就是一种“自明”“自我证明”，没有什么“他证”，也不需要“他证”。需要“他证”的，就不能作为哲学的开端。

怀特海的思辨哲学，从这个意义上讲，就又体现出了与逻各斯的关联。

我们说，逻各斯这个概念里积淀着从哲学一开端就有的现象学“显现”的冲动。

而怀特海认为哲学就是一种“去蔽”，一种“显现”，一种“自明”。

至此，我们可以说，怀特海的思辨哲学与逻各斯的“汇集”“话语”“显现”等哲学内涵都有着紧密有力的联系。

怀特海的哲学在起点的定位上、在方法的采用上、在性质的承诺上以及在对哲学目的与任务的确定上均是围绕着逻各斯做出的。在怀特海哲学里，隐藏着、涌动着逻各斯的精神。他的哲学就是逻各斯精神的一次有力复活。

从这个意义上讲，怀特海的哲学是一种“内在”的哲学，它包含着一种彻底的内在化的倾向。通过这种彻底的内在化，怀特海试图把所有的一切都包容在其思辨哲学体系之内。

需要注意的是，这并不是说要把一切都作为现成的东西放到一个体系里，而是说要“汇集”。在汇集的过程中，发生的是解释，是对话，是彼此之间的开放与融合。在这种开放与融合中，在这种对话中，“问”和“答”都是必需的。“问”作为前提是必需的，而“答”也是必需的。“问”了之后“不答”，那是不负责任的行为。所以，在这种开放性的对话当中，人先天地具有责任。人在这种开放性的对话当中，第一次成为责任者。那么，相应地，从这里面就会生发出伦理，然后顺着伦理的层级和顺序再接着往下发展，所有的问题和学科就都会在这里面产生。

所以，哲学是基础。哲学要做的就是“奠基”，告诉你“应该”怎么做，剩下的事则是各个学科自己的事情。

我们说哲学的对话是真正的对话。

那么，怀特海所要求的在哲学的“汇集”当中、在开放性的对话当中所达到的是不是哲学意义上的、真正的对话呢?

当然是。

为什么是?理由何在?

真正的、哲学的对话是要双重否定的，既要否定对方，又要否定自身。通过否定对方论点的直接有效性，来否定自己的抽象性。否定自己的抽象性，意味着将自己丰富了、拓宽了、加深了，从而提高了。而怀特海所强调的思辨哲学，既然是以“汇集”为开端，以“对话”为过程，同时在整个过程当中要达到自明的状态和境界，所以他的思辨哲学属于真正的、哲学的对话——在对话当中，每一个事件，每一个存在者，彼此开放、彼此介入，都在对话中改变着对方又改变着自身。也正是在这种相互改变中，它们互相依赖着，同时也互相构成，从而成为一体化的、生生不息的“大”生命。

第四节　逻各斯与怀特海的形而上学理想

我们前面说过怀特海十分重视想象力。不过，虽然怀特海非常强调想象力的作用，强调语言要具有高度的隐喻性，但是他同时也认为想象不是无边无际的，而是有它的界限。

那么，想象力的界限是什么呢?就是逻辑和经验。

换句话说，在思辨哲学的运思过程当中，想象力不能超越逻辑和经验这两个维度。

这种观点有点接近于逻辑经验主义的观点。逻辑经验主义有一个根本性的原则，那就是：什么才是有意义的呢?只有在逻辑和经验上是可以证实的，才是有意义的。因此，对于逻辑经验主义者来说，如果一个命题在逻辑上是不能证实的，在经验上也是不能证实的，那么就是没有意义的，是不予讨论的。这实际上是给意义设定了一个双重界限，或者说“上限”和“下限”。这个“上限”和“下限”就是逻辑和经验。用这个“上限”和“下限”把“意义”给“夹”起来了，“夹”在中间了。只有在这个界限内才有意义，只有在这个领域、范围内才有意义，在这个界限之外，没有意义。

怀特海与此相类似，他要做的也是这个工作，要给想象力一个适当的限制，以逻辑和经验为上下限，设定一个范围，把我们的想象力就放在上限和下限中间，不能超出这个界限，否则我们的想象力就会被滥用，没有意义。

这个限制对不对?

应该说，有其合理性。

怀特海在强调想象力的同时，又强调想象力与逻辑、经验要保持一种一致，这里面体现出了怀特海思辨哲学——像我们前面所说的那样——既具有理性主义又具有经验主义的特点。

作为理性主义，一个思辨体系必须是融贯的、合乎逻辑的；而作为经验主义，这个体系必须是可以应用的。

在近代哲学史上出现过所谓的融贯论。从某种意义上来讲，融贯论是一种一元论哲学，就是用一个一元实体把许多对立的矛盾消化掉、吸收掉，因此它做的实质上是一种归约性的工作，把所有的一切归约为一个一元实体。怀特海的思辨哲学是有着这种倾向的。但是，怀特海说思辨哲学既具有理性主义的一面又具有经验主义的一面。当它作为理性主义的时候，它具有融贯性，而这个融贯性不是近代哲学所说的那个融贯性，而是指在一个体系里面，所有事件、存在者都具有相关性。这种相关性也就是依赖性，即在这个体系当中，任何一个事件、存在者，如果想要得以构成，都只能依赖于另外一个事件、存在者，否则的话，就不会有任何事件的构成与出现。所以，各个事件、存在者之间都是融贯、相关的，因而是一体的。所以，怀特海意义上的融贯性和近代意义上的融贯性不是一回事。他并不是要弄出一个一元实体，他强调的恰恰是“多元”，是诸事件、存在者之间的相互依存。他所说的融贯性更像逻各斯意义上的“汇集”，所有的事件、所有的生命都是彼此渗透的。

而当怀特海意义上的思辨哲学作为经验主义的时候，这个体系要表现出一种应用性，亦即这个体系是有实用价值的，不是说跟实际毫无关系的。这种应用性就是指所有的经验都可以在这里面得到解释。哲学的一个基本任务就是要对一切做出一种统一性的解释，尽管这个任务到了 19 世纪末 20 世纪初这个时期，已经为大多数哲学家所放弃，但是怀特海还是坚持这一点的。

“解释”不是没有意义的。

哲学的解释和科学的解释是有区别的。

第一，哲学的解释是把人跟世界放到一体，而不是像科学那样把人从世界中抽离出来，然后再像看待一个“对象”那样去看待这个世界。

第二，哲学的解释以人和世界的一体化为出发点，即这种解释处在我们前面所说的开放性的对话中。我们说过，在这种开放性的对话当中，人先天地具有责任，第一次成为责任者。所以在哲学的解释当中，是包含着伦理性的，是有着高度的责任要求的。人在这一解释链条当中，是有他的责任的，不可推卸，也无可推卸。

然而在一个物理的世界中，人有什么责任？一切都可以归约为物理的现象。只有在哲学的解释中，人才有责任，才要负责。就哲学的思辨乃是一种自我对话而言，这负责首先是为自己负责。人为自己负责意味着什么？就是“自为”，是人成其为人的根据。

这就是哲学的解释与科学的解释不同的地方，也是哲学的解释的意义所在。

所以，怀特海强调想象力的界限，强调思辨哲学的应用性，实际上都是在强调这种哲学的解释及其意义。

从某种意义说，怀特海的这一举措，与康德的思路有某种一致的理论目的。康德要求取消知识的形而上学，建立道德的形而上学。而当怀特海强调想象力的界限以及强调思辨哲学的应用性时，即强调那种使人成为责任主体、伦理主体的哲学的解释时，他有意无意间都表现出了与康德的那一思路相类似的地方，即实证知识确有其效用，但亦有其界限，对于人的生活来说，仅有实证知识是不够的，还需要哲学的“解释”，唯以此方能使人成其为人。严格来说，这已经是一种形而上学了。

当我们用形而上学试图去解释一切的时候，并不是说我们真的能够把一切现象解释得尽善尽美，而是说在这种“解释”的过程当中，人本身在进行着创造与超越。我们后面会讲到利科，按照他的看法，“解释”就是人的生存模式，人的所有活动都是“解释”。通过不断的“解释”，人本身进行着不断的更新，亦即在这种解释的过程当中，人不断地和世界进行着融合——没有“解释”，就没有这种融合——不断“解释”的过程，就是人和世界不断地一体化的过程，人的生命从而不断地拓展，这才实现了人的生命的境域本性，即那“活”的界限、活生生的逻各斯。

所以，来自形而上学层面的“解释”是必要的。

而且，由此可以看出两个问题：

第一，形而上学的目的在于保持人的境域本性，保持为“活”的界限、活生生的逻各斯；

第二，形而上学并不是脱离现实生活的，恰恰相反，它是对现实生活的一种正确指导。

所以，怀特海给予想象力的逻辑和经验的限制，其目的不在于说明想象力的某种“无能”，恰恰相反，是要把想象力所成就的形上意义（例如通过语义增长所实现的“跳跃”“开放”）灌注到现实生活当中，以此使现实生活具有必要的伦理性，实现人和人的生活的形而上学维度。

所以，怀特海是秉承着形而上学的目的来思考这一切的。这也是他再三强调要保留形而上学的原因。

我们知道，在 19 世纪末 20 世纪初的时候，形而上学是没有什么市场的。直到 20 世纪中叶，人们才又渐渐地想把形而上学

“找”回来。但是，在20世纪的前二三十年里，几乎没有人研究形而上学——除了少数几位作为有识之士的哲学家之外，而这里面就包括怀特海。

怀特海对传统形而上学进行了批判。

传统形而上学总是先设定一个最终不能再加以分析的、终极性的东西，比如本原。怀特海反对这种形而上学的研究方式。在他看来，把形而上学建立在一个终极性的、不能再加以分析的东西上，会导致形而上学本身停滞不前——我们既然已经研究到一个终极性的东西了，那我们还能研究什么呢？相应地，形而上学就被“悬”在了现实生活之“上”，而没有“进入”现实生活。也就是说，当我们追问到一个终极性的东西时，我们应该由这个终极性的东西往前再进“一步”，这“一步”就是要重新返回到科学和常识的层面，用形而上学的“解释”功能去“解释”一切现象，把形上意义赋予现实生活，使现实生活保有一种形上的维度，使生命保有其逻各斯的本性。但是，这“一步”在传统形而上学中是失败的。①

在怀特海看来，传统形而上学是有问题的，它虽然企图想要解释一切，但传统形而上学在目标设定上和方法选择上是矛盾的——它设定的目标是要解释一切，但它采取的方法却与此不符。它采取的要么是归纳，要么是演绎。这些方法无法达到形而上学的目的，因为这些方法恰恰是背离逻各斯的产物，这一点我们在前面已经说过。

当然，近代一些哲学家已经从语言学角度去解释现象，莱布尼茨研究过，休谟也研究过，但都不是很强势，对语言学的研究没有构成一个焦点、主题，人们主要还是以数学为范式来研究形而上学。所以，传统形而上学就是数学的形而上学。这种“形而上学”

① 这一点，柏格森已经说过。怀特海的思想受柏格森的影响比较大，以至于罗素说怀特海就是一个柏格森主义者。所以，怀特海对传统形而上学的批判在某种意义上以及在某种程度上是继承了柏格森的观点。

是完成不了形而上学所应完成的任务的。

所以，怀特海认为这种目标和方法之间的不一致、矛盾决定了传统形而上学不可能成为真正的形而上学，即不可能把形上意义赋予现实生活，不可能使生命保有其逻各斯的本性。

另外，怀特海认为传统形而上学由于把一切都归结为一个终极实体，因此相应地极易产生一种主谓式的表达方式。后来的后现代主义思潮里有一个叫利奥塔的哲学家批评过“本体论话语”，就是批评这种主谓式的说话方式。

为什么会产生这种“主谓式”呢？这种“主谓式”又对形而上学有什么影响？

怀特海认为把一切都归结为一个终极实体，因此相应地会产生一种主谓式的表达方式，其原因从哲学史的角度来看，主要有两个：一是在柏拉图和亚里士多德那里已经有了实体—属性理论的思想倾向，二是笛卡尔强化了这种倾向。[①]

而我们认为，原因主要也是两个：一是“实体”概念所包含的动词性被异化为名词性。“实体的希腊文是 ουσια，它与 ον 即‘存在’同字根。”[②] 可见，“实体”概念本来含有动词性的。然而这种动词性被渐渐地淡化了，以至于“实体”渐渐地完全成了一个名词。二是与此相关更为重要的是，由于动词性的丧失，“实体”成了一个名词，因此它不再能够表征，而是进行指称，这样一来，从“源头”上就发生了“对象化”——原本作为“源头”的境域被对象化了——逻各斯被丢掉了。

如此一来，逻各斯所要求的对话性、隐喻性也就被丢掉了——语言发生了异化，异化成了判断、命题，也就是“主谓式”的表达。关于这一点，我们前面已经说过。

所以，严格来说，把一切都归结为一个终极实体并不能产生主

---

① 参见怀特海《过程与实在》，李步楼译，商务印书馆 2012 年版，第 216 页。

② 邓晓芒：《黑格尔辩证法讲演录》，北京大学出版社 2005 年版，第 43 页。

谓式的表达方式，而只有实体概念本身被异化才会产生主谓式的表达。

亚里士多德认为终极实体就是个体事物。这已然是实体概念的一种异化。在这种异化的支配下，我们把实体与属性的关系看作个体与其属性的关系，于是实体作为被描述者充当了主词，而属性则作为描述者充当了谓词——主谓式的表达方式就此取代了“对话”。这种情况，到了中世纪哲学那里，越来越严重，以至于其他的说话方法渐渐地被淡化了。而与此同时，整个形而上学也被异化了。

人们都是在用主谓式的方式、用命题来表达形而上学，却没有看到这种方式恰恰是对形而上学的遗忘所产生的。

怀特海看到了这一点，看到了这种主谓式对形而上学是有害的。

形而上学是一个开放的体系，它的任务是使人保持逻各斯的本性。而“主—谓形式的命题被看作是表达一种高度的抽象”[①]。因此，如果只按主谓的方式去讲形而上学，那么形而上学作为开放的体系、作为逻各斯的体现，其所必需的“对话”就遭到了一种压制。所以传统形而上学才背离了真正的形而上学，也因此无法对现实生活产生正确的引导，甚至是完全脱离生活的。

由此不难看出，对怀特海来说，真正的形而上学必须是也只能是紧紧围绕着逻各斯展开的：其所采取的方法必须是遵循逻各斯之义的对话与隐喻，而不是与此相悖的归纳、演绎；其所诉诸的表达方式也不是命题而是思辨的对话；其目的也不是要建立一个“知识”体系，而是使人保有逻各斯的本性，进入“人”的、伦理性的生活。

① 怀特海：《过程与实在》，李步楼译，商务印书馆2012年版，第217页。

第五章　逻各斯与现象学

胡塞尔的方法论思路一直是围绕着逻各斯展开的：悬搁实际上是一个转向逻各斯的过程，从这个意义上讲，悬搁这种方法，是和逻各斯联系在一起的，是为了回到逻各斯而提出的，同时以逻各斯之生成、自由来奠定直观之可能性，使直观能够直观到作为个别性与普遍性相统一的对象。

所以，可以说，胡塞尔现象学的方法论是一种以逻各斯为起点和依据的理性方法论：悬搁是为了回到逻各斯，直观则是逻各斯本身所承诺的思辨性的实现。

逻各斯本身所具有的“汇集”“思辨”等哲学内涵决定了胡塞尔意义上的生活共同体的性质：合作化、批评以及相互间的帮助。

这种以逻各斯为指导、为准则的共同体，其生活的具体内容与性质是完全从逻各斯而来的，是完全符合逻各斯的。

逻各斯是一切正当性的源泉。因此，以逻各斯为指导、为准则的生活，是一种正当性的生活。相反，违背逻各斯的生活，不是也不可能是一种正当性的生活。

“偏差”了的理性作为对逻各斯本身的背离，是不可能给我们带来正当性的生活的。正因为如此，才有了“危机”。所以胡塞尔才阐发“人”的危机、科学的危机，等等。

而解决这一危机的方案也已经很清楚了，那就是回到逻各斯本身。而在胡塞尔看来，这要通过他的现象学才能实现。因为他的现象学方法本就是围绕着逻各斯而设置的。

海德格尔早年重视基础存在论。

基础存在论是以此在的生存论为奠基的一种存在论。

操劳是此在的生存论环节。

操劳需要以被动综合为基础，而且被动综合乃是逻各斯的源初显现，因此，当海德格尔“跳”过了被动综合直奔操劳的时候，他的此在生存论分析以及建立在这一基础上的基础存在论就都有了偏离逻各斯的危险。

另外，由此也可以看出，海德格尔的生存论诸环节并不是随意设置的，它有一个绕不过去的“锚点”，那就是现象学精神，亦即抵制实在论的精神。正因为如此，在海德格尔的生存论诸环节中才必须有“良知”“决心”。

而现象学精神作为一种抵制实在论的精神，实际上就是要返回境域，返回逻各斯。

从这个意义上讲，海德格尔的生存论诸环节的设置都是围绕着逻各斯展开的。

海德格尔晚期提出的 Ereignis，就是逻各斯本身。

它作为逻各斯本身，“给出”了逻各斯意义上的时间，即曾在、当前和将来三者相互开放而统一的时间。

海德格尔认为，人最终要归属于 Ereignis。这意味着，人最初源自 Ereignis，或者说，人的本性就是 Ereignis。

而 Ereignis 就是逻各斯，就是境域，因此，海德格尔所表达的无非“人的本性是逻各斯、是境域”这一意思。

利科强调“符号”。

利科对符号的强调既不是无根之木，也不是没有目的的，他对符号的强调与对境域的开启是联系在一起的。从这个意义上讲，与逻各斯对语言的要求是一致的。利科是通过强调语言的开启性，试图使人返回到逻各斯，恢复人的逻各斯本性。

利科建构语义学，并从语义学又转向语用学。其中他最强调的是隐喻和叙事。

隐喻性是逻各斯的一种内在本性。

因此，当利科讲隐喻理论时，就必然是围绕着逻各斯展开的。

或者说，他就隐喻所讲的一切最终必然都是有关逻各斯的。

隐喻具有模仿功能。模仿本身就是一个否定自身、向另一个主体趋近的过程。换言之，模仿本身就是一个自否性的过程，它是包含着“破”的，即对自身的否定，也是包含着“立”的，即成为另一个主体、一个新的自我。而这正是人对逻各斯的学习过程，正是人实现其逻各斯本性的过程。

叙事理论是隐喻理论的进一步延伸。

但又表现出和隐喻理论不同的地方。

这主要表现在叙事对“情节”的强调上。

由此，利科把逻各斯表现为一种情节化的叙事过程，人通过这样一个过程返回逻各斯，返回自身。

正是这一点决定了叙事必然是历史叙事与虚构叙事的统一。

人就是在这种历史叙事和虚构叙事的统一中实现其逻各斯本性的。

梅洛·庞蒂哲学中最富特色的理论是其“身体”理论。

实际上，这“身体”是逻各斯所要求的语言的隐喻性。正是在这个意义上，“身体”才成了本体式的东西，是一切意义的源泉。

所以，在梅洛·庞蒂的哲学中隐含着逻各斯精神。正是在这种逻各斯精神的支配下，才有了他那关于“身体”的独特的理解，并由此形成了一种形而上学。

第一节 逻各斯与胡塞尔的现象学

（一）逻各斯与胡塞尔现象学的方法

胡塞尔现象学是20世纪影响最大的哲学理论之一，其所开创的现象学思潮一直持续至今，其间人才辈出，影响巨大。

胡塞尔现象学往往被看作一种方法论。这也是有道理的。因为胡塞尔本人确实十分重视方法问题。

胡塞尔现象学最基础的方法是“悬搁”。

为什么这种方法是现象学最基本的方法呢?

因为这种方法实际上是用来抵制实在论立场的。

胡塞尔在《笛卡尔式的沉思》中说道:“在这种日常生活的自然反思中,乃至在心理学科学(因而是关于那些特别的心理体验的心理学的经验)的自然反思中,我们都是立足于被预先作为存在着的而给定了的世界这一基地上的”,而“在先验现象学的反思中,我们通过对世界的存在或非存在所作的普遍悬搁,就使自己摆脱了这一基地”。①

“被预先作为存在着的而给定了的世界”就是一个站在实在论立场上“看”出来的世界。

可见,悬搁就是为了摆脱实在论这一立场。

胡塞尔区分了“自然的思维态度”与“哲学的思维态度”。“自然的思维态度”就是指实在论立场而言。这种态度、这种立场认为存在者是“现成的”,从而把存在给忽略过去了,不加追问。这样一来,存在就被遮蔽了。从这个意义上讲,此时的存在者,其存在乃是设定的。或者,至少可以这么说:这种立场把存在者放到了优先于存在的位置上,颠倒了存在者与存在的关系。而现在需要做的,就是把存在与存在者的关系重新扭转过来,也就是说,要恢复存在对存在者的优先地位。

这样一来,我们就不能继续采取这样一种实在论的立场或者像胡塞尔所说的那种“自然的思维态度”,而是要取消实在论立场。

悬搁的目的,就是取消这种实在论立场、这种“自然的思维态度”,中止存在设定。

具体而言,这就是一个“转向”的问题。

当我们中止存在设定的时候,当我们不再坚持实在论立场的时

---

① 胡塞尔:《笛卡尔式的沉思》,张廷国译,中国城市出版社2002年版,第46页。

候，当我们不再坚持“自然的思维态度”的时候，当我们转向另外一种立场与态度来取代实在论的立场和自然的思维态度的时候，这种新的立场和态度是什么？

就是一种观念论的立场，也就是胡塞尔意义上的“哲学的思维态度”。

所以，悬搁实际上就是一种“转向”，是一种本体论立场的转向——从实在论转向观念论。

而这种“转向”，作为一种从现成的存在者身上转开“目光”的过程，即将目光从“对象”身上转开的过程，实际上就是一个转向“境域”的过程，即转向作为对象显现之“背景”的过程。

因此，悬搁的重要意义就在于它实际上是一个转向那“境域”、那“活”的界限、那活生生的逻各斯的过程：你必须转向境域、转向逻各斯，不能停留在“对象”上，你也只能从境域、从逻各斯出发来看问题，不能从“对象”出发来看问题，从“对象”出发来看问题不还是陷在因果关系当中吗？不还是陷在知性思维当中吗？只有从境域、逻各斯出发，才能超出因果关系，以真正的理性的思维来看问题，这样才能使那原本设定的、独断的存在转变为具有理性基础的存在，即合理性的存在。

从这个意义上讲，悬搁这种方法，是和逻各斯联系在一起的，是为了回到逻各斯而提出的。

在这种新的立场与态度下，会有新的东西“显现”出来。

显现的过程就是直观的过程。

所以，“直观”这种现象学方法是以“悬搁”这种方法为前提的。也就是说，直观是以立场与态度的转变为前提的。如果没有这种对实在论立场和自然的思维态度的抵制，没有转向观念论、转向哲学的思维态度，那些新的东西也就显现不出来，也就无所谓直观了。

所以，我们才说，在现象学诸方法中，悬搁是基础，是现象学所有方法中最基础的方法。

与此同时，我们也会发现另一件事：既然直观是建立在悬搁基础之上的，换句话说，它是建立在抵制实在论、抵制自然态度基础之上的一种直观，那么这种直观所直观到的东西就肯定不是一个日常当中的东西，那么现象学意义上的直观，其所直观到的到底是什么呢？

胡塞尔一辈子都在讲直观：观念直观、范畴直观、本质直观。简单地归纳起来，就是说：现象学意义上的直观，它所直观到的东西，是所谓的观念、范畴以及本质，等等，总之，不是感性的显现。

这里面有一个和传统哲学大不一样的地方，准确地说，是和亚里士多德之后的哲学大不一样的地方，那就是：按照传统哲学的看法，观念性的东西只能用理智来把握，无法用直观来把握。特别是康德，他强调过，人是没有理智直观的，直观不到那些观念性的东西。不过康德之后，有人强调过人是可以进行理智直观的，比如费希特、谢林都说过。到了胡塞尔这里，还是强调直观。于是，就出现了一个问题：观念性的东西究竟是怎样被直观到的？这个过程必须说清楚，否则直观理论就是没有依据的，至少也是模糊不清的。

早期的胡塞尔没有重视对这种直观过程的说明。因为在他看来进行了悬搁之后，这种直观自然就能"看见"。当然，事实上也的确如此。但是，对于读者或者学习者来说，如果没有真正领会现象学的这种精神的话，即他不明白现象学悬搁这种方法的真义，不明白这是一种"转向"，转向了"境域"，转向了逻各斯，因而一切自然会从"境域"中显现出来，那么他就无法理解那直观是何以可能的。所以，还需要对这种直观活动何以可能进行说明。

在这种说明当中，胡塞尔的意向性理论起到了重要作用。

意向性这个概念是胡塞尔现象学里最重要的概念之一。尽管不同的研究者对于"胡塞尔现象学中最重要的概念是什么"这一问题有着不同的看法，但绝大多数人甚至所有人都会认为意向性这个概念是胡塞尔现象学里的最重要概念之一。

什么是意向性？

胡塞尔自己在不同的地方和不同的思想阶段上有不同的、具体的定义。不过在这些不同的定义当中，还是有共同点的。其中关于意向性概念最通常的定义就是：意向性是意识本身的一种特性，是意识对其对象的一种指向性。这在《逻辑研究》时期就已出现。这时胡塞尔的意向性概念还没有完全脱离其老师布伦塔诺的意向性概念之局限。布伦塔诺在讲意向性的时候，基本上就是把意向性定义为一种指向性。于是这里就出现一个问题：意向性作为指向性总是要指向一个对象，那么这个对象是哪儿来的，是现成的吗？如果是现成的话就麻烦了，因为作为现象学，要抵制的就是那种现成的东西、那种既成的东西，所以才采取悬搁这种方法。因此，如果说意向性作为一种指向性居然指向了现成的东西，那么这就跟现象学精神是相违背的。但是胡塞尔早期没有注意到这一点，甚至可以说他那时还没有完全摆脱实在论立场。

但是后来到了所谓的先验现象学时期，尤其是在哥廷根所做的五次讲座里，胡塞尔对意向性概念做了一个改造。经过改造之后的意向性概念，具有一种“构造性”，即它不仅仅具有一种指向性，而且具有构造性——“内在的被给予性并不像它最初所显示的那样简单地在意识之中，就像在一个盒子中一样，相反，它们在‘现象’中显示自己。”①

于是，这时的意向性就跟以前不一样了。以前的意向性仅仅作为一种指向性，因此也就只能指向一个现成的对象。而现在的意向性作为一种构造性，其所指向的对象并不是现成的，而是意向性自身构造出来的。胡塞尔现象学中常出现“自身被给予”这一标志性的话语。实际上就是说一个对象是由意识自身构成的。

所以，在20世纪第一个十年里，胡塞尔已经对《逻辑研究》中的意向性概念进行了一次批判性的改造，使它具有了构造性的

---

① 胡塞尔：《胡塞尔选集》，倪梁康选编，上海三联书店1997年版，第77页。

特点。

与意向性研究相应的是对意向性结构的研究。

意向性结构，简要地说，包括意向行为与意向对象这两极。从意向行为到意向对象之间，就是那构造性的过程。所以，从某种意义上讲，把意向性理解为意向行为的某种性质，这当然是可以的，但是不太能说明问题。更重要的是，这么一来，就很容易把意向性看作“附着”于意向行为的，是一种次级的东西。然而实际上，意向性哪里是次级的东西？它作为一种构造性，恰恰是源初的东西，它本身就是意向行为之过程，就是意向行为本身。这是一个活生生的构造过程，构造、生成出了意向对象。所以，胡塞尔有时也说所谓的意向性就是意向行为与意向对象之间的关系。

现在，我们回过头来看，通过现象学的悬搁的方法，我们抵制了实在论的立场，实际上是把什么东西搁置出去了呢？就是那种凡是没有经过哲学批判的、其存在在存在论层面上没有得到合理性证明的，亦即其存在作为一种独断的、设定的东西，这种东西作为一种“外在的超越”统统悬搁了出去。那么，悬搁以后，剩下的是什么？

剩下的只是“境域”，只是那活生生的逻各斯。

此时我们看到的对象不再是实在论意义上的对象，我们要追问这个对象是如何生成的，而且就是从“境域”、从逻各斯出发来回答这一问题。

因此我们才说现象学悬搁之后，研究领域没有小，而是更大了。因为它是在“对象”的“背后”，发现了“境域”、逻各斯，它要由此出发追问“对象”是如何生成的。

也就是说，在进行了现象学悬搁之后，剩下的领域是一个什么样的领域？是一个“生成”的领域，是属于逻各斯的领域。

现在，让我们看看这与意向性概念的批判性改造有什么关系。

现象学悬搁之后剩下的是一个生成的领域，而意向性概念经过改造之后成了一种构造性，意向行为自己在构造自己的对象。

二者实际上是一个领域。

由此可以看出，意向性概念的批判性改造实际上是与悬搁这种方法，或者更准确地说是与现象学的“哲学的思维态度”相一致的，也可以说是配合现象学在本体论立场上的从实在论向观念论的转变这一思路。

我们前面说过，悬搁这种方法是和逻各斯联系在一起的，是为了回到逻各斯而提出的。

而意向性概念的批判性改造作为对现象学在本体论立场上的从实在论向观念论的转变这一思路的配合，就也与逻各斯联系在了一起。经过批判性改造的意向性概念，其所表现的乃是逻各斯的生成性。

在这样一个生成性的领域当中，意向对象作为对象是意向行为的对立面，这也可以说是一种“超越”，但不是外在的超越。外在的超越已经被悬搁了。这是一种内在的超越。虽然这意向对象作为一对立面而言是一个超越性的东西，但是它是从意向行为自身当中生成出来的。因此，在这个意义上讲，它是一种内在性的东西。作为一种内在的超越，是具有存在论依据的，即它的存在是具有理性辩护性的，而不是像外在的超越那样——这种外在的超越不是从意向性领域当中生成出来的，因此它无法在生成性的领域中即逻各斯之中获得一种合理性辩护，也就是说，外部的超越，它的存在只能是一种被独断了的存在，而不是一种获得了理性辩护的存在，它缺少存在论依据，缺少理性的辩护。

需要注意的是，胡塞尔在其思想发展的前期还没有达到、至少没有充分地达到如上所说的这一切。

他在达到这些深刻的认识之前，为了解释“认识”问题不得不保留了一些实在性的东西。

就刚刚说过的话题来说，尽管是内在的，但是，胡塞尔仍然认为意向对象的这种内在和意向行为本身的内在性还是有区分的。这也是他当年在《逻辑研究》里专门批评心理主义的一个地方。在胡塞尔看来，心理主义就是不区分意向行为、意向对象，混在一起。其实，胡塞尔最早也是一个心理主义者，也是把意向行为、意向对象的内在性放到了一个层次上，没有区分、混在一起。后来经过弗雷格的批评后，他才把这二者区分开了。在胡塞尔看来，意向行为虽然不像外在的超越那样，即不能说意向行为是一种物理实在，但它仍然是一种“实项”的东西。意向行为作为一种“实项”的东西实际上就是指“材料”。

我们举一个例子，比如说，我看到眼前的桌子，在看的过程中，我们所运用到的感性材料，即各种物理的刺激，这些刺激在视网膜、视神经上投射，产生的色彩波段等等，这些就是实项的东西。你不能说这些东西是外部实在的，因为它毕竟跟你的视网膜、视神经发生了一种综合，已经不纯粹是物理性的了。但是，它又不是一个“对象”，而只是构成意识对象的一种“材料”。

所以，胡塞尔说：“那些属于意向体验实项组成的真正内在内容就不是意向的：它们建基于行为之上，作为必然的基点而使意向得以可能，但它们自身并没有被意指，它们不是那些在行为中被表现的对象。”①

而我们看到的、作为一个完整的整体的桌子，才是意向对象，它不是实在的，也不是实项的，它只是内在的超越。

所以，整个意向性领域实际上是区分出了三个层面。第一个层面是外在超越，这个外在层面被现象学悬搁了，回到一个生成性的领域当中，这是一个内在的领域；在这个领域中，又分为两个层面，一个是实项的，一个是超越的。这个实项的指的是意向行为及其所包含的材料，意向行为是用这些感性材料来进行构造活动的，而它所构造出来的，就是作为超越的对象，也就是意向对象。

可见，胡塞尔在前期为了说明认识的过程，保留了实项的东

---

① 胡塞尔：《逻辑研究》第二卷第一部分，倪梁康译，上海译文出版社 1998 年版，第 414 页。

西，而且从其当时的理论视角来看，也不能不保留。因为不保留这样一种东西，就说不清“对象”是怎么构造出来的。因为构造“对象”所必需的“材料”在当时的胡塞尔看来只能由实项的东西来提供，别无他途。

这种尴尬，从根子上说，还是由于他当时对“境域”的理解不够深入、不够充分造成的。

他当时并没有像后来那样认识到这“境域”是一种“积淀”，那种生成性就是因这积淀才得以可能的。

这样一来，构造“对象”所必需的“材料”就是由境域本身直接提供的，不再需要任何实项的东西了。

也只有到了这一步，实在论立场在胡塞尔那里才真正地、完全地被褪去了。相应地，他的哲学才真正地以境域、以逻各斯本身为唯一的依据。

由此也可以看到，胡塞尔真正回到境域、回到逻各斯本身这一过程是相当曲折的。

悬搁的提出、意向性概念的改造，尽管这一切都是向着境域、向着逻各斯而进行的，但是直到充分认识到境域的本性，这一切才变得清晰和有意义。换言之，直到充分认识到境域的本性，实在论才彻底退出了胡塞尔的思路，相应地，悬搁以及意向性概念改造等工作的意义才得以真正实现。

所以我们一定要注意，胡塞尔所说的意向性和我们前面所讲过的悬搁以及直观是什么关系。

我们前面所追问的那个问题，即为什么观念性的东西能够被直观到，其答案就在这种关系里。

悬搁之后显现出来的是意向性的、生成性的领域。它是一个纯粹境域，纯粹的自身性，完全是通过自身来进行生成，不依赖任何实在或实项的东西。

而现象学意义上的直观就是这样一种意向性活动。也就是说，这种意义上的直观是一种生成性的直观——它自己把对象生成出来、构造出来。而它所直观的那些观念性的东西，无论是观念也好、本质也好、范畴也好，都是意向对象。

这和传统哲学不一样。传统哲学认为观念、本质等等是现成的。但胡塞尔现在赋予直观以生成性，这就截然不同了。观念、本质、范畴都是在直观中生成、构造出来的——直观就是一个生成、构造的过程。

由此也可以看出，直观也是与逻各斯联系在一起的。

正是因为它是这样一个生成、构造的过程，所以它才能直观到观念性的东西——因为观念性的东西就是它生成出来的。

关于这种生成，我们需要进一步阐发。因为我们不认为这种生成仅仅是一种先验的过程，更重要的是，它是一种本体论层面上的活动，亦即逻各斯意义上的活动。

换言之，我们需要进一步阐发我们前面所提出的观点：悬搁、意向性，包括直观，都是和逻各斯联系在一起的，都是围绕着逻各斯、出自逻各斯的。

生成是有一个前提的，那就是力量。所以，当现象学意义上的意向对象——不管是观念也好、范畴也好，还是本质也好，它能够从一个意向行为中被构造、被生成出来，说明在这当中有一种力量。正是因为有这种力量的存在，才有意向对象的生成，才有这对象作为对象显现出来。

现在要追问这个力量是什么，从哪里来?

我们可以从悬搁出发去探索。

悬搁，我们说它是一种转向，从“对象”转向“境域”。

这是一种意志决断的过程，表明了意志自由。

所以，悬搁作为一种实现本体论立场转变的方法，当它使我们的“目光”从“对象”转向“境域”时，它同时表明了人是自由的，是可以自我决定的。

不仅如此，悬搁作为通往境域、通往逻各斯的方法，其所通往的境域、逻各斯具有开放性，而这承诺了什么呢?

开放意味着“汇集”的可能。因此，开放承诺了“汇集”。

我们说过，汇集是一个思辨的否定性的过程。生命自身中的普遍性与个别性的关系，在这里，不再是知性思维层面上的那种截然的对立，而是一种统一。

只有在普遍性与个别性的统一中，个别性才得到了充分的发展，而这才是真正的自由。

因此，当我们的“目光”从“对象”转向“境域”时，我们作为个别性开始进入普遍性，和普遍性统一起来，有了真正的自由。

这种自由比自我决定意义上的自由还要高，因为这是在自我决定之上的一种创造的自由——自我决定还不能把人自身实现出来，只有创造才能把人自身实现出来。

所以，悬搁最终通往的是一种创造的自由。而创造是一种力量。

所以，那生成的力量，那生成观念、范畴、本质等意向对象的力量，不是来自别的什么地方，而就是来自悬搁所开启的境域、逻各斯，来自境域、逻各斯的开放性所承诺的“汇集”，来自在这种汇集中所实现的个别性的充分发展，来自这种个别性的充分发展所展现出的创造性的自由。

这样一来，观念、范畴、本质等等，作为意向对象，就不仅仅是认知对象了，或者说不仅仅具有认知意义，更重要的是，它们是与人的自由联系在一起的。因此，当它们成为意向对象时，也是人把自身实现出来时。从这个意义上讲，观念、范畴、本质等等，是与人内在地一体的。当人把自己实现为“人”，这些观念、范畴、本质就会被构造、被生成出来，它们是人的自由的产物。所以，它们既不是现成的，也不是外在的，更不是抽绎出来的，而是从以境域、逻各斯为出发点和依据的生成性的直观当中构造出来的，是在作为“人”的自由的表现的直观中构造出来的。

我也可以结合我们前面讲过的一些内容来看这个问题。

我们讲怀特海时曾经说过符号这种东西——我们说的符号是最广义的符号，即凡是有形体显现的都叫符号——一旦固定下来，就带有一种支配性。从这个意义上来说，它作为一个大家都遵守的东西，就会成为意识形态。但是要注意的是，符号或者准确地说符号的意义，最初并不是一个固定、僵化的东西，它恰恰是怀特海所说的"想象力的飞跃"产生的。只是当它被我们固定以后，才成为意识形态的东西。任何一个符号的意义，在它最初产生的时候，恰恰体现的是想象力的自由。

这样一来，在形而上学和由这些符号系统所构成的意识形态之间就形成了一种张力的关系——形而上学追求的是自由，它要追求的是境域性、开放性，但是意识形态则要求一致性与确定性。而这恰恰也是人本身的两个要求——人既要求一致性、确定性，同时也要求开放性、变化性。

只有在违背日常语义规则的时候，人的想象力的自由才能体现出来，从而创造出某一新的意义。本来在传统的意思当中、在日常的使用当中并没有这个意思，但是有人就这么用了，让它有了新的意思。但是它有了这个新的意思之后，一旦被普遍接受了，它也就固化了。但是，总有一天它又会被打破，也就是说，它会从一个固定的意义当中再次破茧而出，从意识形态维度向形而上学维度飞跃，变成形而上学的、想象力的自由创造之后，然后又落回意识形态之中，就是这样在形而上学与意识形态之间不停地进行着循环。

这种循环并不是一种简单的重复。因为在这种循环里，有作为个别性的想象力的自由创造——通过某个个体的自由想象而创造出不同的意义。在这个意义上来说，自由首先体现的是一种个别性的自由。正是这种个别性的自由，敞开了形而上学的大门，通向了形而上学的思维维度。然后，这种个别性的自由、这种想象力创造出来的东西，即某个新的意义，一旦作为一种知性的东西普遍化了，就固定了，然后又是新的创造。

所以，自由本身是经过了一个思辨的过程的。它首先是一种个别性的自由，当这种个别性的自由和知性的抽象普遍性结合起来的时候，注意，这个结合是分两个阶段的，一个是被抽象的普遍性直接接受的过程。这个过程实际上恰恰是对自由的一种折断，不仅更高的自由没有实现，连最初的个别性的自由也被阻隔了。但是接受就是一种融合的过程，要打破这种直接性、要批判、要否定。这种否定当中，各自的抽象性被打破了，达到一种统一，于是就出现了我们前面所说的那真正的自由。这是通过与普遍性相结合而得到了充分发展的个别性所具有的自由，是创造的自由，所以它能使那固化的意义再次破茧而出。

所以，真正的自由是撑在个别性与普遍性之间的，也可以这样说，只有在个别性与普遍性的转换、融合之中，才有真正的自由可言。

不断地打破抽象的普遍性、创造出新的东西，这是在向形而上学迈进，实现的是人的开放性、变化性的欲求；由形而上学回归到抽象的普遍性，这是回归到意识形态，实现的是人的一致性、确定性的欲求。

这个过程，就是自由，同时也是我们人的历史。从这个意义上讲，人的历史就是一个自由的历史。所谓自由的历史，就是指在整个这样一个历史过程当中，人是创造性的，他通过自己的个别性与普遍性的不断融合来创造自己、实现自己。所以，人是有历史的，是因为人是有自由的。而且只有人才有历史。因为，只有在人那里，个别性与普遍性才能达到真正的统一，从而才有了自由。

所以，自由就是这样一个过程，从个别性进展到与普遍性的融合。而这里面始终包含着想象力的作用。无论是最初的作为个别性的自由，还是最终的作为与普遍性相统一的、得到了充分发展的个别性的自由，都是表现为想象力活动。

这也就可以理解为什么越到后期胡塞尔越是在讲本质直观的时候，总是联系到想象力的自由变更。他认为本质直观之所以能直观本质，是因为那里面有一个想象力的自由变更的过程，是这个自由变更的过程把本质给显现出来了。

这也印证了，在胡塞尔那里，本质、观念、范畴这类东西，是和自由联系在一起的，是人的自由的产物。

以上我们经由悬搁这种方法深入自由问题，揭示了在悬搁之后所呈现出来的境域、逻各斯当中蕴含的人的自由是个别性与普遍性的统一，及其与观念、本质、范畴这类东西之间的关系。

由此也可看出，所谓观念、本质、范畴一定是一个普遍性与个别性相统一的对象。

正因为如此，它们才是“观念”“本质”“范畴”。但它们又不是脱离了具体情境的、抽象的东西，而是作为与个别性相统一的普遍性，能够融入每一个具体的情境当中去。也正因为如此，它们才有了普遍的适用性。

因此，我们说，对象显现所需要的力量就在于自由。

在进行了悬搁之后，尽管这个时候人的自由还是一种仅仅作为个别性的自由，但它已经是一种自由了。不过这只是第一步的自由。达到这步之后，第二步是什么样的自由呢？是通过与普遍性统一而实现的、得到了充分发展的个别性的自由。

我们说过这种真正的自由需要一种否定。

而这种否定则是通过“追问”来实现的。

追问什么呢？追问对象是如何生成的，追问这个生成何以可能及其过程。

这就从自我决定的自由转向上升为想象力的自由，但是这还没有达到个别性与普遍性具体的统一，需要接着追问。

通过继续追问，达到这样一个效果：把意向对象推到一个“死角”里——你必须向我显现你是从何而来的，你必须回答我对你的这个“追问”，必须“回答”。

我们前面说过，“回答”是一种原始的责任。

所以，通过这种追问，最终在人和对象之间出现了“责任”关系——这个“答”的责任现在落在对象身上，你必须得回答你是何以向我显现的。

这样一来，问题的重心就落到了对象身上。

对象怎么回答这个追问呢？它只能回答：我就是这样向你显现的，因为我就是在你的意向性当中被构成的，我就是这样被摆到这儿的，我是被你这个“提问者”自己摆出来、给出来的，没有什么别的原因。

显然，对象的“答”是对“追问”的一种“反击”，把“责任”还给了人，使人无可避免地成了责任主体。

而也正是这种“反击”造成了否定的效果。“追问”在这种“反击”中开始了新的追问：真的是这样吗？如果真的是这样，如果真的应该是我来“回答”这个问题，那么我为什么当初会把这个问题推出去呢？这是不是意味着“我”有什么问题？这样一来，“追问”就变成了一种“反问”——自我否定就开始了，从那种抽象的个别性里走出来，与同样是抽象的普遍性走到一起，统一起来，于是才有了真正的自由。

可见，真正的自由作为否定的过程，作为个别性与普遍性相统一的过程，是以对“责任”的承担为基础的。有了责任，才有自由。而有了自由，才有了对象得以显现的力量。

所以，从这个意义上讲，观念、本质、范畴这类东西，作为意向对象，能够得以显现、直观，最终是因为“责任”，是责任的力量产生了它们。

换言之，只有当人负起他应有的责任时，负起使自己成为“人”这一责任时，观念、本质、范畴才会作为内在的、相应的产物出现。

现在我们重新看这个思路：悬搁之时，已有了自我决定的自由；悬搁之后，有了一种个别性的自由，表现为想象力，但是此时个别性与普遍性尚未统一；通过“追问”而“反问”，而自我否定，抽象的个别性从自身中走出来，与同样是抽象的普遍性走到一起、统一起来，这才有了真正的自由。

由此所得到的也只能是个别性与普遍性的综合。换句话说，在现象学意义上的直观当中所直观到的必然是一个个别性与普遍性相统一的东西。此时的个别性与普遍性是一种内在蕴涵的关系。但是在别的情况下，比如像我们说的实在论当中，这个别性与普遍性则是一种相互外在的、对立的关系。而在现象学中不是这样的。在现象学的直观当中，二者是内在蕴涵的关系。

因此，现象学意义上的直观所直观到的东西，都必然地带有普遍性。因为它就是一个普遍性与个别性的统一。你直观到的那个东西，是个别性，但也是普遍性。

胡塞尔常举一个例子，说看到一个“红”，然后从这个“红”里面能看出“红”本身，即作为本质的“红”。

这往往令人很费解：这明明是一个个别的“红”，怎么能看出本质的“红”呢？

费解的原因就在于没有看到我们上面那一大串分析的过程。

如果清楚了悬搁的目的，清楚了自由的发展阶段与实质，清楚了在此基础之上的直观所直观到的必然是个别性与普遍性的统一，那么你就会理解为什么从个别的“红”能看出本质的“红”。因为在胡塞尔那里，个别性与普遍性不是割裂的，并非个别性就是个别性、普遍性就是普遍性，而是个别性与普遍性统一在一起，那是一体的。因此，“看”到了个别性，也就“看”到了普遍性——经过了一系列的现象学操作步骤之后，那已不是仅仅作为个别性的“红”了，而是一个既是个别性又是普遍性的“红”。在直观到的本质里面包含着扬弃了的个别性。这个扬弃的过程就是产生普遍性的过程。而这普遍性并不脱离个别性，即在普遍性里面，个别性还存在着，只是不再是原来的那种个别性。

所以，我们最终看到的是一个既是个别性又是普遍性的对象。

所以，对于胡塞尔来说，在进行感性直观的同时，就在进行本质直观——“看”到个别性的同时，就“看”到了普遍性。

胡塞尔的方法论思路一直是围绕着逻各斯展开的。

通过悬搁，回到逻各斯；以逻各斯之生成、自由来奠定直观之可能性，使直观能够直观到作为个别性与普遍性相统一的对象。

这不再是那种知性的思维方式，不再是割裂的、二元对立的思维方式，而是回到了逻各斯、回到了真正的理性的思维方式。

所以，可以说，胡塞尔现象学的方法论是一种以逻各斯为起点和依据的理性方法论：悬搁是为了回到逻各斯，直观则是逻各斯本身所承诺的思辨性的实现。

有意思的是，胡塞尔及其门徒都不愿意承认思辨。胡塞尔也好，海德格尔也好，都是抵触思辨哲学的。其实，他们本身就是有思辨性倾向的。

这种倾向也不存在有意或无意的问题，它是被决定了的——被现象学试图返回其上的那“境域”、那逻各斯决定了的。

所以，尽管胡塞尔自己说他的直观与思辨怎样怎样不同。但事实上，他所说的直观就是思辨的。

在这直观当中，在先地包含着问与答的思辨。

我们说逻各斯是对话。在这个直观过程当中，有问有答，那不是对话是什么？都是逻各斯在运作、在显现、在活动。

而所直观的对象，作为一个个别性与普遍性的统一，也是思辨性的。

所以，整个直观活动连带其对象，都是思辨性的。

因此，现象学虽然特别排斥思辨哲学，但是在现象学最深的那个地方，它恰恰是思辨的，它也没办法抵制。所以，海德格尔晚年的时候，思想渐渐趋向于黑格尔。而早期的海德格尔则特别重视康德，写了很多关于康德的书，但是晚期不是这样了，他更重视黑格尔。

所以，现象学虽然强调直观，但是我们要弄清楚，这个直观到底是什么性质的直观。

接下来我们会讲胡塞尔的被动综合，也就是发生现象学的内容，那时我们还会再次讲到本质直观。这里先简单地说一下。

我们把胡塞尔的本质直观这一重要方法的发展历程分成了三个阶段，实际上也就是胡塞尔在三个不同的时期对这种活动的三种不同的理解。

我们按照这三种不同的理解来透视他说的本质直观到底是什么样的活动，能带来什么样的效果。

关于本质直观的第一种理解，就是要施行“目光”的转向，当我们的“目光”转向的时候，就会“看”到那些曾经被我们遗忘的东西。

这种对本质直观的理解在《逻辑研究》中就出现了。

这个时期，本质直观给人的感觉是：个别性和普遍性似乎是割裂的——你必须把目光从个别性身上转出来才能回到那个共相。而且，还给人一种感觉，那就是：共相这个东西好像已经在那里了，是现成的。

这种对本质直观的理解当然有其合理性的地方，也有其正确性。但过于简单，其中很多环节未得以说明，以至于含有一些含混不清甚至不符合现象学精神的地方。

对本质直观的第二种理解，就是我们上面重点描述的那个过程，即它是一个生成性的过程。这个生成是在由悬搁所返回的逻各斯所承诺的思辨性之中进行的，产生的是作为普遍性与个别性之统一的对象。

此时的本质直观不再仅仅是一种单纯的指向，而是带有了生成性。它不再指向一个现成的对象，而是生成一个对象。

更重要的是，此时的本质不再与个别性相分离，而是与个别性相统一。

这种对本质直观的理解对应于胡塞尔的先验现象学时期。

对本质直观的这种理解，与之前第一时期的理解截然不同。

在这种理解当中，本质直观最后直观到的本质，既不再是现成的，也不再是和个别性相分离、相对立的。而且，本质直观这种活动表现为人的自由的活动。

至于对本质直观的第三种理解，则是对应于胡塞尔的发生现象学时期。

此时，本质直观与被动综合等前谓词联系在一起。这也正是我们下面要讲述的重点。

现象学整个理论的建构，首先强调的就是方法，其中最基础的方法是悬搁，然后是本质直观。这些方法都是以逻各斯为核心和依据的。弄清这一点，是十分必要的。

（二）逻各斯、时间与他人——再论本质直观

再接着谈胡塞尔的本质直观之前，我们必须先了解一下他的时间理论。

时间理论最初并没有和直观理论联系在一起，但是越到后来，二者之间的联系就越紧密。

胡塞尔最初把直观分为两种，一种是感知，一种是想象。

时间和这二者都是密切相关的。

感知这种活动实际上是由三个部分组成的，即原初印象、持存、前摄。

胡塞尔对感知的这种理解，应该说，是与其现象学的总体精神相配合的。

现象学强调通过悬搁回到境域，回到逻各斯。

而境域、逻各斯是开放性的，是汇集性的，它承诺了“多元”。

这种本体论层面的承诺，使感知活动也是内在地包含着“多元”的，亦即在原初印象当中包含着持存和前摄，而绝非一个孤零零的原初印象。

所以，在胡塞尔看来，感知活动绝不是只由当下的原初印象所构成，而是还包括了持存和前摄这两个环节，这三个部分交互渗透。

而对于胡塞尔来说，源初的感知活动与时间是一体的。

这也就是说，时间的三个位相，过去、当下、将来，与感知的

三个组成部分有着一种对应关系。而且，正因为如此，时间也是内在地包含着“多元”的。

“当下”这个位相对应的是感知当中的原初印象。“过去”这个位相对应的则是持存。而“将来”这个位相对应的则是前摄。

而且，正因为如此，时间也是内在地包含着“多元”的。也就是说，在“当下”之中包含着“过去”和“将来”，三者是融为一体的。

从这种意义上的时间之中，我们不难看出其中隐藏的逻各斯意蕴。

第一，当下，Gegenwart，本身就有“等待对立”之义。也就是说，在这“当下”之中就包含着对立。这与逻各斯本身所要求的思辨性是一致的。由此也可看出，真正的时间是源自逻各斯的，或者说是与逻各斯一体的时间。而物理意义上的时间作为一种知性思维的关联物，是一种异化了的时间。

第二，这种内在的对立就是“将来”和“过去”。“将来”也好，“过去”也好，其实都是“当下”之境域。① 它们作为境域参与到“当下”之中。这与逻各斯的“汇集”之义是一致的。

从某种意义上说，这种内在的时间实际上就是胡塞尔发生现象学中所说的被动综合活动。

所谓的被动综合就是不受认识意志引导的综合。这种综合活动包括三个环节或者说三个阶段。第一个阶段是“素朴的把握”，第二个阶段是“摆明性的观察”，第三个阶段是“说明性的综合”。这三个阶段是依次发生的。

素朴的把握，其所实现的是一个而且只是一个和我们的意识相对立的东西，至于这个东西到底有什么属性，并未实现。

之后从此出发过渡到属性上，这就是“摆明性的观察”。

---

① 即所谓的“在前边缘域”和“在后边缘域”，参见胡塞尔《胡塞尔选集》，倪梁康选编，上海三联书店 1997 年版，第 559 页。

最后从这些属性再返回到整体。这样一来，在属性和整体之间就发生了综合。这个时候，我们所把握到的就不再是一个抽象的对象而是一个带有属性的对象。这就是“说明性的综合”。

还要说的一点是，跟摆明性的观察可以同时进行的，还有一种观察，叫作“关系性观察”。摆明性的观察所观察的范围局限于事物本身所具有的属性，而关系性的观察是超出事物本身所有的属性，看它和其他事物之间的关系。当然，关系性观察最终也要过渡到说明性的综合那里。

这三个阶段所构成的整个过程就是被动综合。

如果把被动综合的三个阶段和时间的三个位相对应一下的话，那么“素朴的把握”对应的是“过去”；“摆明性的观察”是要从抽象的整体出发，过渡到各个规定，所以它对应着“将来”这个位相；“说明性的综合”对应的则是“当下”。

所以，时间就是一种被动综合，一种“前谓词经验”。

至于时间与想象的关系则更为复杂一些。

其实在感知当中的“持存”和“前摄”都属于想象。从这个意义上讲，想象比感知更根本。而且，就时间与感知的一体化而言，时间必然与想象有关。

严格来说，想象是更为基础的。因为没有想象力，过去和将来就不可能“汇集”到当下，就只剩下“当下”了，那是不足以也不可能构成时间的。

不过，对于时间的构成，还有比想象更为基础的活动，那就是联想。

联想为什么比想象更为基础呢?

因为想象实际上是一种“当下化”活动，即把非当下的一个对象当下化。可见，想象还是围绕着“对象”打转的，或者至少也是更多地以“对象”为核心展开活动。而联想则是一种指引活动。它不是围绕着“对象”打转，而是围绕着“境域”打转——联想的作用就在于开启境域。

正是从这个意义上讲，联想比想象更基础、更源初。

胡塞尔把联想的作用看得很重要，他说："它是一个除此之外还具有最大包容性的称谓，即一个对于纯粹自我之具体构造的某种意向本质规律性的称谓，是一个'天赋的'先天领域，如果没有这个先天领域，自我本身便是不可思议的。"①

联想对时间的构成意义表现在它对"他人"的构成上。

他人是另一个自我，是在那时的自我。正因如此，才提示出自我当下的过去与将来，从而才有了时间结构。

如果没有他人，没有这样一种提示，那么当下势必与过去和将来相脱节，成了一个孤立的"当下"，根本构成不了时间。

而他人能够作为另一个自我，则完全依靠联想的作用。

联想在此表现为"类比"与"结对"。

所谓类比，就是把他人联想为一个与自己一样的、具有"身体"的人。

换言之，类比的第一步就是"身体"的类比。

然后是结对。

所谓结对，就是在类比的基础上，把一者具有的属性投放到另一者身上。

这样一来，他人就不仅仅是"对象"，而是和"我"一样的人。

他人有了，当下才能与过去和将来成为一体，才有了时间。

所以，联想通过对他人的构成参与到时间的构成中。

而这时间又和本质直观联系在一起。

发生现象学时期的本质直观，内在地包含了被动综合活动。从这个意义上讲，本质直观就是以内在时间活动为基础的。在这个基础上，想象力进行自由变更。这种自由变更实际上也是一个被动综

---

① 胡塞尔：《笛卡尔式的沉思》，张廷国译，中国城市出版社2002年版，第110页。

合过程。

因为在这种变更当中，不断发生着综合。所谓的本质就是在这种综合当中显现出来的。胡塞尔指出：“我们自由地、任意地创造变项……在这种后构造的多样性中贯穿着一个统一，即在对一个原像，例如，一个事物的这种自由变更中，必然有一个常项作为必然的一般形式保留下来……这种形式在随意的变更活动中呈现出自身是一个绝对同一的内涵……这个常项为所有以‘随意’的方式进行的，并且始终持续的变更，包括哪怕是对同一个原初图像的变更，规定了界限。”①

而他又明确强调了一点：“当然，这里的前提在于，多样性本身，多样性作为多被意识到并且从未完全脱离把握过程。否则我不会获得作为观念的同一之物的埃多斯，这种埃多斯仅仅作为杂多的统一而存在。”②

从这里可以看出，“多”“变项”和那“原像”之间存在着一种综合，而正是这种综合产生了“本质”“埃多斯”。

胡塞尔把整个本质直观过程概括为三个步骤：“（1）变更多样性的创造性展现；（2）在持续的相合中的统一联系；（3）对相对于差异而言全等之物的直观主动的同一证实。”③

不难看出，这三个步骤和被动综合的三个阶段是有着对应性的。

所以，我们才说想象力的自由变更也是一个被动综合过程。

而这也再次说明了，那所谓的本质，本就不是一个抽象、孤立的东西。因为这本质是在作为过去、当下、将来之“汇集”的时间中实现的，是在与逻各斯一体的因而具有思辨性的时间中实现的，因此它本身也必是一个思辨的统一体——就像我们前面所说的

---

① 胡塞尔：《胡塞尔选集》，倪梁康选编，上海三联书店1997年版，第498页。

② 同上书，第500页。

③ 同上书，第504页。

那样，是个别性与普遍性的统一——而绝不是孤立、抽象的东西。胡塞尔自己有言："作为争执中的统一被直观到的东西，却不是那些相互消除，共在地相互排斥的诸个体的具体混杂的统一：一个具有特有的具体内容的特有意识，它的相关物便叫作在争执中、在不相容性中的统一。这种奇特的混杂统一是本质直观的基础。"[①] 这里所说的"争执""不相容性"指的是在想象力的自由变更中变项之间的"争执""不相容性"。然而，就在这种争执、这种不相容性当中，却有着一种"统一"。这个统一就是"本质"。可见，胡塞尔认为，本质这种东西绝不是个别性的简单集合，但也不是抽象的普遍性，而是一种超越了二者的"统一"。这也表明了，如果从实在论的立场出发，没有经过悬搁，没有转向境域，转向逻各斯，那么就会始终在作为个体的诸多变项之间转来转去，只有经过悬搁，返回境域，返回逻各斯，以此为起点和依据，才会"跳出"这一层面，"跳出"这一"怪圈"，一跃而至一种新的、超越的"统一"。这种统一，作为一个能够将彼此争执、互不相容的"多"统一起来的东西，是一个内在地包含着"多"的"一"，准确地说，是内在地包含着矛盾的统一，绝不是抽象的同一。

（三）逻各斯与生活世界

应该说，胡塞尔对自己的这套方法与逻各斯之间的关系是有所自觉的。这主要体现在他对"生活世界"的表述当中。

"生活世界"是胡塞尔后期提出的一个概念。然而，"生活世界"指的究竟是什么？是我们通常意义上所说的生活世界吗？

胡塞尔认为，在哲学产生的过程中，"人被观察和认识世界的热情勾住了。这种热情由一切实践的兴趣转向它自己认识活动的封

---

① 胡塞尔：《胡塞尔选集》，倪梁康选编，上海三联书店 1997 年版，第 502—503 页。

闭圈子……建设并且只希望建设纯粹的 theoria”[①]。正是这种“转向”，使得人们从此从 theoria 出发来看问题，而不是从个人之一隅出发来问题。从这里可以看出，胡塞尔认为：第一，哲学就是一种“转向”的结果；第二，其所转向的是纯粹的 theoria，以及逻各斯。正是从这个意义上讲，胡塞尔对其现象学方法的提出，是以对逻各斯的哲学意义有着明确的意识为前提的。而这也就意味着他的方法以及理论都是围绕着逻各斯展开的。

而且，胡塞尔明确指出 theoria 是一种“态度”。[②] 实际上，也就是所谓的“哲学的思维态度”。“带着这样一种态度，人首先观察的不是多种多样的民族，而是他自己与周围的其他人们。他们各自又具有自己的周围世界。”[③]

所以，胡塞尔意义上的生活世界和我们通常意义上所说的生活世界完全不同。后者是一个实在论意义上的世界，而前者则是境域性的，是个源头，一切都是从它那里来的，它对生活具有最高的指导性。正因为如此，它不仅不是脱离生活的，而且是与生活密切相关的。以它为指导、为准则的生活，才是真正的生活。从这个意义上讲，哲学是创造了一种“生活”。与此相应地，是一种生活共同体，亦即理性的生活共同体。

按照胡塞尔的看法，“这些观念化形式就导致合作化的努力；而通过批评，它们又成为相互间的帮助”[④]。

那么，为什么会出现“合作化”“批评”以及“相互间的帮助”呢？

这是因为逻各斯本身所具有的“汇集”“思辨”等哲学内涵所决定的。

不难看出，“合作化”“批评”以及“相互间的帮助”与逻各

---

① 胡塞尔：《胡塞尔选集》，倪梁康选编，上海三联书店 1997 年版，第 959 页。

② 同上书，第 960 页。

③ 同上。

④ 同上书，第 961 页。

斯的“汇集”“思辨”等含义有着或明或暗的联系。

“汇集”暗示着“合作化”；“思辨”作为一种自否性，本就意味着一种“批评”；而自否性实际上是一种拓展性，因而是一种“帮助”；而思辨的这种自否性要求是针对对话双方的，因而是双方都在其中得到了拓展，因而可说是一种“相互间的帮助”。

由此可见，这种以逻各斯为指导、为准则的共同体，其生活的具体内容与性质是完全从逻各斯而来的，是完全符合逻各斯的。

也正因为如此，它才具有了另一个性质：扩展性。

活生生的逻各斯是开放的，是不断自我实现的。

因此，以逻各斯为指导、为准则的这样一个生活共同体，也必然是不断开放和扩展的。也就是说，这个共同体是不断地吸纳其成员的，或者说，不断地将自己扩展到原本不是这一共同体成员的人身上。

正因为如此，哲学表现出一种教化性，表现为一种“公共教育运动”。

通过这种教化，以逻各斯为指导、为准则这一观念变成了一种价值理念，从而产生了人的“人格”。

关于人格，胡塞尔在《笛卡尔式的沉思》里这样说道：“当自我从自己能动的发生中把自己构造为那些持续着的自我特性的同一基底时，它也就进一步地把自己构造成了一种‘固定的’和‘持续的’人格自我。”①

胡塞尔又说：“这个置于中心的自我并不是一个空洞的同一性极（正如任何一个对象也不是同一性极），而是由于‘先验发生学’的某种合规律性，伴随着每个从自我发出的具有某种新的对象意义的行为，所获得的一种新的持久的属性。”②

这里的“所获得的一种新的持久的属性”指的是“习性”。

---

① 胡塞尔：《笛卡尔式的沉思》，张廷国译，中国城市出版社2002年版，第92页。

② 同上书，第90页。

需要注意的是，习性，在胡塞尔那里是具有积极意义的。

从发生现象学的角度讲，习性就是一个被动发生的过程。

习性，是沉淀下来的，是持续的，但它并不是静止的，而是运动着的，并且它要进行一种“发生”活动，亦即被动的发生。从某种意义上说，习性就是已经发生过的主动性，这种主动性保留了下来，以被动的方式参与到新的发生过程中。

也正是从这个意义上讲，胡塞尔意义上的习性不是一种消极的东西，而恰恰是一种积极的东西。习性的形成，作为一种自身丰富性的表现，正是逻各斯的拓展与实现。

因此，当胡塞尔说“持续的人格自我”的时候，他实际上是把人格看作习性，相应地，也就是逻各斯的展现。

正因为如此，人格产生于逻各斯。

胡塞尔的这种看法，可能是受到了费希特的影响。

理由主要有两个。

第一个理由是费希特也是特别强调教育的。费希特认为教育是伦理得以实现的必不可少的环节。从这个意义上讲，教育的一个重要任务就是塑造人格。他在《对德意志民族的演讲》中指出：“新的教育则是要培养人本身，并且绝不是要像以往那样，使自己提供的教养成为学子的财富，而是使这种教养成为学子人格的组成部分。”[①] 教育作为伦理得以实现的必要环节，就其所要达到的目的而言，其所主要依靠的就是“辩证法”。我们常说，辩证法是从肯定到否定，再到否定之否定。那么，这“否定”究竟否定的是什么？这“否定之否定”究竟又肯定的是什么？在我们看来，这“否定”所否定的是生命的境域性，是生命的逻各斯本性，而“否定之否定”所重新肯定、重新树立的也正是生命的这种境域性，正是生命的这种逻各斯本性。也可以这样说，“否定”就是从源初

---

① 费希特：《对德意志民族的演讲》，梁志学、沈真、李理译，辽宁教育出版社2003年版，第16页。

的逻各斯坠入知性、坠入实在论的过程；而“否定之否定”则是从知性、从实在论返回源初的逻各斯的过程。也正因为如此，教育才需要依靠辩证法。

我们知道，费希特的演讲水平，在哲学史上是一流的。

演讲是要求具有“修辞”维度的。修辞在此所起到的不仅仅是“修饰”作用，更重要的是起到一种“推论”的作用，亦即具有一种论证的力量、说服的力量。

费希特深谙此道，以其实践实现着修辞在演讲这种教育方式中的作用。

费希特重视演讲、修辞，是建立在他对语言本质的深入理解的基础上。

费希特把语言区分为“活生生的语言”和“僵死的语言”。①

“活生生的语言”和“僵死的语言”其实并不是两种语言——语言是一样的。

它们实际上是对待语言的两种不同态度。前者强调语言的开启性，并因而具有开启境域的作用，亦即返回境域、返回逻各斯的作用；后者则只看到了语言的指称性，并因而丧失了通过语言开启、返回境域的这一途径。

所以，“活生生的语言”必然是一种遵循着辩证法的语言使用方式，并且同时也是强调修辞之推论意义的语言使用方式。而归根结底，我们可以这样说，“活生生的语言”就是遵循着逻各斯的语言使用方式，就是我们前面说过的对话、隐喻，等等。其目的和效用就在于使人回到或者说始终保持在逻各斯之中。

所以，无论是通过辩证法，还是通过修辞，教育所采用的方式都是而且也应该是以逻各斯为准则和目的的。

我们可以用下图来表示这种关系：

---

①　费希特：《对德意志民族的演讲》，梁志学、沈真、李理译，辽宁教育出版社2003年版，第61页。

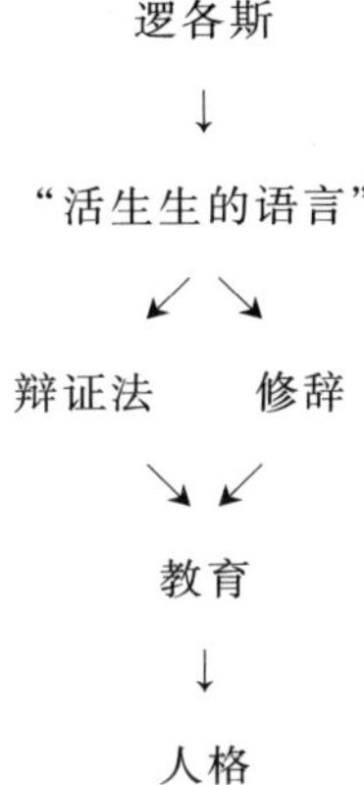

第二个理由是胡塞尔曾经就费希特的伦理思想做过专门的、主题性的演讲，即1917年的“费希特的人类理想”。在这次演讲当中，胡塞尔明显地表现出对费希特伦理思想的赞赏与倾慕，而这也在一定程度上表明了他与费希特在伦理思想上的一致性。从这个意义上讲，费希特对伦理共同体的理解与胡塞尔对生活共同体的理解也就有着某种一致性。实际上，这种一致性还是源自二者在对逻各斯本身的理解上的一致性。也就是说，费希特和胡塞尔对逻各斯有着一致的理解。他们都把逻各斯作为一切的起点和参照，由此出发来构想有关伦理的一切，包括与此相关的“共同体”。也正是因为如此，二者在对民族的理解上也显示出来相似性——费希特认为民族不应该按照地理、血亲或者其他什么因素结成，而是应该按照对逻各斯的共同信念结成，而胡塞尔也提出了“超民族的总体”这一说法。①

当然，由以上的分析，我们也可以说，与其说胡塞尔是受到了费希特的影响，毋宁说他在深层理论的运思上与费希特达成了高度的一致，而这种一致就是在对逻各斯的深刻领会上的一致。

胡塞尔谈到了“欧洲人的危机”。

在胡塞尔看来，这一危机的根源就在于人们对理性的理解的偏

---

① 胡塞尔：《胡塞尔选集》，倪梁康选编，上海三联书店1997年版，第965页。

差。他说："我们所说的理性是高贵的和真正意义上的理性，是原本的希腊意义上的理性……启蒙运动时期的理性主义所赋予 ratio［拉丁文：理性］的发展形式是一种偏差，不过却是一种可以理解的偏差。"①

可见，胡塞尔所理解的理性，就是逻各斯本身，而那"偏差"了的理性，实际上乃是知性。

逻各斯是一切正当性的源泉。因此，以逻各斯为指导、为准则的生活，是一种正当性的生活。相反，违背逻各斯的生活，不是也不可能是一种正当性的生活。

"偏差"了的理性作为对逻各斯本身的背离，是不可能给我们带来正当性的生活的。正因为如此，才有了"危机"。而且，这种危机是深层的，比如——根据我们上面所说的逻各斯对人格的意义——对人格的破坏。所以胡塞尔才说这是"人"的危机。

相应地，这一危机的解决方案也已经很清楚了，那就是回到逻各斯本身。而在胡塞尔看来，这要通过他的现象学才能实现。因为——如我们上面所说的那样——他的现象学方法就是围绕着逻各斯而设置的。

（四）胡塞尔的真理观——兼与逻辑实证主义真理观比较

几乎在胡塞尔现象学崛起的同时，另一个德国哲学流派也在孕育和发展着。

那就是逻辑实证主义。这两个哲学流派在理论上的关系是耐人寻味的：一方面石里克等逻辑实证主义哲学家反对胡塞尔所强调的直观以及明见性，另一方面石里克等人却又强调直接经验的重要性，而且艾耶尔还像胡塞尔那样认可"构造"；一方面胡塞尔抱怨

---

①　胡塞尔：《胡塞尔选集》，倪梁康选编，上海三联书店 1997 年版，第 967 页。

石里克误解了他的理论[①]，另一方面胡塞尔所说的“经验”“意义”却又与逻辑实证主义所说的“经验”“意义”不无相通之处。这决定了逻辑实证主义与现象学在对一些根本性的哲学问题的理解上既有差异又有相似，这一点从二者对真理问题的理解上就可以看出来。

我们知道，胡塞尔认为有绝对确定的真理，并且这绝对确定的真理是在直观当中被把握到的，而这和艾耶尔的看法正好相反。

在艾耶尔看来：

（1）直观和描述直观的命题是两回事。

（2）只有“用实物表示的命题”才是绝对确定的，而“一个命题只有当它是记录所直接经验到的东西，而没有以任何方式涉及到直接经验以外的东西时，它才会是实物表示的命题”[②]。但是“如果一个句子是要表达一个命题，这个句子就不能仅仅提到一种情况，它一定要说一些关于这个情况的东西并且在描述一个情况时，人们就不仅是‘记录’一个感觉内容，而总是用这种或那种方式将感觉内容加以分类，这就意味着超出了直接给定的范围之外。”[③]

因此在艾耶尔看来，根本就不存在绝对确定的命题，也不存在绝对确定的真理。

艾耶尔这一观点的有力之处在于它实际上是提出了这样一个问题，即：从直观到描述直观的这一过程当中，我们是否能够保持不超出直接给定的范围。如果能，我们就会获得一个绝对确定的命题、绝对确定的真理，然而在艾耶尔看来这根本是不可能的。事实上，在胡塞尔那里，从直观到描述直观的这一过程当中确实有

---

① 参见胡塞尔《逻辑研究》第二卷第二部分，倪梁康译，上海译文出版社 1999 年版，第 4 页。

② 艾耶尔：《语言、真理与逻辑》，尹大贻译，上海译文出版社 2006 年版，第 69 页。

③ 同上。

“意志”这一新的因素参与了进来。那么现在的问题就是：胡塞尔能否证明包含着意志参与的、描述直观的命题仍然保持不超出直接给定的范围，如果能，那么就可以说描述直观的命题是绝对确定的。

关于胡塞尔意义上的直观，我们前面已经说了很多了。我们说，胡塞尔所说的直观属于“前谓词经验”。

而在这里，我们应该再补充一点，那就是它并不是一个单一的活动，而是由一系列活动组成的，即联想、情绪、关注、被动综合、想象力的自由变更等。在这一系列活动里，最重要的一个环节当然是我们前面说过的被动综合。被动综合包括三个阶段，即“素朴的把握”“摆明性的观察”以及“说明性的综合”。说明性的综合产生了基底和规定性，然后经过意志的参与在主动的综合里就成了主词与谓词，也即命题，并且是综合命题。

显然，这种综合命题就是描述直观的命题。艾耶尔认为，综合命题都只能是假设，要“服从于进一步的感觉经验的检验”①。而综合命题是在说明性的综合的基础上经意志的参与而形成的，因此要说明综合命题是绝对确定的，除了要说明意志的参与并不使我们超出原有的直接给定的范围，还要说明说明性的综合所产生的并不是一种假设，并且首先要说明的就是这一点。

当艾耶尔说综合命题要“服从于进一步的感觉经验的检验”时，实际上隐含着这样一个意思，即：综合命题在进一步的感觉经验当中可能被证实，也可能不被证实。这个隐含的意思又是建立在这样一个前提上，即：综合命题所去描述的直观并不是确定的，而是可修改的。但是如果综合命题所去描述的直观是确定的呢？那么这个综合命题在进一步的感觉经验当中就不是可能被证实也可能不被证实的了，而是只能被证实，不可能不被证实。

---

① 艾耶尔：《语言、真理与逻辑》，尹大贻译，上海译文出版社 2006 年版，第 72 页。

到底怎样才叫确定的？在这个问题上，胡塞尔有着自己独特的理解。在胡塞尔看来，有两种确定性，一种是在以后可修正的，而另一种确定性则因为“事先就把任何可想象的怀疑作为无对象的而排除在外了”[①]，所以它“被揭示为了事情或事态的非存在的绝对不可想象性”[②]。在这里，我们应该注意的是“事先”这个词——就因为“事先”把一切怀疑排除了，所以这种确定性在以后才是只能被证实而不能被证伪的。那么是什么事先把一切怀疑都排除了呢？

是想象力的自由变更。我们在前面说过，胡塞尔所说的直观不是一个单一的活动，而是由一系列活动组成的，其中一个就是想象力的自由变更。想象力的自由变更是在说明性的综合之后进行的。说明性的综合所产生的是胡塞尔所说的第一种确定性，即以后可修正的那种确定性，也是艾耶尔意义上的确定性。

想象力的自由变更产生“变项”，这样就有了“多”，从而使本质在“多”当中被给予出来。

在说明性的综合当中所产生的确定性之所以是以后可修正的，乃是因为它是一个个别性，准确地说，是一个抽象的个别性。

而到了想象力的自由变更这里，确定性不再作为个别性，而是本质。本质是观念，由纯粹可能性构成其范围。换言之，本质包含了所有的可能性，因此这种确定性就是不可修正的了，也即绝对的确定性。

因此虽然说明性的综合本身所产生的并不是绝对的确定性，但在经过想象力的自由变更的作用之后却成了一种绝对的确定性。综合命题所去描述的实际上就是经过想象力的自由变更作用之后的说明性的综合，亦即我们所说的本质直观，因此其所描述的并不是一种以后可修正的确定性，而是一种以后不可修正的确定性，即绝对

---

① 胡塞尔：《笛卡尔式的沉思》，张廷国译，中国城市出版社2002年版，第22页。

② 同上。

的确定性。这样一来，综合命题就不像艾耶尔所理解的那样了，不是一种假设了。不过，此时说综合命题是绝对确定的命题实际上还是为时尚早。因为综合命题其所描述的虽然的确是一种绝对的确定性，但是就像我们在前面所说的那样，这种描述过程有意志参与了进来，那么这个过程还能仍然保持不超出直接给定的范围吗？只有说明了意志参与进来以后并没有打破原有的直接给定的范围，我们才真正可以说综合命题是绝对确定的命题，我们拥有绝对确定的知识，即真理。

胡塞尔认为，在一个说明性的综合里，从抽象的基底 S 过渡到属性 P，然后又回到 S。我们回到 S 之后，又重新过渡到 P，这时我们就可以说 S 是 P。从 S 重新过渡到 P 的这个过程就是有意志参与的过程，或者说由意志引导的过程。这个过程产生的是“是”。

“是”是一种统一性。“这种统一性是在接受性的主动性内部，被动地在说明过程中预先建构起来的。”① 就是说，这种统一性在说明性的综合里已经产生出来了。因此，意志的参与只是使我们“把目光转回到以某种方式隐藏起来的统一性上”②，它并没有改变什么——意志的参与只是使我们去趋向，也即去意指，但这意指却是依据于“被给予的”。所以，意志的参与并没有打破直接给定的范围，而是恰恰与之统一起来了，这种被意指与被给予的统一就是胡塞尔所说的“明见性”，也是胡塞尔意义上的真理。

既然说明性的综合所产生的确定性在经过想象力的自由变更作用之后成了一种绝对的确定性，并且意志的参与也没有打破原有的直接给定的范围，那么我们就可以说描述直观的综合命题是绝对确定的命题。

以上我们分析了胡塞尔和艾耶尔对真理的理解有何不同。而除

---

① 胡塞尔：《经验与判断》，邓晓芒、张廷国译，生活·读书·新知三联书店 1999 年版，第 244 页。

② 同上。

了不同之外，二者在对真理的理解上却也存在着相同的地方。我们在前面说过，对于胡塞尔来说，被给予与被意指的统一就是真理，这种统一是在主动的认识活动当中产生的，而主动的认识活动又是在说明性的综合的基础上进行的。因此，胡塞尔意义上的真理是奠基于说明性的综合当中的，说明性的综合是胡塞尔意义上的真理的源泉。

而对于艾耶尔来说什么是真理呢？就是一个命题要有意义。意义是怎么来的呢？艾耶尔认为是通过下“用法上的定义”。什么是下“用法上的定义”呢？就是规定一个符号在句子里怎么使用。那么，这一规定过程是在什么活动里进行的呢？关于这一点，艾耶尔并没有给予明确的说明。但是我们不难看出，这一规定过程实际上就是在胡塞尔所谓的说明性的综合里进行的。因为说明性的综合产生了“基底”和“属性”，在经过意志的参与即进入了主动的认识活动阶段之后，基底就成了主词，而属性就成了谓词。因此说明性的综合决定着将来某一符号在句子当中充当什么样的角色。因此，说明性的综合是艾耶尔所说的“意义”的产生地。而对于艾耶尔来说，“有意义”又是“真”的标志。因此，说明性的综合也就是艾耶尔意义上的真理的源泉。所以，说明性的综合不仅是胡塞尔意义上的真理的源泉，也是艾耶尔意义上的真理的源泉——二者所说的真理有着共同的源泉。所以，我们可以说，胡塞尔意义上的真理和艾耶尔意义上的真理是“同源异流”的。二者的主要差别在于胡塞尔认为有绝对确定的真理，而艾耶尔则不认为有绝对确定的真理。胡塞尔的看法体现了人类在认识活动当中的“一劳永逸”的倾向，而艾耶尔的看法则恰好体现了对这种倾向的反对。正是这一点造成了两个同源之物最终“异流”。

相形之下，石里克意义上的真理与胡塞尔意义上的真理之间的关系则显得更为复杂一些。这种复杂性指的是：二者从表面上来看是有冲突的，但实际上却是一致的。例如石里克激烈地反对胡塞尔所提倡的直观，但实际上他只是反对直观是真理而并不反对直观是真理的源泉；相反，他恰恰认为直观是真理的源泉。在石里克看来："真理，所要求的只是配列的一义性。"① 也就是说："一个判断一义地标示一组事实，那么该判断就是真的。"② 而"每一个关于实在的论断都能通过一条判断之链与直接给予的事实相联系，从而以这样一种方式使该论断能够被这些直接给予的材料来检验"③。"一旦情况表明在标示一个感知到的事实时，我们得到一个与我们在逻辑基础上推出的对这一事实的相同的判断，我们便相信所检验的命题是真的。"④

可见，对于石里克来说，真理的源泉就是"直接给予的材料"，就是"感知到的事实"。这些材料或者说事实并不是真理，因为它们还没成为"知识"，但它们却是"真的"，而真理就在于对"真的"的依据。所以，对于石里克来说，直接性的感知也即直观虽然不是真理，却是真理得以产生的依据——真理就是在直观的基础上产生的，直观是真理的源泉。所以，石里克与胡塞尔对真理的源泉实际上是有着一致的看法的。

我们在前面说过，艾耶尔与胡塞尔对真理的源泉有着一致的看法，但是对真理是什么却并没有一致的看法。也就是说，艾耶尔与胡塞尔在真理的标准上有着不同的看法。而石里克与胡塞尔不但对真理的源泉有着一致的看法，而且对真理的标准也有着一致的看法。我们在前面说过，在石里克看来："一个判断一义地标示一组事实，那么该判断就是真的。"⑤ "一旦情况表明在标示一个感知到的事实时，我们得到一个与我们在逻辑基础上推出的对这一事实的相同的判断，我们便相信所检验的命题是真的。"⑥ 这也就是说，

---

① 石里克：《普通认识论》，李步楼译，商务印书馆 2005 年版，第 90 页。

② 同上书，第 83 页。

③ 同上书，第 202 页。

④ 同上书，第 205 页。

⑤ 同上书，第 83 页。

⑥ 同上书，第 205 页。

在石里克看来，所谓的真理就是逻辑上导致的一个统一的意义与感知中被给予的事实达到了一致、达到了同一，这与胡塞尔对真理所做的“被意指与被给予的统一”的理解是相吻合的。

另外，石里克与胡塞尔在对真理的理解上还有一点是相一致的，那就是他们都反对对真理做功利主义的理解。我们知道，胡塞尔意义上的真理是在直观基础上达到的。而在进行直观之前，又要先进行“悬搁”“先验还原”等一系列现象学还原活动。所以，胡塞尔意义上的真理并不是那些只对人类有用、有利的东西。恰恰相反，胡塞尔要求人们做一个“不感兴趣的旁观者”，只有这样才能真正把握住真理。也就是说，在胡塞尔看来，要想获得真理，就得首先摆脱日常生活中功利主义所带来的偏颇。而石里克也有着相类的表述：“从事认识活动的人必须使自己远离事物，达到远在事物之上的一个高度，从这个高度他才得以观察到它们同其他事物的关系，谁要是接近事物，参与事物活动的方法与运作，他就是在从事生命活动而不是从事认知活动；对他来说，事物展示的是其价值方面，而不是其本质。”①

石里克与胡塞尔在对真理理解上的最大的差异正是艾耶尔与胡塞尔之间的那个差异，即艾耶尔认为没有绝对确定的真理，而胡塞尔认为有。石里克与艾耶尔一样，也就是说，在他看来，没有绝对确定的真理。因为在他看来：“每一个既不是定义又不是纯粹描述性判断的关于实在事实的判断都带有假设的性质。”②

至此，我们可以对逻辑实证主义的真理观与胡塞尔现象学的真理观做出这样的小结：

（1）在逻辑实证主义看来，没有绝对确定的真理，而在胡塞尔看来，则有绝对确定的真理，这是逻辑实证主义与胡塞尔在对真理理解上的最大的不同之处。

---

① 石里克：《普通认识论》，李步楼译，商务印书馆 2005 年版，第 106—107 页。

② 同上书，第 96 页。

（2）逻辑实证主义意义上的真理与胡塞尔现象学意义上的真理都是以同一种活动为基础而产生的，这种活动就是胡塞尔所说的“说明性的综合”，如果说得宽泛一些，就是“前谓词经验”或者说“直观”。也就是说，逻辑实证主义意义上的真理与胡塞尔现象学意义上的真理有着共同的最初源泉，这是逻辑实证主义与胡塞尔在对真理理解上的最大的一致之处。

（3）最为重要的是，逻辑实证主义与胡塞尔之所以在真理问题上有不同的理解，归根结底，是因为二者的本体论立场不同。逻辑实证主义的本体论立场是实在论的，而胡塞尔抵制的正是实在论。

如果从我们的主题——逻各斯——来看，可以这样说：逻辑实证主义的本体论立场是背离了逻各斯的，而且对此背离还全无意识，因此它走在一条异化的路上，也正因为如此，它才会提出上面所说的那种“真理观”。而胡塞尔则是对逻各斯有着深刻的理解，是完全遵循逻各斯展开其理论思路的，相应地也就有了他的并且是真正的真理观。

可见，逻辑实证主义的真理观与胡塞尔的真理观的区别，最重要的原因在于二者对逻各斯的不同态度。

因此，最后我们也不得不说，逻辑实证主义虽然也视直观为真理之源泉，但是它所说的直观绝非现象学意义上的直观，即绝非建立在现象学悬搁基础之上的直观。换言之，那绝非一种出自逻各斯本身的直观。

因此，严格来说，逻辑实证主义意义上的真理源泉与胡塞尔现象学意义上的真理源泉并不一样。逻辑实证主义意义上的真理源泉也并不是真正的真理源泉。

逻辑实证主义与胡塞尔的现象学在本体论立场上的不同，不仅导致了它们在真理观上的不同，而且导致了它们在其他理论上的差异，其中就包括了对二者来说绝非小可的意义理论。

（五）胡塞尔的意义理论——兼与逻辑实证主义的意义理论比较

逻辑实证主义非常强调“意义”，认为一个句子必须要有“意义”。

那么一个句子怎样才算是有意义呢？按照艾耶尔的看法：“一个句子，当且仅当它所表达的命题或者是分析的，或者是经验上可以证实的，这个句子才是字面上有意义的。”①

按照这个标准，一个句子有意义与否，与句法结构没有必然的关系。因为，虽然一个句子的句法结是正确的，但是如果它所表达的命题在经验上不可证实，那么它就仍然是没有意义的。

而一个句子有意义与否，与这个句子所表达的命题本身是真是假也没有必然的关系。因为，虽然一个句子所表达的命题是假的，但是它仍是有意义的，比如当我们看到一个绿球时，我们说：“这个球是绿的。”可是当我们走近这个球时，我们才发现它其实是蓝的。因此“这个球是绿的”是一个假命题。但是，这个命题为当时的即我们还没有走近这个球时的那个经验所证实，因此它仍然有意义。

由此可以看出，决定着有意义与否的乃是经验证实，可以为经验所证实的就是有意义，反之就是无意义。

这实际上也就是说，意义产生于经验证实。那么这就决定了，当我们去判定一个句子有无意义时要回到“经验”。而既然只有回到经验才能判定一个句子有无意义，那么这经验显然是先于句子的，因此这经验必然是“前谓词”的，也即“前谓词经验”。因此，准确地说，决定着有意义与否的乃是胡塞尔意义上的前谓词经验。也许艾耶尔本人并不愿意承认这一点，但是他却不得不承认这一点。因为按照他的思路，“如果某一观察陈述可能从这个陈述与

① 艾耶尔：《语言、真理与逻辑》，尹大贻译，上海译文出版社 2006 年版，第 1 页。

某些其他前提之合取中推演出来，而不是从这些其他的前提单独推演出来，那么这个陈述是可证实的，从而是有意义的”[①]。他对此进行了举例说明：“给定任何的陈述‘s’和一个观察陈述‘o’，‘o’从‘s’和‘如果s那么o’推演出来，而不是从‘如果s那么o’单独推演出来。”[②] 但是s同样需要这样被推演出来，也就是说，s同样需要另外一个经验命题，而这另外一个经验命题又同样需要另一个经验命题，这就引起了不断的回溯。当这一回溯回溯到了一个不能再向前回溯的经验命题时，这一回溯就终止了。而这个终极的、不能再向前回溯的经验命题既然是不能再向前回溯的，那么它所描述的经验显然就是一个前谓词经验。

我们前面说过，前谓词经验是胡塞尔现象学里的一个重要理论。所谓前谓词经验，它包括一系列活动：联想、情绪、关注、被动综合等。比如当我们看一个球时，首先是异质性的联想将这个球从一个统一的“背景”中凸显出来；然后情绪使我们趋向于这个凸显之物，这便产生了关注；在关注当中，我们开始接受这个凸显之物，并且进入这个凸显之物自身的运动当中去，也即追随着这个凸显之物自身的运动：这个球是蓝的，是圆形的，等等，这便是被动综合。

前谓词经验的这一系列活动所从事的可说是一种“含义构造”。

含义，即胡塞尔意义上的“意义”，是意识与对象发生关联的中介。在胡塞尔那里，含义和逻辑担负着不同的任务：后者是保证“无悖谬”，而前者则是保证“有意义”。

换言之，对于胡塞尔来说，仅有逻辑是不足以保证有“意义”的。

---

① 艾耶尔：《语言、真理与逻辑》，尹大贻译，上海译文出版社2006年版，第8页。

② 同上。

从发生现象学的角度讲，含义意向作为一种关联性的活动属于前谓词经验，而逻辑活动则是一种谓词经验，是后发的。所以，应该说，是前谓词经验而不是谓词经验产生了意义。

在艾耶尔那里，有所谓的逻辑构造，“我们所说的只是符号 e 出现于其中的所有句子，能够翻译成为不包括 e 自身，或者与 e 同义的任何符号，但包括 b、c、d……于其中的句子。在这种情况下，我们说 e 是 b、c、d……作成的逻辑构造”①。

显然，在艾耶尔看来，所谓的逻辑构造就是要“下定义”。但这种下定义不是我们通常意义上所说的下定义。我们通常意义上所说的下定义所下的是“阐明的定义”，而逻辑构造所下的则是“用法上的定义”。换言之，这种逻辑构造就是规定一个符号在句子当中是如何使用的。而规定一个符号在句子当中是如何使用的，不是别的什么，就是“代表感觉内容的某些符号”②。而用感觉内容去下定义，这正属于胡塞尔前谓词经验中的被动综合的第三个阶段，即“说明性的综合”。

而且由此可见，艾耶尔所说的逻辑构造实际上属于胡塞尔意义上的前谓词经验。

因此，如果说逻辑构造出来的才是有意义的，那么这句话现在就应该更为准确地表达为：在前谓词经验里产生出来的才是有意义的。

由上可以看出，在艾耶尔那里作为意义源泉的，无论是经验证实还是逻辑构造，实际上都属于胡塞尔意义上的前谓词经验。

至此我们可以说，决定着一个句子有意义与否的核心其实是前谓词经验，是这种活动给一个符号下了“用法上的定义”，规定这个符号在句子当中如何使用，从而使这个句子“有意义”。

---

①　艾耶尔：《语言、真理与逻辑》，尹大贻译，上海译文出版社 2006 年版，第 36 页。

②　同上书，第 37 页。

所以，看一个句子有无意义，就是要看它所表达的命题是否能还原到一个前谓词经验上去。如果能，就说明其中的符号具有“用法上的定义”、这个句子是“有意义”的。或者也可以这样说：如果一个句子是对一个前谓词经验的描述，那么它就是有意义的。

艾耶尔的“逻辑构造”“用法上的定义”等观点并非仅为他一人所持有，毋宁说这是逻辑实证主义者普遍持有的观点。例如，卡尔纳普在他的《世界的逻辑构造》一书中就同样谈到了“构造”“用法定义”。卡尔纳普认为：“如果一个概念可还原为其他一些概念，那末它在原则上必可由这些概念构造出来。”① 很明显，这和艾耶尔所说的逻辑构造是同义的。而当一个概念还原为其他一些概念时，包含着它的命题就转换成了只包含其他那些概念的命题。这些命题规定着这个概念在一个句子中如何使用，这就是卡尔纳普所谓的“用法定义”，与艾耶尔的“用法上的定义”在思路上是完全一致的。

所以，逻辑实证主义就是要以“逻辑构造”的方式也即下“用法上的定义”的方式来保证一个句子有意义。而下“用法上的定义”是通过胡塞尔意义上的前谓词经验实现的。因此逻辑实证主义保证一个句子有意义的最终凭据不是别的什么而就是前谓词经验这种活动——这种活动规定着符号在句中如何使用，这样就使得一个句子达到了逻辑实证主义对一个句子“有意义”的要求。那么，反向观之，我们就可以这样说：逻辑实证主义所谓的“意义”是对前谓词经验的一个活动特征，即能够下“用法上的定义”这一活动特征的表达。换句话说，按照逻辑实证主义的观点，当我们说一个句子有意义时，这意味着什么呢？意味着有一个前谓词经验给这个句子里的符号下了“用法上的定义”。

那么，胡塞尔现象学中所说的“意义”又是指什么呢？

---

① 卡尔纳普：《世界的逻辑构造》，陈启伟译，上海译文出版社 1999 年版，第 67 页。

我们刚才说过，在胡塞尔那里，含义就是意义。

不过意义不一定就是含义。

因为除了含义之外，意义还可以是对象——意向对象。

问题是：这里的意向对象是指什么？

例如在S是P这个判断活动里，我们的意向对象是什么？是S吗？是P吗？都不是。我们的意向对象是“是”。

那么“是”这个意向对象是怎么产生的呢？关于这一点，我们前面已经提到过，它是在以被动综合为基础的主动的认识活动当中产生的。在被动综合当中，我们首先是对S有一个“素朴的把握”，然后开始了“摆明性的观察”，也就是从S过渡到P，但是在过渡到P的同时，我们仍然往回指向S，这就有了“说明性的综合”，这个时候就产生了S是P，但是还没有产生S是P。那么“S是P”是怎么转到“S是P”的呢？这是因为意志的参与。在进行了说明性的综合之后，我们回到了S，而为了“把观察性知觉的结果‘一劳永逸’地固定下来”[①]，就必须有认识意志参与进来，主动地引导我们从S再次过渡到P。而既然这次过渡的目的是“把观察性知觉的结果‘一劳永逸’地固定下来”，那么它就不是要对S本身做出阐明，而是要对“其所是”做出阐明。因此，意向对象就由原来的“S”变成了“是”，相应地，“S是P”也就变成了“S是P”。

所以，只有到了主动的认识阶段，“是”才成了意向对象。而“意义”就是“是”这一意向对象。因此对于胡塞尔来说，只有到了主动的认识阶段，才有“意义”产生出来。

如果说逻辑实证主义所谓的“意义”是对前谓词经验的一个活动特征，即能够下“用法上的定义”这一活动特征的表达，那么，胡塞尔所说的“意义”又表达了什么呢？

---

① 胡塞尔：《经验与判断》，邓晓芒、张廷国译，生活·读书·新知三联书店1999年版，第233页。

因为意义是在主动的认识阶段产生出来的，即在认识意志为了“把观察性知觉的结果‘一劳永逸’地固定下来”的过程中产生出来的，所以意义首先表达的就是“知识占有”。[①] 也就是说，意义标志着我们占有了知识。其次，既然是在认识意志为了“把观察性知觉的结果‘一劳永逸’地固定下来”的过程中发生主动过渡而产生了知识，而主动过渡是一种“趋向”，也即“意指”，“观察性知觉的结果”则又因为是在被动综合阶段产生的而属于“被给予”，那么这就说明知识是被意指与被给予的统一。被意指与被给予的统一就是胡塞尔所说的“明见性”。因此，意义也是明见性的标志。而在胡塞尔那里，明见性是真理的标志。所以，意义最终标志着真理。

至此，我们可以看出逻辑实证主义所说的“意义”与胡塞尔现象学所说的“意义”的区别在于：

（1）逻辑实证主义所说的“意义”是在胡塞尔意义上的“前谓词经验”阶段产生的；而胡塞尔现象学所说的“意义”则是在主动的认识活动当中产生的，即在“谓词判断”阶段产生的。

（2）逻辑实证主义所说的“意义”是对前谓词经验的一个活动特征，即能够下“用法上的定义”这一活动特征的表达，因此可以说，逻辑实证主义所说的“意义”所体现的就是前谓词经验这一活动本身；而胡塞尔现象学所说的“意义”由于是在“谓词判断”阶段产生的，其所表达和体现的是知识、明见性、真理。

（3）逻辑实证主义和胡塞尔现象学在对“意义”的理解上的差异，归根结底，还是源于它们的本体论立场的不同。

逻辑实证主义作为一种实在论的立场，实际上是不可能探入前谓词经验这一领域的，它所说的经验证实也好、逻辑构造也好，虽然确属前谓词经验，却未被明确区别于谓词经验，而是混淆在了

---

① 胡塞尔：《经验与判断》，邓晓芒、张廷国译，生活·读书·新知三联书店1999年版，第233页。

一起。

正因为如此，逻辑实证主义不可能对知识的源泉做出清楚的说明。

相应地，作为一种对逻各斯背离的产物的逻辑实证主义，其所说的“真理”也只能是限制在经验领域内，这实际上是一种认识论意义上的“真理”，而绝不是胡塞尔现象学意义上的、符合逻各斯的、存在论意义上的真理。从这个意义上讲，逻辑实证主义所说的“真理”必然是抽掉了或者说丧失了伦理性的真理，而那已经不是真正的真理了。

第二节　逻各斯与海德格尔的现象学

（一）逻各斯、操劳与被动综合

海德格尔是现代西方哲学中最重要的哲学家之一，也是现代西方哲学中为数不多的、专题性地论述过逻各斯的哲学家之一。

鉴于海德格尔本人后期已经对逻各斯做过大量的论述，所以我们这里主要集中讨论一下逻各斯和他早期的基础存在论之间的关联，并对其中的不足给予说明。

实际上，海德格尔早在《存在与时间》里就谈到过逻各斯。在那里，海德格尔强调逻各斯“展示”“公开”的功能。

需要注意的是，此时这种对逻各斯的理解是与其基础存在论联系在一起的。

所谓基础存在论，就是以此在的生存论为基础的存在论。

此在、Dasein，实际上就是“人”。但海德格尔不喜欢使用“人”这个词，他喜欢使用“Dasein”这个词。

海德格尔认为此在的存在就是一种“操劳”。

操劳本质上是一种“沉迷”。

在操劳当中，我们是有目的地去和一个东西打交道的。这就决定了在操劳当中我们是顺从于某一目的，是受它引导的。这种引导最终把我们又“引回”到这一目的。比如说，我们要砸碎一个核桃，这是我们的“目的”。为此，我们要去拿一个锤子，于是我们被“引导”到锤子上。而我们拿锤子就是“要砸碎这个核桃”。所以，当我们和锤子“打交道”时，当我们用锤子砸核桃时，我们又被“引回”到了“砸碎核桃”这个目的。所以，操劳实际上就是这样一种“返回自身”的活动。

从表面上看，这“操劳”似乎是逻各斯的最初的表现。

然而，是这样吗？

这种返回自身的活动由于是“返回自身”的，即从“那儿”又回到“这儿”的过程，所以海德格尔认为它可以产生出方向，进而产生出空间。①

但是，问题是：操劳是有目的性活动。因此，如果说操劳作为“去远”可以产生出方向，进而产生出空间，那么，空间作为范畴，还是“绝对被给予的”吗？还有明见性可言吗？

回到上面那个例子。当我们要砸碎核桃时，当我们有了这样个目的时，我们开始找一个能帮我们砸碎核桃的东西——我们发现了那个能帮我们砸碎核桃的东西——锤子。然而我们是怎么发现它的呢？是通过综合活动——哪怕我们一眼就发现了它，这里面也包含着一种综合活动。这种综合活动就是胡塞尔所说的“异质性联想”。所谓异质性联想，实际上是一种“内容”上的综合，通过内容之间的对比，从而把一个东西从一个整体性的背景中“突现”出来。

我们就是通过这种异质性联想才“发现”锤子的——我们把锤子跟其他事物对比，我们看到了它的与众不同，于是它从一堆事物中“脱颖而出”，于是我们“发现”了它。

所以，在我们“发现”锤子、拿它去砸核桃之前，是有异质

---

① 参见海德格尔《存在与时间》，陈嘉映、王庆节译，生活·读书·新知三联书店2006年版，第127—129页。

性联想这样一种综合活动作为基础的。我们说过，这种综合是“内容”上的综合。说穿了，也就是在一个内容上面“加”上另一个内容。那么，那个被“加”的内容就是需要被存放起来的，因为如果这个内容没有被存放起来，我们又如何能在它上面加上另一个内容呢？

那么，它是如何被存放的呢？

如果按照柏格森的看法，它一定是被存放在空间当中的。

在柏格森看来，这种内容上的综合是如何可能的，只有两种解释，而且必有一种成立。柏格森以声音为例向我们展示了这两种解释：“或者我在心中保持每个这种陆续出现的感觉，以便把它跟其他感觉彼此联合起来，而构成一个可使我们想起一个熟悉调子或熟悉节拍的音组，在这种情况下，我不曾对声音加以计算，而只限于得到整个系列所产生的（好比说）性质式的印象。或者我有意逐一计算它们；在这种情况下，我就要把它们分开，而这种分开手续又必得在某种纯一媒介里才能进行；在这媒介里声音被剥去了它们的性质，空无所有，并在出现之后留下绝对相同的余迹。”①

显然的是，柏格森认为第二种解释是合理的。因为柏格森马上提出了一个疑问并予以了解答：“现在的问题在于：这媒介是时间，还是空间呢？但是时间的瞬间（我们重说一遍）无法持续下去，以便加到其他瞬间上。倘若各声音被分开，则它们之间必定留下空无实物的间隔，倘若我们计算声音，则虽然声音已经消失，这些间隔必然留下；但如果这些间隔是纯绵延而不是空间，那么它们怎能留下来呢？分开的手续是在空间进行的。”②

可见，在柏格森看来，“分开”是肯定的了，关键是通过时间还是空间呢？是通过空间。因为这种“分开”不单是分开，它同时担负着“保存”的职责——倘若只有分开而没有保存，又如何

① 柏格森：《时间与自由意志》，吴士栋译，商务印书馆 1958 年版，第 64 页。

② 同上。

能进行综合呢？而在柏格森看来只有空间具有持存性，能保存一个内容，而时间是没有持存性的，不具有保存的功能。所以，在柏格森看来，保存只有通过空间才能实现。

但是，时间真的像柏格森认为的那样没有保存功能吗？如果时间有保存功能，内容不就可以保存在里面以便另一个内容加到它上面去了吗？

异质性联想，说它是一种内容上的综合也好，说它能够进行“突现”也好，实质上它就是一种知觉活动，这从我们上面所举的例子中就可以看出来。

我们前面讲胡塞尔的时候说过，在胡塞尔看来，知觉活动包括“素朴性的把握”“摆明性的观察”以及“说明性的综合”三个阶段。而知觉活动包括这三个阶段，是因为知觉活动是由原初印象、预期以及原始记忆这三部分组成。这三个部分都是必要的组成。因为，如果没有原初印象就不会有“素朴性的把握”；如果没有预期，知觉活动就不会转向“摆明性的观察”；而如果没有原始记忆，知觉活动就不会转向“说明性的综合”。所以原始记忆是起着保存的功能的。若非如此，则根本不会有“说明性的综合”发生。而随着知觉活动出于预期转向“摆明性的观察”，才有了“将来”这一时间位相；同样地，随着知觉活动转向“说明性的综合”，才有了“过去”这一时间位相。所以，“时间”的各个位相是在知觉活动的各个阶段上相应产生的——“时间”就是在知觉活动中产生的。因此，时间的每一位相都对应着知觉活动的某一阶段，而知觉活动的某一阶段又对应着知觉活动的某一必要的组成部分。因此在我们使用时间的时候，在我们说“将来”“过去”的时候，那里面已经包含了知觉活动的某个阶段，已经有知觉活动的某个必要组成部分在发挥着功用了。比如当我们说“过去”的时候，就意味着有一个“说明性的综合”在发生着，就意味着原始记忆在起作用。原始记忆起的就是保存的作用。所以，“过去”

实际上是意味着有某种东西在保存着。所以，认为“过去”真的过去了，是一种谬误的——“过去”并没有真的过去，相反，它意味着原始记忆为我们保存着某种东西。因此，如果把“过去”“说明性的综合”和原始记忆根据时间位相、知觉活动的阶段和知觉活动的必要组成部分这三者之间必然的对应关系看成不可分割的一体，那么也可以说“过去”具有保存功能，换言之，就可以说时间具有保存功能。

我们前面说过，操劳的基础是异质性联想。而通过上面的分析，我们可以看出，异质性联想实际上就是知觉活动，时间就是在其中产生出来的。

所以，时间并不是在操劳中产生的，而是在操劳以之为基础的、作为知觉活动的异质性联想当中产生的。

异质性联想作为知觉活动，属于“前谓词经验”，还未受我们意志的主动引导，因此是一种“被动综合”。被动综合因为不受意志引导，所以其对象是“绝对被给予的”。所以，时间是在被动综合里产生的并因此而具有明见性。

事实上，这种通过“活动”产生出时间的观点在谢林那里就出现了。谢林认为自我是无限的活动，这种无限的活动为自己设定限制。因为“如果把无限的创造活动设想为毫无阻碍地自行扩展的，这种活动便会以无限迅猛的速度进行创造工作，它的产物就是存在，而不是生成了。因此，一切生成的条件都是设定界限或限制”①。自我受到限制，实际上就是对自我的一种否定。“但是，要否定一个肯定的东西，使用单纯取消这个东西的方法，是不可能做到的，而唯有真实地把这个东西设定为对立的东西，方才可以做到（例如：1+0=1，1-1=0）。所以，可以设想在设定的概念里也必然包含着对立的概念，因而在自我设定的行动中也包含着某种与自我相对立的东西的行动，这样，

---

① 谢林：《先验唯心论体系》，梁志学、石泉译，商务印书馆1976年版，第49页。

自我设定的行动就既是同一的，同时又是综合的。"① 这实际上也就是"对象"。而"自我把对象同它自己对立起来时，它就看到出现了自我感觉，就是说，它作为纯粹的内涵，作为只能向一个维扩张而现在是向一点集结的活动，变成了自己的对象，而正是这一仅仅向一个维扩张的活动，当其变自身为对象时，就是时间。"② 可见，在谢林看来，时间是在自我设定对象这样一种综合活动当中产生的。自我的设定活动就像一条射线，这条射线紧缩为某个点，这个点就是这条射线化成的，这个点就是对象。所以，对象就是自我化成的，就是有限化了的自我——对象化的过程就是自我有限化的过程。这样就有了从无限的自我到有限的自我这一指向。在这一指向中，"将来"这个时间位相就产生了出来。这跟胡塞尔认为知觉活动从"素朴性的把握"转到"摆明性的观察"从而产生出"将来"是相类似的。但自我毕竟不是有限的而是无限的，所以它要复归自己那无限的本性。这样就有了从有限的自我到无限的自我这一指向。在这一指向中，"过去"这个时间位相就产生了出来。这跟胡塞尔认为知觉活动转到"说明性的综合"从而产生出"过去"是类似的。可以说，在谢林和胡塞尔看来，时间都是在"活动"当中产生的，并且都是在综合活动当中产生的。而且这种综合活动在谢林和胡塞尔那里都既是关于对象的又是关于自我本身的。③ 不同的只是在谢林那里，由于他把对象看作自我化成的，因此，这种综合活动归根结底是关于自我的。

非但如此，谢林和胡塞尔在空间是如何产生的这一问题上就像在时间是如何产生的这一问题上有着类似的看法。

空间是如何产生的呢？对于胡塞尔来说，时间是在知觉活

---

① 谢林：《先验唯心论体系》，梁志学、石泉译，商务印书馆 1976 年版，第 46—47 页。

② 同上书，第 127—128 页。

③ 正因为如此，胡塞尔才认为，内在时间意识等同于自我意识。谢林亦有相同的观点。

动中产生的，空间也一样。不过，产生时间的知觉活动经历的是“素朴性的把握”“摆明性的观察”以及“说明性的综合”这三个阶段，而产生空间的知觉活动经历的则是在这三个阶段的基础之上所进行的“关系性观察”以及新的一轮“说明性的综合”。

所谓关系性观察，胡塞尔认为，它是作为“摆明性的观察”的对立面的、一种“超出性”的观察，这种“观察的视线深入到对象的外在视域之中，在那时，首先被想到的是对象在同一个原始直观中共同当下的对象性环境，它在任何时候都在背景上作为同时起刺激作用的基底的多数性而一起被预先给予出来”①。可见，关系性观察是和胡塞尔的“视域”概念联系在一起的，准确地说，关系性观察是以“视域”为基础的。视域就是“共同当下的对象性环境”。所以，视域并非不是对象——它是“对象性”环境。因此当我们关注一个视域中的某个对象时，我们并非只拥有这一个对象——视域也是我们的对象。

视域能成为我们的对象，是因为它和我们所关注的对象同属于“类型上的熟悉性”，所以它在我们关注某个主题性对象时，能“同时起刺激作用”，成为我们的对象，只不过不是主题性的对象。所以我们所拥有的从来都不是“一个”对象，而是“多个”。而只因为是“多个”，才有“关系”可言。正因为如此，视域才是关系性观察的基础。

因此，关系性观察也就是要“刺激起主题性对象和它的环境建立起关系（Inbeziehungsetzen），刺激起对对象与环境相关的那些标志和性状的把握”②。

除了视域以外，关系性观察还需要一个基础，那就是胡塞尔所

---

① 胡塞尔：《经验与判断》，邓晓芒、张廷国译，生活·读书·新知三联书店1999年版，第177页。

② 同上书，第178页。

说的“多数性的把握”。这种活动总是把新的对象囊括进来，同时还把原来的对象“保持在手”。这样就有了在多个对象之间的“过渡”。如果没有这种“过渡”，各个对象之间就是彼此孤立的，因而也就谈不上什么“关系”。

多数性的把握是在多个对象之间提供过渡。这要求要先有某个“对象”，或者说要先确立起一个对象，然后由此开始过渡。而确立起一个对象的，是知觉活动。知觉活动通过“素朴性的把握”“摆明性的观察”以及“说明性的综合”三个阶段，确立起一个“立足于自身”的对象。只有在这一基础上，我们的目光才能过渡到其他对象上去，才能发生多数性的把握，进而才能发生关系性观察。从这里我们可以看出，摆明性的观察是形成对象的一环。而如果对象尚且没有，那又何谈过渡？更何谈关系性观察？所以摆明性的观察是关系性观察的基础。

像摆明性观察要转向说明性的综合一样，关系性观察也要转向说明性的综合。不同的是，当摆明性观察转向说明性的综合时，产生出的是时间，而当关系性观察转向说明性的综合时，产生出的是空间。所以，对于胡塞尔来说，空间和时间一样，都是在知觉活动中产生的，都是在前谓词经验中产生的，也即在被动综合里产生的。但是，因为摆明性的观察是关系性观察的基础，因此相应地，时间是空间的基础。

胡塞尔阐发道：“时间形式不仅是个体的一种形式，只要这些个体是绵延着的个体；而且它还有进一步的功能，即把个体统一为一个结合起来的统一性。因此，对某种个体多数性的知觉的统一性就是在联系性的时间形式基础上的统一性。”[①]“这就是那种被曾经提到的‘并排摆放’（Nebenein-

① 胡塞尔：《经验与判断》，邓晓芒、张廷国译，生活·读书·新知三联书店1999年版，第187页。

anderliegens）的关系，因而一般说来给空间位置的关系提供基础的统一性。”[①]

所以，对于胡塞尔来说：“知觉的诸个体对象由于它们在一个时间里聚集在一起，而具有它们在空间上的相对位置。”[②]

而在谢林那里，空间是在“交互作用”中产生的。在谢林看来，交互作用是一种最普遍的关系，是其他一切关系的基础。而交互作用之所以具有这样的优先地位，就在于它是“交互”的。交互，意味着“双向”，而双向意味着“可逆”。通过可逆，首先打断了一个“连续序列”的“连续性”，使之固定下来，从而产生“实体—属性”这一关系。而又因为可逆，属性不再仅仅是属性，同时也是实体。这样一来，就有了“两个”实体，也即有了“并存”，于是也就有了空间关系。[③]

谢林所说的交互作用实际上就是综合。所以，在谢林那里，空间也像时间一样是在综合活动里产生的。

至此，我们可以看到，在胡塞尔和谢林那里，空间和时间都是在综合活动里产生的。胡塞尔区分了产生时间的综合活动和产生空间的综合活动，并把后者奠基在前者之上；而谢林虽然并没有明确做出这种区分，但若是没有自我从无限到有限又从有限到无限的这一过程，没有时间产生出来，那么也就没有什么“连续序列”可以让我们去固定，那么自然也就产生不了“实体—属性”关系，更不会有“两个”实体“并存”。所以，在谢林那里，空间实际上

① 胡塞尔：《经验与判断》，邓晓芒、张廷国译，生活·读书·新知三联书店1999年版，第187页。

② 同上。

③ 有了“并存”，就不仅有了空间关系，还可以有因果关系，因为因果关系是“两个”实体之间的关系。

也是奠基于时间的。①

谢林把意识活动分为原始感觉、创造性直观、反思以及绝对意志活动四个阶段，上面所说的时间和空间所得以产生的过程属于创造性直观这个阶段。也就是说，还没有达到“绝对意志活动”阶段。和自我意识一样，意志活动也是“自我决定活动”，“但是在第一种活动中，仅仅存在着决定者与被决定者之间的简单对立，这种对立相当于直观者与被直观者之间的对立。在现在的活动中则不存在这种简单的对立，而是决定者和被决定者共同与直观者相对

① 可不可以越过时间而产生空间？即可不可以越过时间而直接进行交互作用产生出空间？不可以。因为一个实体必须在时间中才能深入自己的属性里面去。因此如果不经过时间，不让实体深入自己的属性里面去，交互作用所固定的只是一个“无”，而不是“实体—属性”。那么自然也就没有“两个”实体“并存”，也即没有空间关系。可以这样说，自我从无限到有限，又从有限到无限，产生出时间；而从有限到无限是以什么方式进行的呢？是以超出自身、继续向前的方式。因此，可以说，在时间当中，实体是不断地向其属性深入的，而不返回自身，也没有可能返回自身。

交互作用通过它的“逆向”作用，让实体从其属性返回自身，从而才产生“实体—属性”关系以及“两个”实体“并存”的关系也即空间关系。

所以，虽然谢林和胡塞尔都把时间看作空间的基础，但在胡塞尔那里，一个个体性的对象在时间当中就已经形成，而在谢林那里却要到了空间当中才能形成。因此，胡塞尔认为时间是空间的基础，是因为时间提供了一个可以作为起点的对象，从这个起点出发我们可以过渡到外在视域当中去，过渡到其他对象上去，从而产生“并列”等空间关系。而谢林认为时间是空间的基础则只在于时间提供了实体向其自身属性不断深入的趋势，交互作用只有在这个趋势的基础上，只有针对这个趋势进行逆向作用才能产生“实体—属性”关系以及“两个”实体“并存”的关系也即空间关系。所以如果说因为在构造对象时胡塞尔在时间当中就完成了而谢林到了空间中才完成而说谢林“慢”了一拍的话，那么在产生空间时谢林却比胡塞尔“快”了一拍——当同样进行交互作用、进行综合时，在谢林那里空间产生出来了，而在胡塞尔那里却只产生出了时间——要想产生空间，还得进入外在视域当中去，还得过渡到其他对象上去。

这样一来，胡塞尔的空间是在其所谓的“外在视域”中形成的，而谢林的空间则在胡塞尔意义上的“内在视域”中就形成了。

但谢林所说的属性并非完全意味着那种非独立性的属性，也可能是另一个实体。因此当谢林认为在时间当中实体不断深入其自身属性时，实际上也就是胡塞尔所说的一个对象进入外在视域里向其他对象过渡。这样一来，交互作用进行逆向、进行固定从而产生出“实体—属性”关系以及“两个”实体“并存”的关系也即空间关系的这一过程，就相当于胡塞尔的关系性观察以及从关系性观察转向说明性综合从而产生出空间的这一过程了。

立，并且第一种活动中的被直观者和直观者两者合在一起，都是现在活动中的被直观者”[①]。“因此，从客观上看，这第二种自我决定活动固然实际上完全与第一种原始的自我决定活动相同，不过还有一个差别，那就是在现在的活动中整个第一种活动都变成了自我的对象，而不是象在第一种活动中那样，仅仅是其中的客观事物变成了自我的对象。”[②]

可见，在谢林那里，时间和空间也是在一种“前意志”活动中产生的，即在一种不受意志主动引导的活动中产生的，也即在“被动综合”活动中产生的。

因此，对于谢林和胡塞尔来说，时间与空间都是在被动综合里产生的。

我们在前面已经说过，时间并不是在操劳中产生的，而是在操劳以之为基础的知觉活动也即被动综合当中产生的。而通过上面的分析，我们可以看出，空间也不是在操劳当中产生的，也是在操劳以之为基础的被动综合活动里产生的。

因此，不能说空间是在操劳当中产生的。

当然，我们也可以把海德格尔的“操劳”理解为一种被动综合，那么这样一来，我们就可以说空间在海德格尔那里就像在胡塞尔和谢林那里一样也是在被动综合里产生的了，但问题并不这么简单。因为：（1）海德格尔的“操劳”是一种被动综合吗？（2）即使海德格尔的“操劳”是一种被动综合，它是胡塞尔意义上的被动综合吗？

当胡塞尔说“不受意志主动引导”时，是指不受“认识意志”的引导。海德格尔的“操劳”不受认识意志的引导，从这一点上来看，可以说海德格尔的“操劳”是一种被动综合。但问题是，操劳虽然不受“认识意志”的引导，却并非不受别的类型的意志

---

① 谢林：《先验唯心论体系》，梁志学、石泉译，商务印书馆1976年版，第190页。

② 同上书，第190—191页。

的引导——操劳恰恰是一种被意志引导的活动。联系操劳是此在的一种生存方式这一点，不难看出这种意志就是生存意志。而当胡塞尔说“不受意志主动引导”时，固然是不受“认识意志”的引导，但也不受生存意志的引导。在胡塞尔看来：“并不是每个意志都是决定，都具有一种决定的性质。没有动摇和犹豫，没有思虑和鲜明的态度，每个以素朴的方式追随着一种刺激的意志行为，都属于这种情况。”①

所以，海德格尔的“操劳”虽然和胡塞尔的被动综合都是不受认识意志引导的，但海德格尔的“操劳”却是生存意志引导的。因此，海德格尔的“操劳”并非胡塞尔意义上的被动综合。所以，当海德格尔认为空间是在操劳当中产生的时候，他就否认了空间是在胡塞尔意义上的被动综合里产生的。

当然，海德格尔并不像胡塞尔那样把空间当成一种范畴来看待，而是把它看成一种“生存论的规定”，因此也就不用像胡塞尔那样要求空间的明见性。但这并不能否认空间是在被动综合里产生的，也不能否认被动综合是操劳的基础。因此，海德格尔并没有准确地找到空间的“起源”。

我们前面讲胡塞尔时曾说过，他的一切方法和理论都是围绕着逻各斯提出的。因此，被动综合作为一种活动，乃是逻各斯的展现，而且是源初的展现。

因此，否定或忽视了被动综合对操劳的奠基性，实际上就是在一定程度上远离了逻各斯。

从这个意义上讲，海德格尔的此在的基础存在论建构确有偏离逻各斯之虞。

只不过他在当时并没有意识到这一点。这也是他后期不再关注基础存在论而直接谈论逻各斯的原因之一。

---

① 胡塞尔：《伦理学与价值论的基本问题》，艾四林、安仕侗译，中国城市出版社2002年版，第141页。

从上面的分析可以看出，海德格尔和胡塞尔一样，所关心的都是空间的“起源”问题，但前者是从“操劳”这个角度去寻找答案，而后者则是从“被动综合”这个角度去寻找答案。这种角度上的差异，我们可以在后来的卡西尔那里更加清晰地看到。

卡西尔认为关于空间（也包括时间）的经验是有着不同类型的，即“有机体的空间”和“知觉空间”。[①]

有机体的空间从本质上来说是一种“行动的空间”，而知觉空间从本质上来说是一种“符号的空间”。[②]

行动的空间，“这种行动是集中于直接的实际利益和实际需要的”[③]。不难看出，这种行动就是海德格尔所说的“操劳”。所以海德格尔所说的在“操劳”当中所产生的空间实际上就是这种“行动的空间”。

符号的空间，则“是从由我们各种感官的根本不相同的性质造成的所有多样性和异质性中抽象出来的”[④]。卡西尔认为，这种空间是在“认识”里产生的，而“认识则包括并预先假定了表现（representation）”[⑤]，而“要表现一个事物，仅仅能够为了实际的用途而以正确的方法操纵它那是不够的。我们必须对这个对象有一个总体的概念，并且从各种不同的角度来看待它，以便发现它与其他对象的各种关系”[⑥]。

不难看出，卡西尔所说的认识就是胡塞尔所说的“谓词判断”。所以，当卡西尔说符号的空间是在“认识”里产生的，那么他就否定了这种符号的空间是在“前谓词经验”即被动综合里产生的。所以卡西尔所说的符号的空间并不是胡塞尔所说的在被动综

---

① 参见卡西尔《人论》，甘阳译，上海译文出版社 2004 年版，第 59 页。

② 同上书，第 60—61 页。

③ 同上书，第 62 页。

④ 同上书，第 62—63 页。

⑤ 同上书，第 63 页。

⑥ 同上书，第 63—64 页。

合里所产生的空间。而且，在卡西尔看来，“行动的空间”和“符号的空间”是有着层级性的——后者以前者为基础。[①] 而胡塞尔又认为“谓词判断”是以“前谓词经验”为基础的。所以，卡西尔所说的“行动的空间”就很容易被认为是胡塞尔所说的在被动综合里所产生的空间，但实际上并不是这样。

卡西尔和海德格尔一样，把“生存”看作“认识”的基础，所以他们强调“行动”，强调“操劳”。但是他们没有注意，“行动”“操劳”只是“主动”认识的基础，即“谓词判断”的基础。那么，“前谓词经验”呢？即“被动”认识也即被动综合呢？“行动”也好，“操劳”也好，不仅不是被动综合的基础，而且恰恰是以被动综合为基础的。

因此，虽然海德格尔的“操劳”——就像我们前面说过的那样——不是胡塞尔意义上的被动综合，但并不是说海德格尔的“操劳”不包括胡塞尔意义上的被动综合。被动综合就是操劳的基础。因此，被动综合就内在地包含在操劳里面，并且从“始发”这个角度讲，它是整个“操劳”的出发点，而表现出来，就是通过由被动综合所实现的异质性联想把一个对象“突现”出来，从而“去远”。

综上所述，我们可以这样说：海德格尔的操劳需要以被动综合为基础，而且被动综合乃是逻各斯的源初显现，因此，当海德格尔“跳”过了被动综合直奔操劳的时候，他的此在生存论分析以及建立在这一基础上的基础存在论就都有了偏离逻各斯的危险。他的生存论分析，在很大程度上缺乏胡塞尔发生现象学所能够带来的那种清晰的层次感，更缺乏胡塞尔意义上的对明见性的透彻理解。因此，他的分析便始终缺乏只能由明见性提供的存在论起点，也就是说，他此时恰恰不能从他自己所强调的存在论出发来看待问题。同样的，他此时的分析只能是在对逻各斯模糊理解的基础上进行的，

① 参见卡西尔《人论》，甘阳译，上海译文出版社 2004 年版，第 62 页。

因而才在操劳与被动综合的关系上表现出一种混淆。

这也在一定程度上提示着我们，不是不可以进行生存论分析，但是一种生存论分析必须建立在由明见性提供的存在论起点上，换言之，生存论分析应该以存在论为基础，而不是倒过来。只有在对境域、对逻各斯有了真正的理解的基础上，在对被动综合和主动综合有了清楚的划分和分析的基础上，才能对例如“操劳”那样的生存论环节做出正确的分析和定位。所以，生存论不是存在论研究的开端——它尚需被动综合的奠基，它离逻各斯太远了。当然，海德格尔本人在后来也放弃了这一“开端”。

（二）情绪、畏、良知与决心——从逻各斯的角度看

海德格尔在谈到生存论时，非常重视对生存论环节的分析，例如：情绪、畏、良知、领会、决心等等。这些环节，我们可以将之划分为前意志阶段与意志阶段。情绪、畏属于前意志阶段；良知以及领会组成决心，属于意志阶段。

情绪作用在于敞开此在。此在敞开了，把自己“放”出去了，才能够“沉迷”于他物，才能够“跟随”“随从”他物。而畏则保持“沉迷”——因为“畏”，我们不得不忘记自身，不得不“沉迷”在他物那里。这都属于操劳。

而当良知把我们从“沉迷”中唤回自身时，我们开始对自身负责，这就是“决心”，而后又是“操劳”。

所以，以“决心”为界，操劳分为了两个阶段。

海德格尔把操劳作为此在的本质，因此此在的存在就可以表述为：操劳—决心—操劳。

第一种操劳是被动的、无意志的；第二种操劳则是主动的，有意志的——我们是主动地过渡到他物那里去的，因为我们要对自身负责，我们要展开自身。

从无意志到有意志，必然有一个产生意志的环节。这个环节显然就是“决心”。

关于意志的产生，需要两个基本条件，一是自我意识，也就是变自身为对象的那种意识活动；二是以往的沉积，也就是我们曾经所是的那样一个“我”。

我们先来看第一个条件。为什么要有自我意识呢？为什么要有这样一种变自身为对象的活动呢？关于这一点，我们可以引用谢林的观点来说明。在谢林看来，意志就是一种自我决定。[①] 既然是自我决定，那么这就是一种“自己对自己的行动”[②]。既然是自己对自己的行动，那么显然是以自身为对象的。所以，意志是一种变自身为对象的活动。

那么又为什么需要以往的沉积呢？关于这一点，我们可以引用斯宾诺莎的观点来说明。斯宾诺莎认为，在心灵中，不论是正确的观念还是混淆的观念，它们莫不努力保持其自身的存在。[③] 而“这种努力，当其单独与心灵相关联时，便叫做意志”[④]。可见，“意志”是一种“有所保持”的活动。保持什么呢？保持“自身”。这个自身，实际上就是“我曾经所是”。所以，这就需要以往的沉积，需要我们曾经所是的那样一个“我”。这样，意志才能够是一种“有所保持”的活动。

这样一来，意志实际上就是一个把自身变成对象并对之努力去加以保持的活动。把自身变成对象并对之努力去加以保持，这实际上就是说意志把自身变成对象并努力保持其同一，也就是说，要回归于自身。

保持自身同一，回归于自身，这都是就我们将会所是的那样一个“我”而言。只有从我们将会所是的那样一个“我”出发，才谈得上“回归于”我们曾经所是的那样一个“我”。因此，意志实

---

① 参见谢林《先验唯心论体系》，梁志学、石泉译，商务印书馆 1976 年版，第 189 页。

② 同上书，第 188 页。

③ 参见斯宾诺莎《伦理学》，贺麟译，商务印书馆 1983 年版，第 106 页。

④ 同上书，第 107 页。

际上就是让我们从“将是”回归于“曾是”。这意味着，那个被意志对象化了的“曾是”并不是停滞的——它成了“将是”，而这个“将是”又会被拉回到“曾是”，保持同一。

纵观意志这一活动的全过程，我们可以发现它和其他活动不一样的地方就在于：它把自身对象化了。这样一来，这个“对象”实际上就是“活动”。活动总是要给自己设定媒介并以此回归自身。因此，意志的“对象”，实际上就是这样一个“既综合又同一”的活动。而所有活动都是这样的，即“既综合又同一”。所以，我们可以这样说，意志“在看着”所有那些活动，“看着”它们一步步地进行。[①] 所以，意志就像一个“见证人”一样。

至此，关于意志，我们可以总结说：它是一种通过变自身为对象的方式而实现的见证活动。所以，意志作为一种活动，有两个特点：一是变自身为对象，二是“见证”。

海德格尔在谈到“决心”时，同样体现出了这两个特点。

海德格尔认为：“一旦下了决心，此在的当下实际的能在就绽露在此在本身面前，其情形是：此在本身是这一绽露又是被绽露的存在。”[②] 这就是说，“一旦下了决心”，摆在我们目前的“对象”不是别的什么而就是“绽露”，也就是“活动”。所以，“一旦下了决心”，活动就变自身为对象了，就成了“对象”了。

成为对象，这本身就意味着“被看”“被见证”。所以，“一旦下了决心”了，活动成了对象了，一种见证活动也就开始了。所以，“一旦下了决心”，我们就在见证着那个成了对象的活动，“看着”它一步一步地如何进行。对于海德格尔来说，这一步一步地进行就是“能在”。所以，海德格尔认为“决心”是“一种本真能

---

① 所以，胡塞尔的先验自我作为“不感兴趣的旁观者”，必然是一个“意志”自我。

② 海德格尔《存在与时间》，陈嘉映，王庆节译，生活·读书·新知三联书店2006年版，第350页。

在的此在式的见证”[①]。

所以对于海德格尔来说，“一旦下了决心”，意志便诞生了。

从情绪、畏到意志的产生，这中间所经历的乃是“良知”。我们在前面已经提到过，海德格尔所说的良知，其作用在于把我们从“沉迷”中召唤出来，返回自身。这种“返回自身”并不是像一个物体离开原地之后又回到原地那样，而是“对自身负责”。所谓返回自身就是对自身负责，这包括三层含义，一是返回自身是一种自我保持，二是返回自身是一种“自我展开”，用海德格尔的话说，就是“向着本真的可能性筹划”。综合这两层意思来看，我们可以看出，海德格尔是认为对自身负责就是要保持自身，而保持自身则是在展开自身当中实现的。而“返回自身就是对自身负责”的第三层意思就是我们在前面所说的“见证”。也就是说，仅有在自身展开中的自我保持是不够的，还必须有一个对此的“见证”。这实际上就是变自身为对象的意志活动。可见，只有返回自身、对自身负责，才有意志。在海德格尔那里就表现为只有有了“良知”才有决心。

如果说良知把我们从“沉迷”当中召唤出来，开始对自身负责，而对自身负责就是通过展开自身的方式来保持自身，那么，在“良知”之后所进行的就应该是“操劳”，因为我们就是在操劳之中展开自身的。但是在“操劳”之前，还有一个环节，那就是“决心”。

决心是在操劳之前的，它是紧随良知的环节，“是追随着良知呼声的领会”[②]。海德格尔所说的领会乃是对生存的筹划，而筹划是向着可能性去筹划。所谓向着可能性去筹划，倒不是说向着某种具体的可能性去筹划，而是意味着这种筹划总是“为何之故”的，

---

① 参见海德格尔《存在与时间》，陈嘉映、王庆节译，生活·读书·新知三联书店2006年版，第307页。

② 同上书，第353页。

总带有“为何之故”的性质。所以，决心作为“追随着良知呼声的领会”，作为对生存的筹划，具有“为何之故”的性质，而它所为的这个“何”，不是别的什么而就是自己的生存。所以决心就是“为了自己”“为了自己的生存”而筹划。显然，决心的这种“为了自己”“为了自己的生存”是从良知“对自身负责”“保持自身”那里来的。

决心总是带有“为了自己的生存”的性质。而生存，在海德格尔看来就是操劳。所以决心之后所进行的就是操劳。“决心恰恰把自身带到当下有所操劳地寓于上手事物的存在之中，把自身推到有所操持地共他人存在之中。”①

我们前面已经把海德格尔的此在的存在表述为操劳—决心—操劳，其中第一个操劳就是在情绪与畏当中展开的。而根据我们前面的分析可以知道，是良知使我们从这种操劳当中回到自身，于是又产生了决心。因此，“操劳—决心”这个结构就可以表述为“情绪、畏—良知—决心”。

在胡塞尔那里，也有着一个类似的结构，那就是“情绪—被动综合—意志”。

比较“情绪、畏—良知—决心”和“情绪—被动综合—意志”，我们可以发现，这两个结构的开端和结尾是一样的，只是中间部分有所不同——在海德格尔使用了良知的地方，胡塞尔则使用了被动综合。

我们刚才已经分析了在海德格尔那里情绪、畏以及良知对决心的产生所起到的作用。而胡塞尔把被动综合放在意志之前，那么这是否说明被动综合对于意志的产生也是有所作用的呢？如果是，那么是什么作用？而海德格尔没有提到被动综合，那么这是否意味着他忽略了被动综合对意志的产生所起到的作用呢？

① 海德格尔：《存在与时间》，陈嘉映、王庆节译，生活·读书·新知三联书店2006年版，第340页。

胡塞尔所说的情绪是自我发出的趋向，而被动综合则是自我的一种低级活动。趋向也好，低级活动也好，都是指向外部的。换言之，情绪和被动综合都是关于外物、围绕着外物的活动。跟海德格尔一样，胡塞尔也认为情绪的作用在于把自我敞开。但不同的是，海德格尔强调此在敞开之后所进行的是“沉迷”，而胡塞尔则认为自我敞开之后所进行的是“容纳”。也就是说，对于海德格尔来说，情绪是在进行着一种“释放”，而对于胡塞尔来说，情绪则是在进行着一种“吸收”。实际上，当一个东西敞开之时，它既在进行着释放，也在进行着吸收，两者皆有。问题是，释放和吸收谁在先呢？

释放是在先的。所谓吸收，乃是一个“自外而内”的过程。那么，如果没有释放，我们如何能到“外面”去？而没有“外”，又如何能“自外而内”呢？所以，虽然同样都是“情绪”，但海德格尔的“情绪”比胡塞尔的“情绪”更为基础。

当然，释放之后就是吸收，而吸收之后就是被动综合。在被动综合里，事物被一层一层地展开。事物被展开，不仅仅是立足于其自身被展开，而且还立足于和其他事物的关系，这也就是胡塞尔所谓的事物的“相对规定性”。这也就是说，在被动综合里，事物不是孤立的，而是和其他事物联系在一起的。这和海德格尔所说的在操劳当中上手的东西被指引到其他东西那里去、和其他东西结缘实际上是一样的。因此，胡塞尔的“情绪—被动综合—意志”中的“情绪—被动综合”就相当于海德格尔的“操劳—决心—操劳”中的第一个操劳，也即相当于“情绪、畏—良知—决心”中的“情绪、畏”。因此，胡塞尔的被动综合是包含在海德格尔所说的“情绪、畏”当中的。而“情绪、畏”又是产生意志的先行活动。因此，如果胡塞尔的被动综合对意志的产生有所作用，那么可以肯定，这种作用必定没有被海德格尔所忽略。

既然胡塞尔的“情绪—被动综合—意志”中的“情绪—被动综合”就相当于海德格尔的“情绪、畏—良知—决心”中的“情绪、畏”，那么这样一来，胡塞尔的“情绪—被动综合—意志”就转换成：情绪、畏—决心。很明显，“良知”没有了。

我们已经说过，在海德格尔那里，良知的作用在于把我们从沉迷中召唤出来，回到自身，对自身负责。对自身负责要求我们在展开自身当中保持自身，并且要“见证”这一过程，即见证我们在展开自身当中保持自身。这样，就有了变自身为对象的意志活动。因此，在海德格尔那里，良知是意志活动得以可能的必要前提。

那么，为什么这个必要前提在胡塞尔那里没有了呢？

这种“没有”实际上是一种假象。因为海德格尔的“良知”的作用就是让我们返回自身，而胡塞尔则在情绪、被动综合等一切活动之前早已进行了一种同样让我们返回自身的活动，那就是悬搁以及先验还原。所以，对于海德格尔来说，必须要有“良知”这样一个环节我们才能返回自身，而对于胡塞尔来说由于已经在先地进行了悬搁以及先验还原，所以不需要再有“良知”这么一个环节。所以胡塞尔的“情绪—被动综合—意志”中的“情绪—被动综合”虽然相当于海德格尔的“操劳—决心—操劳”中的第一个操劳，但后者并未经历让我们返回自身的悬搁以及先验还原，因此在通向决心时，还需要有良知这样一个环节（所以我们才把“操劳—决心”这个结构表述为“情绪、畏—良知—决心”），而对于前者来说则不必了。

但是这样一来就会有一个问题：既然胡塞尔在情绪、被动综合等一切活动之前早已进行了悬搁以及先验还原等让我们返回自身的活动，也就是说在情绪、被动综合之前就已经有了意志，那么为什么在情绪、被动综合里却没有意志的引导呢？

意志是变自身为对象的活动，实际上也就是反思。反思总是以一个比它在先的活动为对象，因此反思不是源初的活动。反过来说，源初的活动也不可能是反思性的。假如一个源初的活动是反思性的，而反思总是以一个比它在先的活动为对象，这也就是说有比这个源初活动更在先的活动，那么这样一来这个源初的活动就不再是原初的了。所以，源初的活动不可能是反思，即不可能以自身为对象。而意志就是变自身为对象的活动，就是反思。所以，在源初的活动里也就不会有意志。对于胡塞尔来说，情绪、被动综合就是源初的活动。所以，在情绪、被动综合里没有意志的导引。

当然，这并不是说在情绪、被动综合里没有"自身意识"。在情绪、被动综合里有一种对自身的非对象性的意识，胡塞尔称之为"原意识"。由于胡塞尔的情绪、被动综合相当于海德格尔的"决心"之前的操劳，也即"沉迷"，所以在海德格尔的"沉迷"当中也是有着这种原意识的，即对自身的非对象性的意识。海德格尔并没有强调这一点，他只是强调我们在"沉迷"中"投身"。倒是萨特敏锐地看到了，在这种"投身"当中也包含着一种自身意识，只不过是非对象性的自身意识罢了。[①] 实际上，早在谢林那里就已经强调过这种非对象性的自身意识。谢林认为，自我总是要限定自身，但又总是要冲破这种限定，当它冲破这种限定时就会觉察到自身是受到了限定的，但由于这个限定并不是这个正在进行着觉察的自我做出的，所以它就认为在这个限定里并没有自我的参与，所以就会认为是一个"实在之物"造成了这种限定。[②] 谢林实际上是在此指出了，在"沉迷"那样的活动里有自身意识，但它是非对象性的，正因为如此它往往被人们忽视了。而事实上这种非对象性的自身意识是我们能够进行对象性的自身意识即反思的基础。也就是说，反思实际上就是把在非对象性的自身意识那里非对象性的自身对象性了。

所以胡塞尔的情绪、被动综合对于意志的产生所起的作用也就在于为变自身为对象提供了非对象性的自身意识这一必要条件。同样地，海德格尔的"决心"之前的操劳对于意志的产生所起到的

---

① 参见萨特《自我的超越性》，杜小真译，商务印书馆 2001 年版，第 9 页。

② 参见谢林《先验唯心论体系》，梁志学、石泉译，商务印书馆 1976 年版，第 73 页。

也是这一作用。只不过胡塞尔已经在先地进行了悬搁以及先验还原，已经“抽身”于“沉迷”了，所以在情绪、被动综合之后就可以直接进行以自身为对象的活动，产生意志。而海德格尔没有进行悬搁以及先验还原，所以在操劳之后还需要通过良知这一环节来从“沉迷”中“抽身”，然后才能进行以自身为对象的活动，产生意志。

从以上的分析可以看出，海德格尔的生存论诸环节并不是随意设置的，它有一个绕不过去的“锚点”，那就是现象学精神，亦即抵制实在论的精神。正因为如此，在海德格尔的生存论诸环节中才必须有“良知”“决心”。

而现象学精神作为一种抵制实在论的精神，实际上就是要返回境域，返回逻各斯。

从这个意义上讲，海德格尔的生存论诸环节的设置都是围绕着逻各斯展开的。

当然，这并不代表海德格尔此时对逻各斯就已经有了成熟的理解。

（三）逻各斯与 Ereigenis

我们前面说过，海德格尔早期缺乏只能由明见性提供的存在论起点，即对逻各斯缺乏真正的、清晰的理解。而相对来说，他晚期所提出的“Ereignis”就是对逻各斯的一种深入的、透彻的理解。

Ereigenis 这个词，海德格尔在 20 世纪 30 年代便开始使用，而到了 60 年代末的《时间与存在》中，其内涵已经趋于成熟。

《时间与存在》讲了什么呢?

在《时间与存在》一开头，海德格尔便指出了一件事情，那就是：时间和存在是一体的。这从他的这段话里可以看出：“存在指的都是诸如在场（Anwesen）这样的东西。从在场、在场状态中讲出了当前（Gegenwart）……当前与过去和将来一起构成了时间的特征。存在通过时间而被规定为在场状态。”①

这里我们要注意 Anwesen 和 Gegenwart 这两个词。其中 Gegenwart 我们前面讲胡塞尔时曾经提到过。这个词的词根原有“等待”之义，而前缀则是“相反”之义。因此，这个词就含有一种“等待、朝向相反者”之义。而 Anwesen 的词根就是“存在”之义，其前缀则是“在……之旁”之义。因此，这个词就有“从存在中摆出来”的意思。

而现在，这两个词显然是有关系的。这关系在于 Anwesen 是通过 Gegenwart 而得到规定的，或者说得到实现的。

那么，问题就来了：Gegenwart 是如何规定 Anwesen 的呢？

海德格尔在此又提出了“es gibt”。

他说：“我们说‘有’（es gibt），而不说‘它存在’（es ist）。”②

这种说话方式的改变，意味着什么呢？

显然，在这两个短语里，es 的用法和意义都是不同的。在第二个短语里，es 是真正的主语，可以译作“它”；而在第一个短语里，es 只是形式主语，因此也很难译出。也可以这样说，在第一个短语里，es 是指称性的，有所指；而在第二个短语里，es 不是指称性的，也没有所指，至少没有具体的所指。而第二个短语里的 gibt，原型是 geben，“给予”的意思。

所以，综合以上情况来看，这种说话方式的改变，意味着两件事情：

第一，海德格尔通过这种方式有意地削弱语言的指称性；

第二，海德格尔强调了“给出”，更准确地说，是强调了“给出”的源初性。

在海德格尔看来，作为一体的存在与时间就是在这种源初的

---

① 海德格尔：《面向思的事情》，陈小文、孙周兴译，商务印书馆 1996 年版，第 2 页。

② 同上书，第 3 页。

“给出”中给出的。

从存在方面讲，其存在状态就是 Anwesen、在场。而这个“在场”，实际上是“让在场”。也就是说，这个“在场”，是被允许的。

是被谁允许的？

就是那个“给出”。

“给出”就意味着“解蔽”，意味着“无蔽”，意味着“赠予”。

正是这种“赠予性”表达了“允许”的意味——这是我“赠予”你的，所以你可以接受，我“允许”你接受。

因此，正是在这种“给出”当中，有了“在场”。

所以，海德格尔才说：“存在属于给出。作为赠礼，存在并没有从给出中排除出去。存在、在场被改变了。作为让在场，存在属于解蔽，始终作为解蔽的赠礼被保存在给出中。存在不存在（ist）。‘它’给出作为在场之解蔽的存在。”①

可见，存在不是最高的，因为它是来自“给出”。

正是因为这种“给出”，正是有了这一“出”，所以 Sein 才从自身“出去”了，走到自身“之旁”，成了 Anwesen。

从这个意义上讲，这种“给出”，显然是存在自身运作的根基。说得更确切一点，就是思辨的根基、自否性道德的根基。那么，它究竟是什么呢？

我们不急于回到这个问题，接着往下看海德格尔又说了些什么。

海德格尔说：“在场显现为 Eν，即起统一作用的唯一的一，显现为 λoγoS，即保存着一切的采集。”②

这里出现了逻各斯一词——λoγoS。逻各斯在此是什么？是“一”，是“统一”“保持”着一切的“一”。类似的话，海德格尔

① 海德格尔：《面向思的事情》，陈小文、孙周兴译，商务印书馆 1996 年版，第 7 页。

② 同上书，第 9 页。

在更早的《形而上学的存在—神—逻辑学机制》中也提到过的。[①]

逻各斯是“一”。然而这“一”又意味着什么呢？它为什么能够统一和保持着一切？

这个“一”就是境域，就是胡塞尔所说的 Horiznt，也是当年阿那克西曼德所说的 απειρον——“活”的界限。

正因为它是境域，是“对象”显现的“背景”，所以所有“对象”都在其内，无有例外，所以才说它“统一”和“保持”着一切。

从这个意义上讲，海德格尔已经清楚地意识到了逻各斯的本性。

问题是：逻各斯和“给出”有什么关系呢？

海德格尔并没有直接论及这一关系。

但是，从以上分析中不难发现，这个“给出”肯定不会是“对象”。因为一个“对象”，一个“死”的界限，不可能有更不可能成就思辨性，即不可能成为存在自身运作的基础。

因此，这个“给出”必定是“境域”，是“背景”，是“活”的界限，是活生生的“逻各斯”。

从这个意义上讲，逻各斯作为“给出”是高于“存在”的。

也正因为如此，正因为这“给出”乃是逻各斯，因而具有思辨性，所以它才能“克制自己”[②] ——海德格尔说“给出”能够“克制自己”，实际上就是因为这“给出”作为逻各斯具有思辨性，准确地说，具有自否性。换言之，“给出”的“克制自己”乃是自否性的表现。

海德格尔煞费苦心地要找出那个在短语 es gibt 中的 es 到底是什么。他认为可以在“时间”当中找到答案。

---

① 参见海德格尔《同一与差异》，孙周兴、陈小文、余明锋译，商务印书馆 2011 年版，第 72 页。

② 海德格尔：《面向思的事情》，陈小文、孙周兴译，商务印书馆 1996 年版，第 10 页。

这里的关键就在于 Gegenwart。

我们说，Gegenwart 是“朝向、等待相反者”。这意味着什么？

这意味着在 Gegenwart 中就包含着对“相反”的期待、欢迎与承诺。

换言之，Gegenwart 是不拒斥“相反”的，恰恰相反，它是期待、欢迎“相反”的。进而言之，在 Gegenwart 中，必有“相反者”参与其中。

那么，这“相反者”为何呢？

我们先不急着回答这一问题，而是把那早就提出来的问题先回答一下，那就是：Gegenwart 是如何规定 Anwesen 的呢？

答案是：因为 Gegenwart 是期待、欢迎“相反者”的，这意味着它是“开放的”，正是在这种“开放”中，Sein 才能“走出”自身，才能走进这种“开放”中，成为 Anwesen。

由此也正可以看出“给出”与时间的关系——“给出”必然是与时间联系在一起的，因为“给出”所给出的 Anwesen，只有在 Gegenwart 的开放性当中才能实现。

正是从这个意义上说，逻各斯和时间是一体的。只有逻各斯意义上的时间，才具有这种开放性，也只有逻各斯意义上的时间才能以“开放”接受 Sein 的“走出”自身，允许、接受它“走进”逻各斯。

海德格尔试图表明 Anwesen 不仅与时间中的 Gegenwart 相关，而且还跟曾在和将来相关。

这就可以回答我们上面提出的问题了：在 Gegenwart 中，“相反者”为何？

这“相反者”就是曾在和将来。

海德尔格在此表达了一种胡塞尔早就表达过的意思：曾在和将来不是与当前“断”开的，而是“汇集”在一起的。海德格尔认为这三者是“相互到达”“共属一体”的。[①]

海德格尔追问：“但它们相互到达什么呢？”[②]

这也就是在问：曾在、当前、将来三者统一在一起，究竟实现了什么呢？

其所实现的就是 Anwesen、在场。

Anwesen 是在 Gegenwart 的开放性当中才实现的。但是，这个 Gegenwart 并不是一个抽象的、空洞的东西，它是“开放的”，是朝向曾在和将来开放的。因此，在它当中就包含了曾在和将来。因此，是曾在、当前和将来共同实现着 Anwesen，或者更准确地说，是曾在、当前和将来之一体、之统一，实现着 Anwesen。

而这种统一又是何以可能的呢？它又源自哪里？

海德格尔说这种统一就是源自 Ereignis。

由此，我们也可以看出，Ereignis 到底是指什么了。

逻各斯、“给出”给出 Anwesen，然而这需要在逻各斯意义上的时间中、在其“开放”中才能实现。

而在曾在、当前和将来之统一当中，三者恰恰是相互开放的。

用海德格尔的话来说，就是：“‘近’把曾在的将来作为当前加以拒绝，从而使曾在敞开。这种切近的接近在到来中把将来扣留，从而使来自将来的到来敞开。”[③]

这里的“拒绝”“扣留”作为一种比喻性的说法，表达的是一种“转向”，即从“当前”转出去，实际上也就是向曾在和将来开放，而不是将之遗忘。说穿了，也就是将曾在和将来都“拢”到“当前”之中，以实现“当前”的“朝向、等待相反者”之本性，而其所实现的则是当前、曾在、将来三者之统一。

---

① 海德格尔：《面向思的事情》，陈小文、孙周兴译，商务印书馆 1996 年版，第 16 页。

② 同上。

③ 同上书，第 18 页。

所以，作为“给出”当前、曾在、将来三者之统一的 Ereignis，不是别的什么，而就是逻各斯本身。

它作为逻各斯本身，“给出”了逻各斯意义上的时间，即曾在、当前和将来三者相互开放而统一的时间。

当然，就逻各斯是“境域”而言，我们也可以说这个 Ereignis 就是“境域”。

正因为如此，正因为它是“境域”，不是“对象”，所以海德格尔才说：“我们不能再以通常的语义的主导线索来表象‘本有’（Ereignis）这个名称所指称的东西。”①

海德尔格用一种非常晦涩的说法来描述这个 Ereignis——“澄明地保存着的到达和遣送的本性”②。

这种诗意而又晦涩的说法多多少少会让人摸不着头脑。

其实，他要说的就是：Ereignis 作为对到达和遣送的保持，是一种“不遗忘”，是一种全面的“开放”，而这正是“境域”的本性。

至此，我们可以说：Ereignis 就是逻各斯，也是那“给出”；作为“给出”，它给出了曾在、当前和将来三者相互开放而统一的时间，并在这种时间中给出了“在场”。

我们可以用下图来表示这种关系：

Ereignis—逻各斯、境域

↓

时间—曾在、当前（Gegenwart）和将来三者相互开放而统一

↓

在场（Anwesen）

---

① 海德格尔：《面向思的事情》，陈小文、孙周兴译，商务印书馆 1996 年版，第 24 页。

② 同上。

海德格尔最后认为："只要人站在本真的时间中，他就能审听存在。通过这一居有，人就被归属到本有之中。"①

人最终要归属于 Ereignis。这意味着，人最初源自 Ereignis，或者说，人的本性就是 Ereignis。

而 Ereignis 就是逻各斯，就是境域，因此，海德格尔所表达的无非是"人的本性是逻各斯、是境域"这一意思。

所以，Ereignis 并不是神秘的东西，它就是逻各斯，就是境域，在人而言，就是人的逻各斯本性、人的境域本性。

第三节　逻各斯与利科的现象学—解释学

（一）胡塞尔现象学方法的重申

在利科的身上所体现出的来自现象学的影响，更多的来自胡塞尔而不是海德格尔。

利科在 20 世纪 80 年代曾写过一本专著《论现象学流派》。虽说是论现象学"流派"，但实际上这本著作的内容却几乎完全是关于胡塞尔现象学的，可见利科对胡塞尔现象学的看重。

在《论现象学流派》里，利科对胡塞尔几部最重要的著作做出了精辟的解读，并由此展示了他自己对胡塞尔现象学独到而深刻的理解。

首先，对于胡塞尔的先验还原这一方法，利科这样写道："先验'还原'既作为对在现象描述中所使用的方法所作的阐释出现，又作为一种包含对现象的本体身份做出真正形而上学判断的先验哲学的制定而出现。"②

由此可以看出，利科非常清楚胡塞尔的先验还原的目的。

---

① 海德格尔：《面向思的事情》，陈小文、孙周兴译，商务印书馆 1996 年版，第 27 页。

② 利科：《论现象学流派》，蒋海燕译，南京大学出版社 2010 年版，第 7 页。

换言之，他非常清楚先验还原作为一种现象学还原的方法其目的是要抵制实在论。

对这一目的的准确把握使得利科的哲学思考站在了境域、站在了逻各斯这一起点上——现象学还原就是要还原到境域，还原到逻各斯。

而这意味着，利科的哲学思考必是围绕着境域、围绕着逻各斯展开的。

（二）符号：现象学方法的延伸——及其与逻各斯的关联

尽管利科强调胡塞尔现象学方法的重要性，但是他并没有停留在胡塞尔原有的方法上。

利科指出："世界变成'在反思生活中被感知的世界'；构成就成为一种没有本体剩余物的世界符号行为的渐进构成的巨大工程。"①

利科在此强调"符号行为"，由此显示了他与胡塞尔的不同。

我们知道，胡塞尔并不认为符号行为具有源初性。

所以，他也不太看重符号行为。

而在利科这里，"符号"显然受到了重视。

那么，利科为什么强调"符号"呢？为什么要用"符号行为"替代胡塞尔的"直观"？

利科说："理性的象征符号，我想指什么呢？是这样的：概念并没有自己的一致性，而是诉诸于种种类比的（analogiques）表达，这些表达之所以是类比的，并不是因为缺乏严密性，而是由于意指的过剩（excès de signification）。"②

他又说："我把象征符号称作任何意指的结构，在这个结构中，一个直接的、原初的和字面的意义附加地指示另一个间接

① 利科：《论现象学流派》，蒋海燕译，南京大学出版社2010年版，第7页。

② 利科：《解释的冲突》，莫伟民译，商务印书馆2008年版，第348页。

的、从属的、形象化的意义，后一种意义只有通过前一种意义才能被领悟。”①

由此可见，符号行为实际上是一种象征行为、类比行为——在利科那里，象征、类比是基本的活动方式。

而象征、类比是一种联想活动，因此，从这个意义上讲，对符号行为的强调实际上就是对联想的强调。

这意味着利科看重的与其说是语言，还不如说是语言的开启性——联想就是一种开启性。

因此，利科对符号的强调就不是无根之木，也不是没有目的的，他对符号的强调与对境域的开启是联系在一起的。换言之，语言对于利科而言，不是只有指称的作用，更重要的是，它还具有开启的作用。

从这个意义上讲，与逻各斯对语言的要求是一致的——逻各斯讲求语言的开启性。

利科说：“在计划将象征语言与自身理解连接起来的时候，我想我满足了解释学最深层的愿望。”②

由此可以看出，利科是通过强调语言的开启性，试图使人返回到逻各斯，恢复人的逻各斯的本性。

（三）解释与逻各斯

解释学是：“始于研究种种象征形式的引申，始于分析种种象征结构的领悟。”③

这意味着，联想的开启性在语言当中体现出来，由两方面组成，一方面是语言的象征性，另一方面则是对这象征的解释。

从这个意义上讲，解释作为一种领会象征的活动，就是一个不

---

① 利科：《解释的冲突》，莫伟民译，商务印书馆2008年版，第13页。

② 同上书，第18页。

③ 同上书，第16页。

断开启境域的过程。作为一个不断开启境域的过程，正是对人的境域本性最好的维护过程。从这个意义上讲，解释就是一个合于逻各斯的过程。

经过“符号行为”“象征”“解释”，一个向逻各斯回归的方法论逐渐成熟并体现为一种“语义学”。

通过这种语义学以“象征”和“解释”这双重联想活动实现对人的逻各斯本性的不断维护。

利科在《解释的冲突》里对语义学做了很多论述，但是到了《作为一个他者的自身》里，他对语义学的论述就少的多了，而是更多地谈论“语用学”。

（四）语用学转向

从语义学到语用学的转向，早在《解释的冲突》里便已有端倪——“这个语义学与源自维特根斯坦的《哲学研究》以及盎格鲁—撒克逊国家的日常语言分析的学说进行着一场富有成果的对话。”①

我们知道，维特根斯坦的《哲学研究》采取的主要是语用学角度。因此，当利科认为其语义学可以并且应该和维特根斯坦的《哲学研究》进行对话时，从语义学到语用学的转向便已经被注定了。

“今天，言语行为（speech - acts）（我更称之为话语行动[actes de discoues]）理论成了话语进路的主要形式。这样，我们就从一种语义学（在该术语的指称意义上）转到了一种语用学上，也即我们在确定的对话语境下使用的一种语言理论。”②

可见，从语义学到语用学的转向，这其间的关键是“话语”。

那么，什么是“话语”呢？

---

① 利科：《解释的冲突》，莫伟民译，商务印书馆 2008 年版，第 16 页。

② 利科：《作为一个他者的自身》，佘碧平译，商务印书馆 2013 年版，第 61 页。

从上面的引文中可以看出，“话语”基本上等同于奥斯汀以及塞尔意义上的“言语行为”，也即语言的有意义的基本单位。

另外，利科对“话语”和“语言”进行了对比。

利科认为话语是一个“事件”，是在时间当中的。而语言则不是。语言作为一种系统而言，是超时间的。

而且话语是有主体的，而语言没有。

综合这两点来看，话语显然是指在主体的使用中的语言，它因此是“活”的。而语言作为一个系统、一个脱离了主体的具体使用的东西，它是“死”的。

所以，话语和语言的区别就在于前者是“活的”，而后者则是“死的”。

从这个意义上讲，话语作为“活”的语言，是符合逻各斯的语言，也是能够实现人的逻各斯的本性的语言，换言之，它侧重语言的开启性，通过隐喻、对话等多种形式努力实现逻各斯的思辨性，在人而言，就是努力实现其超越性；而语言作为一个脱离了主体的具体使用的东西，是背离了逻各斯的，因而也不可能实现人的逻各斯的本性。

可见，话语和语言的区分是围绕着逻各斯展开的。

这一点也体现在“话语”的思辨性那里。

在《活的隐喻》中，利科指出了话语的五“对”特点，其分别是：

（1）“所有话语是作为一种事件而出现的，但它们被理解为意义”；

（2）“介于认同功能与述谓功能之间”；

（3）“涉及言语行为的结构”；

（4）“意义与指称的特点”；

（5）“指涉现实与指涉说话者”。[1]

---

① 利科：《活的隐喻》，汪堂家译，上海译文出版社2004年版，第94、95、98、100、101页。

话语成“对”的特点，表明了话语的辩证性质。

利科把话语进一步区分为“文本”和“言谈”。

“言谈”，实际上就是口头表达、交流。而所谓“文本”，就是“由书写而确定的话语”[①]。

通过“书写”，“文本”就与“阅读”联系在了一起。

阅读承担着语言的开启作用，亦即承担着实现生命的逻各斯本性的任务。因为阅读包含了胡塞尔现象学意义上的“悬搁”——“阅读就意味着向世界的明确指称悬置的延长，意味着将一个人转移到另一个文本立足的‘地方’，它处于无世界地方的‘封闭’之中。”[②]

而这同时意味着“文本必须能够以这样的方式来使自身‘去语境化’，那就是，它能在一个新的语境中得以‘重构语境’——准确地说，这是通过阅读行为来完成的”[③]。

可见，除了“悬置”的功能，“阅读”还具有第二种功能，即“重构语境”的功能。

而“语境”正是语用学所格外强调的。

因此，“阅读”的“重构语境”功能与语用学转向是一致的。

而语用学转向其实质是为了倡导语言的开启性，从而使语言成为实现人的逻各斯本性的有力武器，而不是障碍。

也正因为如此，阅读才成了实现生命逻各斯本性的重要途径。

阅读作为一种“重构语境”，不断地将文本重构为“整体”。但是，“重构整体具有某种视角的方面”[④]。

正是这种“视角性”使阅读处于“说明”和“解释”之间的辩证过程。

---

① 利科：《诠释学与人文科学——语言、行为、解释文集》，J. B. 汤普森编译，孔明安、张剑、李西祥译，中国人民大学出版社 2012 年版，第 107 页。

② 同上书，第 178—179 页。

③ 同上书，第 100 页。

④ 同上书，第 174 页。

而这一过程是和隐喻相关的。

（五）隐喻——作为逻各斯的显现

利科把“说明”看作从“隐喻到文本”的过程，而把“解释”看作从“文本到隐喻”的过程。

由此可以看出，阅读不仅是一种辩证过程，而且还和“隐喻”联系在了一起。

而阅读承担着实现生命的逻各斯本性的任务。

因此，从这个意义上讲，隐喻就与实现生命的逻各斯本性联系在了一起。

更准确地说，就是隐喻使阅读具有了实现人的逻各斯本性的能力。

我们前面讲过，隐喻性是逻各斯的一种内在本性。

因此，当利科讲隐喻理论时，就必然是围绕着逻各斯展开的。

或者说，他就隐喻所讲的一切最终必然都是有关逻各斯的。

利科认为隐喻兼具修辞学功能和诗学功能。[①]

修辞的目的在于“证明”和“说服”，而诗歌的目的则在于“模仿”和“净化”。

因此，隐喻就同时兼具了“证明”和“模仿”双重功能以及“说服”和“净化”双重效应。

隐喻之所以能实现人的逻各斯本性，就在于它的“模仿”功能和“净化”效应——人就是在对逻各斯的模仿之中得到净化并实现其为“人”的。

利科讨论了隐喻与“范畴的违反”。

在利科看来，隐喻是对逻辑关系例如种属关系、比例关系的一种违反。他认为这种“违反”是积极的，因为这能够产生新的“意义”。他说：“我们难道不应该说隐喻仅仅是为了创造一种秩序

---

① 利科：《活的隐喻》，汪堂家译，上海译文出版社 2004 年版，第 7 页。

来破坏另一种秩序？”[①]

由此，利科认为隐喻是一种“重新描述”的过程。相应地，“范畴错误”是“处在描述和重新描述之间的具有解构性的中间环节”[②]。

这实际上就是赋予了隐喻以“破”与“立”这双重功能。这双重功能实际上都包含在隐喻的模仿功能中。模仿本身就是一个否定自身、向另一个主体趋近的过程。换言之，模仿本身就是一个自否性的过程，它是包含着“破”的，即对自身的否定，也是包含着“立”的，即成为另一个主体、一个新的自我。而这正是人对逻各斯的学习过程，正是人实现其逻各斯本性的过程。

站在逻各斯的高度，利科看到了“范畴错误”的积极意义——它敞开了一个站在实在论立场上永远无法看到的领域，那是人的生命的逻各斯本性所在的领域，也是形而上学的空间。

我们在第一章里就说过逻各斯意义上的“说”，是思辨性和隐喻性的，是这二者的统一。

刚才我们也提到过，隐喻的模仿功能本身就是一个自否性的过程。

因此，在利科那里，思辨是通过隐喻实现的——“思辨的思想将其工作建立在隐喻陈述的能动性的基础上并根据它自身的意义空间对其工作进行安排。”[③]

这也提示着我们，思辨不一定都要像柏拉图或者黑格尔那样以一种纯概念的方式去进行。

事实上，就是那种纯概念的思辨，也不可能完全拒斥隐喻的作用。

因为语词本身就源自隐喻，这一点我们前面已经说过。只有

---

① 利科：《活的隐喻》，汪堂家译，上海译文出版社2004年版，第23页。

② 同上书，第24页。

③ 同上书，第438页。

当隐喻“死”了的时候，才有了固定的指称，亦即语词的日常用法。

而哲学就是要回到逻各斯，相应地，就是要回到语言的开启性上，而不是局限在其指称性上。

因此，哲学在使用语言、语词时，必然偏离语言、语词的日常用法。

从这个意义上讲，哲学语言本身必然是隐喻性的。

尽管这种隐喻性有时会藏得很深，但是却是真实存在的。

比如柏拉图的“理念”，Eidos，这似乎就是一个语词，然而其中的“ei”却意味着“看”，因而隐藏着一种光的隐喻。

再比如黑格尔的“存在”，Sein，也隐藏着光的隐喻——语词当中本就积淀着隐喻，而哲学就是要把这“积淀”激活，从而不让语词陷于一种固定的指称状态。

正是由于隐喻以其模仿功能的自否性实现思辨，实现生命的逻各斯本性，所以利科才说：“在游戏中，主体性忘记了自身；在严肃性中主体性又失而复得。”[①]

这里所说的“游戏”指的就是隐喻。因为隐喻有自否性，所以人在使用隐喻时，在玩这种“游戏”时，总是“忘记自身”。然而隐喻的自否性又是一种超越性，所以人在使用隐喻时，在玩这种“游戏”时，又总是得到“自身”——即那不断超越着自身的逻各斯本性。

（六）叙事与逻各斯

叙事理论是利科哲学中的重要组成部分，也是其最有特色的理论之一。

从某意义上讲，叙事理论实际上是隐喻理论的进一步延伸。

---

① 利科：《诠释学与人文科学——语言、行为、解释文集》，J. B. 汤普森编译，孔明安、张剑、李西祥译，中国人民大学出版社2012年版，第148页。

这首先在于叙事与隐喻具有本质上的相通性，即对异质的整合。①

我们前面说过，隐喻具有模仿的功能。

同样的，叙事也具有模仿的功能。

在《叙事的功能一文》中，利科说道："模仿是一个把人类技巧（arts）与自然技巧相区分的概念。仅仅在存在'做'或'活动'的地方才有模仿，而且，诗的行为恰好存在于故事情节的建构中。"②

既然模仿是"诗"，那么这就意味着它也是"隐喻"——"模仿是一种现实的隐喻。"③

既然模仿是隐喻，而隐喻的机制是想象力，那么模仿实质上也就是一种"创造性的想象"。④

另外，在利科看来："就任何诗作而言，叙事虚构来源于对普通人类行为世界的悬置，以及对普通话语描述的悬置。"⑤

可见，模仿本身带有一种"悬置"功能。这与它作为诗、作为隐喻、作为创作性的想象力是内在一致的——想象力也好、诗也好、隐喻也好，其目的都在于把生命还原到逻各斯本性上。而只有"悬置"了实在论立场，即胡塞尔意义上的"自然的思维态度"，这种还原才能实现。

所以，利科所讲的叙事的模仿功能类似于胡塞尔现象学所讲的还原。它的目的在于抵制实在论立场，恢复生命的逻各斯本性。

抓住了这个关键，我们就可以对利科所讲叙事的模仿功能有一个透彻的把握。

---

① 参见凯文杰·范胡泽《保罗·利科哲学中的圣经叙事——诠释学与神学研究》，杨慧译，中国人民大学出版社 2012 年版，第 113 页。

② 参见利科《诠释学与人文科学——语言、行为、解释文集》，J. B. 汤普森编译，孔明安、张剑、李西祥译，中国人民大学出版社 2012 年版，第 238 页。

③ 同上书，第 256 页。

④ 同上。

⑤ 同上书，第 257 页。

后来利科把模仿划分为三个阶段或者说三个环节，即所谓的“摹创一”“摹创二”以及“摹创三”。

摹创一，作为模仿的第一个环节，其实是一个“前理解”的环节。

摹创二，作为模仿的第二环节，则是一个悬搁的过程。

摹创三，作为模仿的第三个环节，涉及的主要是阅读、交汇和构形。

由此可见，模仿的这三个阶段是与其诸种功能相对应的。

在共同性的基础上，叙事理论又表现出和隐喻理论不同的地方。

这主要表现在叙事对“情节”的强调。

利科说：“首先，我们可以说，一开始，某个故事描述了许多人物的一连串的行为和经历，或真实，或虚构，这些人物在如下场景中被再现出来，或是在变化的场景，或是人物对这些变化作出反应的场景。接下来，这些变化就揭示了在场景和人物后面所隐藏的东西，这就产生了某种新困境，它要求对之进行思考或行动，或二者兼而有之。对此困境的回应将故事带至结尾。”①

从中不难看出，“情节”和“人物”是一体的。人物是在情节中的人物，情节是人物的情节。

换言之，人物就是在情节中成其为人物的。进而言之，人也是在“情节”中成其为“人”的。

也就是说，利科把逻各斯表现为一种情节化的叙事过程，人通过这样一个过程返回逻各斯，返回自身。

正是这一点决定了叙事必然是历史叙事与虚构叙事的统一。

利科把叙事分为“历史叙事”和“小说叙事”。他认为这两种叙事虽然表面上看起来有很大的不同，却有着某种内在的相同性。

---

① 利科：《诠释学与人文科学——语言、行为、解释文集》，J. B. 汤普森编译，孔明安、张剑、李西祥译，中国人民大学出版社 2012 年版，第 240 页。

这表现为历史与小说都指向“历史性”，具有共同的叙事结构。[①]

利科指出：“历史事件不仅仅从单一陈述的表达中取得其历史地位，而且也在某种构形中从这些单独陈述的立场中取得其历史地位，这些单独陈述恰好构成了叙事，那么，我们必须置于认识论探讨中心的就不再是历史说明的性质，而是其功能。”[②]

可见，在历史叙事中也包含着而且必然包含着虚构叙事。

人就是在这种历史叙事和虚构叙事的统一中实现其逻各斯本性的。

这里所说的虚构，并不是指杜撰出一个“事实”，而是指建构一种意义的总体性。它类似于胡塞尔意义上的本质直观，通过想象力的自由变更，显现出一个“本质”。也就是说，这个虚构，也是一种想象力活动。正是通过这一活动，一个“意义”出现了。正因为如此，历史才不是一堆事件的简单聚拢，而是有“意义”的。

叙事成就了意义，成就了历史。

我们可以用下图表示这种关系：

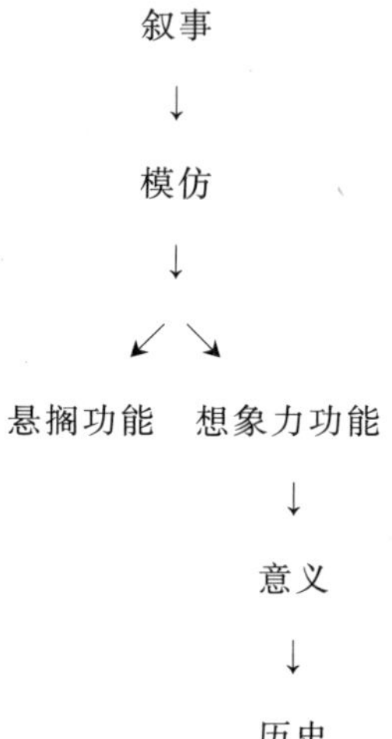

① 利科：《诠释学与人文科学——语言、行为、解释文集》，J. B. 汤普森编译，孔明安、张剑、李西祥译，中国人民大学出版社2012年版，第238页。

② 同上书，第240页。

第四节 逻各斯与梅洛·庞蒂的现象学

在法国现象学家里面，我个人认为利科的哲学造诣是最高的。

除了利科之外，还有一个人，我们也需要提一下，他就是梅洛·庞蒂。

梅洛·庞蒂年长于利科一些，成名也早于利科，甚至从某种意义上讲，他可以算是利科的前辈。不过，梅洛·庞蒂英年早逝，这在很大程度上使他的思想成就没有像利科那样达到登峰造极的水平，对当代哲学的影响也不如利科那么大。

但是，这位法国现象学运动中的先驱式的人物，其思想也有独特的造诣。

对我个人而言，梅洛·庞蒂的思想是对柏格森思想的一个极好的补充。我们在谈到柏格森的形而上学时，有一点是没有指出的，现在我们来指明这一点，那就是：柏格森的形而上学存在着身心无法统一的困难。

我们注意到，当柏格森描述其所推崇的绵延时，他是在心理层面来描述的，以至于几乎可以使人认为他所说的绵延乃是一种纯心理。这样一来，问题就来了：身体呢？身体算不算绵延？如果它不算绵延，那么好，另一个问题就来了：心与身是怎么沟通的？是怎么合一的？因为，如果身体不算绵延，那么它就只能是实在，而心理、意识、思维作为绵延，又如何能够与一个实在“交融”？

柏格森显然是认为身体不算绵延。他像大多数传统哲学家一样贬斥身体。所以，在他那里，就出现了以上的问题。

身心无法统一，这不是个小问题。因为由此可以导致其他的困难，其中之一便是“他人”问题。按照胡塞尔的观点，“我”之所以能够把“他人”把握为“他人”，首先在于“我”能够把“他人”把握为“身体”。而“我”之所以能够把“他人”把握为“身体”，是因为“我”有一个“身体”。但是仅仅因为“我”有一个“身体”是不足以把“他人”把握为“他人”的。“我”之所以能够把“他人”把握为“他人”，是因为“我”的“身体”与“意识”是统一的，因此，当“我”把“他人”把握为“身体”时，“我”才会认为这是一个有“意识”的“身体”，是一个与“意识”统一的“身体”，从而“他人”才是他“人”。胡塞尔之所以能够把“意识”与“身体”统一起来，是因为在他看来，“身体”与“意识”都具有意向性。也就是说，在胡塞尔看来，“身体”与“意识”都不是最源初的，意向性才是最源初的。意向性有其意向结构。这是胡塞尔早在《逻辑研究》中就已经提出的观点。但是，应该注意的是，在那时，意向结构并未被放在发生现象学视野中来审视。如果从后来发生现象学的观点来审视，那么意向结构作为一种具有构造性的结构，就成了一种“境域”。境域是最源初的。

柏格森的失误就在于，他没有把身体归入绵延，而只是把意识归于绵延。这样一来，意识虽然获得了源初性，但是身体却没有获得同样的地位，并因此与意识发生了断裂，无法交融、统一。相应地，就无法解释“我”如何能够把“他人”把握一个有“意识”的身体，即他“人”。而这一问题将会带来更严重的问题：既然无法解释“我”如何能够把“他人”把握为他“人”，那么“他人”还是他“人”吗？或者说，“他人”还成其为他“人”吗？如果不是，伦理还有存在的必要吗？而且，这肯定不只是唯一的难题。

从某种意义上讲，柏格森的这一失误使形而上学面临着被摧毁的危险。形而上学，尤其是道德的形而上学，是伦理、法权的奠基。这是它的任务。如果它不但没有为伦理、法权提供奠基，反而可能会使伦理、法权面临着被摧毁的危险，那么它也就摧毁了自身。

要想从这种危险中摆脱出来，唯一的办法就是“对症下药”。既然是由于没有把“身体”归于绵延是造成“他人”不成其为他“人”的根本原因，那么就要把“身体”归于绵延，也就是现象学意义上的“境域”。而在这项工作上，继胡塞尔之后，贡献最大的是梅洛·庞蒂。

梅洛·庞蒂指出了身体与物体的不同。他区分了身体的空间性与物体的空间性，认为前者是一种“处境的空间性”，而后者则是一种“位置的空间性”。①

他说：“身体空间有别于外部空间，它能保住它的各个部分，而不是展现它的各个部分，因为身体空间是景象的明晰所必需的室内黑暗。”②

这里有一个很重要的隐喻，那就是他把身体比作了“黑暗”。但是这“黑暗”是必要的，因为它其实相当于“光源”，只有在它所发出的“光”当中，一切才能“显现”出来。

这样一来，身体就具有了一个特殊的地位：使“显现”得以可能。使“显现”得以可能的是境域。因此，身体被境域化了，它成了境域，它再也不是实在了。

“当一种交织在看与可见之间、在触摸和被触摸之间、在一只眼睛和另一只眼睛之间、在手与手之间形成时，当感觉者——可感者的火花擦亮时，当这一不会停止燃烧的火着起来，直至身体的如此偶然瓦解了任何偶然都不足以瓦解的东西时，人的身体就出现在那里了……”③ 这反复提示的“之间”，暗示着身体不是什么实在，而是一个“间隙”，一个“境域”。

同时，这段话里我们也出现了一系列隐喻：火花、擦亮、不停止的燃烧……加上前面那个隐喻，我们发现，这些隐喻里面隐藏着逻各斯的影子。身体作为光源式的东西，发光，使事物得以显现，而逻各斯在赫拉克利特那里被比作火，火也是发光的，赫拉克利特借此说明逻各斯使万物显现。因此，我们看到，梅洛·庞蒂的

---

① 参见梅洛·庞蒂《知觉现象学》，姜志辉译，商务印书馆 2001 年版，第 137—138 页。

② 同上书，第 138 页。

③ 梅洛·庞蒂：《眼与心》，杨大春译，商务印书馆 2007 年版，第 37 页。

“身体”和逻各斯具有密切的关联，二者都被喻为发光的东西，通过发光，使事物显现。梅洛·庞蒂的“身体”是具有逻各斯意义的。当然，这么说的原因还不仅止于此。逻各斯是说话、对话，而梅洛·庞蒂的“身体”也具有表达和语言之意。关于这一点，我们稍后就会看到。①

在身体境域化的基础上，梅洛·庞蒂不无意义地道出了“触摸”与“指出”的区别。之所以说是不无意义的，原因在于这种区分一是把身体拔高到存在论层面，二是为形而上学的语言特性提供了奠基，三是为身体作为语言和表达提供了奠基。

从某种意义上讲，“触摸”是身体的境域性的表现。换言之，在触摸当中，身体保持在其境域性当中。这样一来，当我们在触摸时，这就不是一个简单的物理过程，而是一个存在论活动。在这种活动当中，触摸首先绽开的是身体的境域性。在这种开放性中，“对象”被允许进入，从而才能被触摸为一个对象。换言之，我们不是一上来就直接地跟某一“对象”打交道，而是在跟“境域”打交道。我们必须得提供对象得以显现的境域。而这境域就是身体提供的。因为身体就是境域。身体以其境域性所具有的开放性，容纳一个对象，这才能有“触摸到对象”可言。

“指出”带有较强的对象性指向。指出一个对象，总是要在一个境域当中指出。显然，“指出”这种活动显然只能是在“触摸”这种存在论活动的基础上才能发生。

联系到语言，可以想见，语言的“指称”作用也是需要必要的奠基的。而形而上学的语言便是提供这种奠基的。形而上学的语

① 顺便说一句：境域具有整体性，因此，梅洛·庞蒂的“身体”具有整体性。当然，他在强调身体的整体性时，更多的是从格式塔心理学的角度来论证的。但是我们不必而且也不应该停留在这一层面上。说不必，是因为格式塔心理学所能够解释的，境域也能够解释；说不该，是因为梅洛·庞蒂的论证中多带有心理学成分，这些成分，不能说是错误的，但是我们还是应该自觉地、努力地将其转换到哲学层面。因为，我们毕竟是在讲哲学。

言不是要进行“指称”，而是“开启”，开启一个又一个的境域。在有了境域的基础上，我们才能从境域当中“指称”某一对象。境域性，是形而上学语言的特性。

应该说，通过身体境域化，梅洛·庞蒂道出的“触摸”与“指出”的区别，避免了“语言就是指称”这种狭隘的语言观，把语言从工具的地位提升到、还原到境域的地位上。语言不再是工具，不再与生命外在，它就是人的真正的生命——境域，它与人的生命合一。而通过把语言境域化，语言就与身体联系在一起了，因为二者都是“境域”。这样，身体就可以作为语言和表达了。

在把身体和语言境域化的基础上，梅洛·庞蒂指出：“说话人的言语不表达一种既成的思想，而是实现这种思想。”①

由此可以看出，对于梅洛·庞蒂来说，“思”并不是优先的，它需要在身体、语言那样的境域中才能实现。梅洛·庞蒂自信地宣告：“每一种语言都能自我教授，把它的意义引入听众的心灵。”②

语言之所以能把意义引入听者的心灵，是因为它是“自我教授”的。语言之所以是自我教授的，是因为它是“境域”，所以能够“交融”。只有在交融中，“教授”才是可能的。语言作为境域，不断地开放，因而不断地自我否定，也不断地自我建构。在这一个过程中，语言实现了对自身的“教授”。

因此，使用语言的过程，绝不是一个使用工具的过程，而是人的自我教化、自我教诲的过程。这是一个人不断实现其为人的过程，是一个形而上学的过程。

梅洛·庞蒂由此强调语言的“意义”方面。他说：“意义吞没了符号。”③

事实上，在境域化的语言中，意义必定吞没符号。因为意义是

---

① 梅洛·庞蒂：《知觉现象学》，姜志辉译，商务印书馆2001年版，第233页。

② 同上书，第234页。

③ 同上书，第238页。

在境域中得到生长的。因此，在境域化的语言中，或者说，在语言的境域性当中，意义是活的，是不断繁殖、不断生长的，“向我们的体验开辟了一个新的场或一个新的领域”[1]。也就是说，意义的生长能够开启境域。符号在于指称，在于固定。意义的生长则打破了这种垄断，在这里，符号的固定性让位于意义的生长，符号的指称性让位于境域的开启。

境域化的语言，保证了意义的活性。意义的活性体现着人的创造性。实在化的语言、僵死的意义，使人丧失创造性，意味着人与逻各斯的分离，是人的异化、物化。

作为此种语言之身体，其一举一动、一言一行，其动作、姿态、表情、神态，便不再是单纯的物理现象，而是语言之所“言”，是有其“意义”的。正如梅洛·庞蒂所言：“我在动作中看出愤怒，动作并没有使我想到愤怒，动作就是愤怒本身。”[2]

扩而言之，一切形体、形象也都是有其意义的。于是，世界成了“意义”的世界。一草一木，一花一叶，莫不有其意义可言。人就此活入一个意义的世界当中。

在意义的世界里，一切都是活的，都是有生机的。死亡的威胁不复存在。因为，“一切”都是活的。没有上帝，也不需要有上帝，人自己在自己的境域性中，在意义的世界里，获得了不朽。同样地，人在自己的境域性中，在意义的世界里，也获得了自由。境域性保证着人不是被决定了的，而是可以改变的。而这改变又不是取决于外部，而只是取决于人自己。

人用境域化的身体，构建了意义的世界，并在其中实现了不朽与自由。

因其不朽与自由，所以人总是有“希望”的，“作为希望者，我强有力地抵制不幸，并且在它面前毫不妥协。然而这一抵抗并不

① 梅洛·庞蒂：《知觉现象学》，姜志辉译，商务印书馆2001年版，第238页。

② 同上书，第240页。

是对不幸的积极反抗的否定，毋宁说是积极的情绪性的敞开状态，即‘当下’的生活状态总体来讲会以完全不可期待的方式向更好的方面转变”①。

用梅洛·庞蒂的话来说，就是：“这是一种自我，但不是像思维那样的透明般的自我（对于无论什么东西，思维只是通过同化它，构造它，把它转变成思维，才能够思考它），而是从看者到它之所看，从触者到它之所触，从感觉者到被感觉者的相混、自恋、内在意义上的自我——因此是一个被容纳到万物之中的，有一个正面和一个背面、一个过去和一个将来的自我……”②

由于强调境域，梅洛·庞蒂必然关注与此相关的一些问题，“想象”就是其中之一。

其实严格来说，与境域相关的，应该是联想。梅洛·庞蒂并没有像胡塞尔那样仔细地去区分联想与想象。在他那里，想象大致上相当于胡塞尔所说的联想。梅洛·庞蒂认为最初的想象是要依据于身体的，这主要表现在依据于身体而产生相似性。③

梅洛·庞蒂的这一见解是正确的。正所谓“近取诸身”，在相似性最初得以产生的地方，身体确实是一个重要的来源与依据。

从身体作为境域这个角度出发，所谓依据于身体而进行想象，那就是从身体这一境域出发，实现自我突破，不断地使新的对象呈现出来。

从语言的角度讲，这实际上是一个隐喻产生的过程，也就是我们上面所说的意义繁殖、生长的过程。正是这一过程构成了人的、意义的世界。

因此，梅洛·庞蒂对想象以及相应地对绘画、雕塑乃至对音乐的关注，归根结底属于一种形而上学的情怀，是一种对形而上学的

---

① 克劳斯·黑尔德：《时间现象学的基本概念》，靳希平、孙周兴、张灯、柯小刚译，上海译文出版社2009年版，第100页。

② 梅洛·庞蒂：《眼与心》，杨大春译，商务印书馆2007年版，第37页。

③ 同上书，第41页。

关注。

从某种意义上讲，梅洛·庞蒂的思考过程可以视为一种“美”的形而上学。与柏拉图不同，在梅洛·庞蒂那里，美并不需要一个扬弃的过程来企及，因为形体本身就是“美”，因为形体本身就是“意义”，就是说出的“意义”。

正因为如此，梅洛·庞蒂才可以说：“一切技术都是‘身体技术’（technique du corps）。它使我们的肉的形而上学结构具象化并予以扩大。”[①] ——“肉的形而上学”之所以能够是形而上学，就在于“肉”作为形体，其本身就是有意义的。同样的，梅洛·庞蒂也才可以说：“在偶然性的肉中有着某种事件结构，有着为事态所特有的某种效能，该结构和效能并不妨碍解释的多样性，它们甚至是多样性的深层理由，它们使多样性成为历史生命的一个持久主题，而且它们有权获得一种哲学地位。”[②]

从以上的论述和分析中不难看出，梅洛·庞蒂哲学中最富特色的“身体”，实际上是逻各斯所要求的语言的隐喻性。正是在这个意义上，“身体”才成了本体式的东西，是一切意义的源泉。

因此，我们可以说，梅洛·庞蒂的哲学中隐含着逻各斯精神。正是在这种逻各斯精神的支配下，才有了他那关于“身体”的独特的理解，并由此形成了一种形而上学。

---

① 梅洛·庞蒂：《眼与心》，杨大春译，商务印书馆2007年版，第47页。

② 同上书，第69页。

第六章　逻各斯与分析哲学

分析哲学肇始于弗雷格。

弗雷格认为日常语言的缺陷在于它混淆了语法形式与逻辑形式，由此产生了一系列似是而非的哲学问题。

弗雷格提出了概念文字这种符号语言，试图以此来揭示命题真正的逻辑形式。

而在我们看来，概念文字这种符号语言的意义不仅仅在于揭示出了命题真正的逻辑形式，更重要的是在于它在一定程度上揭示出了哲学命题的本性，与此相关，也就在一定程度上实现了哲学思维的自我否定的根本特点。从这个意义上讲，概念文字这种符号语言就与逻各斯精神联系起来了。

但是，尽管如此，概念文字这种符号语言仍是背离逻各斯精神的产物。

这主要在于他在将语言变为纯粹符号的同时，语言本有的隐喻性被忽视了，甚至被消除了。

正是这一维度的缺失，使符号语言背离了逻各斯精神。归根结底，这是由弗雷格的本体论立场终究是一种实在论而决定的。实在论的立场是对逻各斯精神背离的产物。因此，站在实在论的立场上，终究是不能清楚、有力、彻底地返回逻各斯的。

罗素以逻辑分析这种方法批判形而上学命题。

罗素的本体论立场是一种实在论的立场，这种立场本身就是对逻各斯背离的产物。由此，形而上学命题的本体论基础及其相应遵守的逻辑被视为与经验命题的本体论基础及其相应遵守的逻辑是一样的，亦即把形而上学命题“强扭”到经验命题的本体论立场和逻辑规范之下。也因正为如此，形而上学命题才会显得有“问题”。

因此，罗素对形而上学的批判是不能成立的。

与此相关的是，罗素早期对语言的理解限制在“命题”上。但其晚期对语言的理解不再简单地限制在“命题”上了，而是开始具有了从强调命题向强调对话的转变。从这个意义上讲，罗素开始具有了回到逻各斯意义上的语言观的可能。

总的来说，罗素对语言的理解越到后来越体现出向逻各斯精神的回归与靠拢，以至于他已经不大提起早期的逻辑分析这种方法了。这表明罗素的哲学中存在这一个逐渐对逻各斯有所自觉的过程。

早期的维特根斯坦与罗素一样批判形而上学，并且他此时的语言观和罗素早期的语言观是一样的，即把语言只看作命题，也可以说，把语言看作只具有“指称性”。

但是到了后期，维特根斯坦对语言的这种看法发生了变化。他强调“语言游戏”，强调语言在其使用中的意义增长，亦即指出了语言的另一种特性，即我们所说的“开启性”。

与此相关的是其本体论立场的转变。而这主要体现在他的“生活形式”这一概念上。

生活形式是“必须接受的”。这意味着它只能是境域、“地平线”，只能是那“活”的界限、逻各斯。

正是从这个意义上讲，我们才认为“生活形式”这一概念体现了维特根斯坦本体论立场的转变。

在语言观与本体论立场这双重转变下，一方面，语言的逻各斯本性——思辨性、对话性、隐喻性，得到了恢复；另一方面，哲学的根本任务得到了澄清，那就是保持语言的思辨性、对话性、隐喻性，从而保持人的生命的逻各斯本性。

第一节 逻各斯与弗雷格的符号语言

分析哲学是现代西方哲学中最大的哲学思潮之一。

它有一些令人瞩目的优点和优势，也有一些明显的弱点和问题。

分析哲学的产生，从某种意义上讲，是对黑格尔绝对唯心主义的一种反抗。分析哲学的第一代代表人物比如罗素、摩尔等人，原本都是属于当时哲学界盛行的新黑格尔主义这一阵营的，后来纷纷反对黑格尔哲学，开辟出了自己的研究方向和研究方法。

当然，分析哲学之所以可以在20世纪初得以产生并且迅速发展、成为与现象学并驾齐驱的一种巨大思潮，一个重要的原因就在于：这门哲学使用了当时新产生的现代数理逻辑。

可能没有哪种哲学思潮比分析哲学更密切地依赖于逻辑。虽然在以前人们也研究逻辑、使用逻辑，但是像分析哲学那样把逻辑变成了一种几乎无坚不摧的利器，这几乎是没有过的。

时至今日，分析哲学的发展已经超过了现象学。这主要在于分析哲学有一个良好的传统，那就是善于及时吸收自然科学的成果——每一代分析哲学家都是如此，从罗素那一代到当代的普特南、克里普特等人，都是如此。现象学相对来说在这方面做得就差一些，他们更喜欢诗化哲学。这可以说是现象学发展缓慢、滞后，不如分析哲学那么强劲的一个重要原因。

我们前面讲怀特海时曾经说过，分析哲学是对近代哲学中的经验论的继承，它的本体论立场属于实在论。

但需要注意的一点是，康德的哲学在很大程度上也是分析哲学的重要思想渊源之一。而且，分析哲学对康德哲学的态度和现象学对康德哲学的态度也有很大区别。在现象学中，康德哲学更多的是处于一种被批判的地位，而在分析哲学中，康德哲学对则更多地处于一种被继承的地位。我们知道，罗素有一本小书叫《哲学问题》，书中所体现的思路就是康德式的、先验的思路，而他晚年那本《人类的知识》，更明显地带有康德哲学的倾向。如果仅是罗素一个人出现这种情况，我们可以说这是一个个案，但是后面还有人也出现了这种情况，就是斯特劳森，他有一本书叫《个体——论描述的形而上学》，虽然表面上是关于逻辑分析和日常语言学派的一些基础理论的，但骨子里面仍然是康德先验哲学的思路。所以我们不能忽视康德哲学对分析哲学的影响。

当然，这种影响表现在方方面面，比如有的分析哲学家是以康德的先验的思路把我们能够思考的范围界定在语言之内，从这个角度去继承康德的思想，比如斯特劳森就是这样；而有的分析哲学家则是继承他先验哲学中的构造理论，比如罗素和早期的维特根斯坦就是这样。

分析哲学的奠基者当属弗雷格。

弗雷格最早在《概念文字》一书中对传统逻辑进行了一次彻底的批判，这种批判和后来罗素所使用的逻辑分析的方法有着一种奠基与被奠基的关系。

通常来说，人们以罗素在 1905 年发表的一篇论文《论指称》作为分析哲学诞生的标志。因为，在这篇论文中罗素阐述了自己的两个重要理论，一个是逻辑分析，另一个是摹状词理论。因为这两个理论都是分析哲学的基石，所以，这篇论文的发表便被当作分析哲学产生的标志。

不过，弗雷格曾经在《概念文字》一书中对传统逻辑进行了一次彻底的批判，而这种批判和后来罗素所使用的逻辑分析的方法有着一种奠基与被奠基的关系。

因此，弗雷格是分析哲学更早的也是最早的奠基者。

弗雷格对现代西方哲学的影响是极其巨大的。

因为，除了我们上面所说的他对传统逻辑的批判对于罗素的逻辑分析的方法有直接的影响以外，他所提出的语境原则对于维特根斯坦后期的语言游戏说也有一定影响，而且他对现象学的产生也有至关重要的影响。我们知道，胡塞尔本来是一个心理主义者。心理主义认为逻辑是人的心理活动产生出来的，那么逻辑就应该归结为心理规律。这显然是把逻辑的客观性淹没了。而最早对这个结论进行批判的并不是胡塞尔，而是弗雷格。正是由于弗雷格的批评，胡塞尔才意识到自己的哲学立场是错的，由此才转向了现象学，开辟了现象学这一思潮。

所以，现代西方哲学中最大的两个思潮——分析哲学和现象学都是在一定程度上受到了弗雷格的影响而促生的。

弗雷格所谓的概念文字，实际上也就是符号语言。弗雷格认为日常语言存在着缺陷，这缺陷就在于语法形式与逻辑形式相背离。

也就是说，在日常语言当中有着两种形式，一种是表面的、语法的，还有一种是隐藏在语法形式下面的、真正的逻辑形式。而日常语言的问题就在于，它以其表面的语法形式掩盖了或者说混淆了其真正的逻辑形式，由此产生了一些似是而非的哲学问题。

正是出于这样一种原因，弗雷格认为我们应该在日常语言之外另创一种新的语言，这种语言能够避免日常语言中的这种缺陷，从而能够避免产生错误的哲学问题。这种新的语言就是概念文字，也就是符号语言。

在这种符号语言中，自变元符号是最重要的。这种自变元符号源于数学理论中的函数理论。

自变元对应的是一个句子中可以发生变化的部分。

因此，当我们说一个句子中的自变元的时候，我们说的就是句子中可变化的、可被替换的部分。

那么，自变元符号的意义是什么呢？

它的意义在于揭示了命题的真正的逻辑形式。

比如，“所有人都是有死的”。这一命题在形式上看是一个直言判断。

但是通过弗雷格的自变元这一符号，就可以把这一命题改写为：“存在 x，且 x 是人，那么 x 是有死的。”显然，经过这样一种改写，我们就会发现这实际上是一个假言命题。

后来罗素所说的逻辑分析正是这样一种方法。

更重要的是，通过这样一种改写，我们发现，原来充当主语的“人”，现在充当谓语了。

这当然可以说明它本来就是谓语，但是也在一定程度上说明了另外一个对哲学来说更重要的问题，那就是：真正的哲学命题，其主语和谓语不是不可以互换的，恰恰相反，它们是可以互换的，而且必须互换。因为只有在这样一种互换当中，否定，准确地说是自我否定，才会实现。

从这个意义上讲，自变元符号的意义绝不仅仅在于揭示出了命题的逻辑形式，更重要的是在于它能够揭示出哲学命题的本性以及能够实现哲学思维的根本特点，即自我否定或者说思辨。

也正是从这个意义上讲，自变元符号的意义就与逻各斯精神联系起来了。

逻各斯具有思辨性的内在要求，它要求一种自否性。从命题的角度讲，就是要求命题的主谓语之间互换，从而实现自否性。

我们前面讲过胡塞尔的被动综合和主动综合。我们曾经说过，从主语S过渡到谓语P，这是有一个转换过程的，即从“S”转换到“是”，而不是停留在“S”上。

如果停留在“S”上，如果没有转换到“是”上，这意味着根本就没有形成判断，而且更重要的是，这意味着没有回到“是”这一源初的起点。

同样的，假如命题的主谓语之间不能互换，那么这意味着“思”停留在了“P”上，即谓语上，同样也没有转换到“是”上。

没有回到“是”这一源初的起点，意味着与逻各斯的断裂，意味着思辨性、自否性的丧失，进而言之，意味着“人”的丧失。

所以，自变元符号的提出，在一定程度上表明了哲学命题的本性，并由此揭示了哲学思维的思辨性本质。因此，自变元符号在一定程度上体现了逻各斯的思辨性要求。

而且，当自变元符号体现了逻各斯的思辨性要求时，它实际上就承诺了逻各斯的开放性要求，而这意味着主谓命题甚至命题并不是唯一的话语方式。换言之，逻各斯的“对话性”要求在其中隐藏着。

当然，这并不是说自变元符号就是针对逻各斯提出的，而且它虽然有符合逻各斯精神的一面，但也有背离逻各斯精神的一面。

这主要在于在将语言变为纯粹符号的同时，语言本有的隐喻性被忽视了，甚至被消除了——纯粹的符号，不注重语义，也不注重语义的“增殖”，它只关注语言的“形式”。

这一维度的缺失，使得自变元符号乃至整个符号语言都背离了逻各斯精神。归根结底，这是由弗雷格的本体论立场终究是一种实在论而决定的。实在论的立场是对逻各斯精神背离的产物。因此，站在实在论的立场上，终究是不能清楚、有力、彻底地返回逻各斯的。这一立场直到后期的维特根斯坦那里才真正有所转变。维特根斯坦后期的“语言游戏”以及“生活形式”在很大程度上克服了分析哲学中的实在论立场，相应地也就在很大程度上回归了逻各斯精神，关于这一点，我们后面讲到维特根斯坦时再细说。

第二节　逻各斯与罗素的语言哲学

（一）逻辑分析与反形而上学——一种出于误解的批判

我们前面提到过罗素的逻辑分析，这是分析哲学中的一种经典方法。

逻辑分析作为一种方法，其关键之处在于量化逻辑。而量化逻辑的关键则在于用量词约束自变元，以此来充当主语。

也就是说，对于罗素来说，判断当中的主语是一个现成的东西，而现在要做的是把主语用一种量词约束自变元的方式来表示。

我们前面说过，逻辑分析这种方法奠基于弗雷格的概念文字，而概念文字又和数学中的函数理论相关。因此，逻辑分析通常用函数式来展示一个命题的逻辑形式。比如函数 f（x）中，x 是自变元，充当主语。例句："人人都有身体"，如果用量词约束自变元的方式来表示，就变成了"对于任何一个 x，如果他是人，则他具有身体"。这样一来，罗素就用这种量词约束自变元的方式指出了这个命题实际上不是直言式，而是假言式。

通过对命题的逻辑形式进行的这样一种揭示，罗素想表达的是：以往的形而上学命题都是把谓词当作主词的内在关系、内在属性，其实这是错误的，相应地，形而上学命题也就没有了意义。

罗素认为这就可以把形而上学命题全部铲除了。因为形而上学命题说的都是内在关系，讨论的主要是逻各斯、存在问题，它认为属性就是从逻各斯、从存在内部"生长"出来的，而现在凡是涉及内在属性的关系命题都被罗素认为是有逻辑上的问题，统统予以扫除，这样一来，似乎形而上学命题就被全部取消了。但其实这只是个假象。我们前面讲怀特海、弗雷格时曾经提到过，命题逻辑有一个前提性的假设——它假设这个世界是由个体组成的，没有什么观念性的东西，没有什么精神性的东西，这是这种逻辑的本体论基础。正因为有了这样的假设，所以才不会有对这个个体从何而来的追问——逻各斯的生成性被丢掉了。相应地，属性也不再是从自身当中"生长"出来的、内在的东西了，而是成了外在的东西。所以，当罗素把判断看成是这种外在的连接时，那是有一定的前提的，那就是他认为一切都是由现成的个体组成的，或者也可以说，真实存在的只有个体。

因此，如果我们的本体论立场跟罗素不一样，我们不认为个体是现成的，我们要求有一个生长、涌现的过程，我们遵守古老的逻各斯原则，那么我们是否还需要必须认为罗素说的东西是正确的？

罗素之所以认为形而上学命题有问题，是因为他的本体论立场乃是一种实在论的立场。我们说过，这种立场本身就是对逻各斯的背离的产物。

因此，罗素对形而上学——或者更准确地说——对真正的形而上学的批判是不能成立的。

同样地，如果我们站在逻各斯的立场，那么我们就不会认为罗素说的是对的。

严格来说，罗素所能反对的这样一种形而上学，即康德所批评的那种形而上学，亦即知识的形而上学。

在此我们也需要注意，形而上学命题与经验命题到底有何不同。

在我个人看来，这两种命题如下区别：

（1）经验命题探讨的是存在者，即罗素所说的个体。形而上学命题研究的是存在本身。

（2）经验命题遵守的是形式逻辑的规律，排中律、矛盾律，等等。但是形而上学命题遵守的不是形式逻辑的规律。

罗素说形而上学命题是有问题的，其实就是想说它有逻辑上的错误，它不遵守逻辑规律。但是通过区分这两种命题，我们想要说明的是，形而上学命题遵守的恰恰不是罗素所说的这种逻辑规律。因为形而上学研究的是存在、逻各斯，它采取的是思辨的思维方式，是一种思辨的逻辑，因此它超越了以实在论为本体论基础的形式逻辑。

应该提一句的是，罗素的逻辑是数理逻辑，是量化逻辑，似乎与形式逻辑有所不同。但是，这种量化逻辑的本体论基础是什么？对于罗素来说，这个基础在数学当中。而数学作为一种自然科学，其本体论基础仍然是实在论。

因此，在这基础上建构起来的数理逻辑仍然是一种知性思维，还是在“对象”那里打转，在“对象”层面跳来跳去，还是没有回到源初的逻各斯。

而形而上学命题所遵守的思辨逻辑，其本体论基础在逻各斯本身里面。

由此可以看出，形而上学命题和经验命题遵循不同的逻辑，而这源于二者各自不同的本体论基础。

因此，从实在论的角度出发看形而上学命题，自然会觉得有“问题”。

罗素就是站在这种实在论的立场上才会认为形而上学命题是有问题的。

从这种实在论的立场出发，逻各斯的活生生的生成过程被遗忘了，于是命题变成了一种机械的、外在的连接。正因为命题得以构成的这一基础——逻各斯——被遗忘了，所以也就混淆了形而上学命题和经验命题的基础。或者也可以这样说：当逻各斯被遗忘时，形而上学命题的本体论基础及其相应遵守的逻辑被视为与经验命题的本体论基础及其相应遵守的逻辑是一样的。打个比方说，就是把形而上学命题“强扭”到经验命题的本体论立场和逻辑规范之下。也因为如此、正因为这是一种“强扭”，所以从经验命题的本体论立场和逻辑规范出发来看，形而上学命题才会显得“不伦不类”。这样一来，形而上学命题就好像有“问题”了。

所以，我们一定要注意，形而上学命题本身并没有问题，只是在混淆了形而上学命题和经验命题的本体论基础以及逻辑规范时，只有在单一地用形式逻辑来衡量一个命题是不是合理时，才会出现所谓的“有问题”。然而形式逻辑也好、数理逻辑也好，作为一种实在论的相关产物，只能用来衡量经验命题是否合理，它根本不能用于衡量形而上学命题是否合理。

（二）从逻辑分析到语词分析——一种背离逻各斯的语言观

罗素在研究语言问题时，不仅从逻辑的角度加以研究，而且还从语词的角度加以研究，他对各种语词做了大量的、仔细的分析。这些分析看似琐碎，其实都是围绕一个核心目的的，那就是消除形而上学。

罗素认为例如像通名这类语词极容易产生“形而上学”。因为它们容易使人误以为有某种超越的东西存在。所以，他强调只有专名才能充当主语。后来更严格了，专名也不行了，只能用“这”“这个”来充当主语，罗素称之为自我中心特称词。就是说有一个“我”在这里说话，通过“我”的说话、所指，才指向了一个对象，或者说才有一个对象被指出来。

这显然还是我们上面所说的那种情况，即认为只有个体才是真实存在的，是一种实在论，而且比单纯的逻辑分析所表露出的实在论倾向还要严重。

我们不妨顺着这种越演越烈的实在论倾向往下走，看看最后会发生什么。

既然必须用这种自我中心特称词来说话、指称，那么这就意味着在说话和指称过程中已经预设了一个“自我”。

那么，这个“自我”是不是形而上学的假设呢？换言之，它属不属于罗素要批判的对象呢？

如果是，那就等于说罗素以一个应该批判的形而上学假设做了前提，这违背了他自己的初衷；如果不是，则意味着存在至少一个形而上学对象是罗素反对不了的，这似乎也和他的初衷相反。

而且不管它是与不是罗素要批判的对象，它都是罗素意义上的说话的前提，也就是说不能没有它，没有就没法说话，至少没法指称。从这意义上讲，就算它是罗素要批判的对象，也不能去批判。

所以，实在论走到尽头是自相矛盾的，是真正的自相矛盾。

当然，你可以换一种“说话”的方式，你可以像后来的卡尔纳普那样画一个坐标轴，横纵坐标代表时间和空间，于是四个象限里的每一个点都对应着固定的时间点和空间点，这就把一个事件确定了。甚至像心理学里的结构主义那样来“说话”，比如说我现在看到了一本红色的书，按照结构主义的说法，那就不能说我看到了一本红色的书，而只能说我看到了一个长方形的东西，它的表面是红色的，等等。

这真的是很精确，但是不知所云。

从逻辑分析到语词分析，实在论的立场始终贯穿着罗素的思想。

正因为如此，专门也好、自我中心特称词也好，都是一个“标签”，“贴”到那现成的实在之物上，然后再在这个基础上形成一个所谓的直陈式命题，就算完成任务了。

显然，罗素对命题、语词的这种理解是语言本身的一种误解或者说偏见。

用我们的话说，罗素只看到了语言的指称性作用，但是没有看到语言的开启性这一更为根本的作用。

这种语言观是由他的实在论立场决定的。实在论立场作为一种背离逻各斯的产物，决定了其语言观必然背离了逻各斯的对话性和隐喻性，它既不强调对话，也不强调隐喻，只是把语言看作对现成的实在之物的指称。

但是，罗素后期的语言观有所改变，关于这一点，我们稍后会谈到。

（三）逻辑原子论——回归逻各斯的契机

除了逻辑分析、语词分析之外，罗素还提出了逻辑原子论这种理论来消除形而上学。

逻辑原子论有一个内在的要求，那就是亲知原则。具体说来，就是在一个原子命题当中出现的每一个词必须通过与经验的直接关联而获得其意义。

由此可见，逻辑原子论实际上是把意义建立在“指称”的基础上的。罗素认为甚至词的意义就是它所指称的对象。

这显然是不对的。词的意义和它所指的对象并不是一回事。意义属于人的语言实践领域，它对于自在的对象既具有独立性又具有超越性。关于这一点弗雷格已经做过区分，胡塞尔在《逻辑研究》中也谈到过二者的不同。

不过，罗素在此想要表达的意思倒是可以想见的，那就是词的意义和对象之间有一种联系，只不过罗素想当然地认为这种联系就是一种同一关系，即意义就是对象。

由于词的意义是通过与经验的直接关联而获得的，所以由此构成的原子命题是绝对没有问题的，是真的，然后以此为基础构成分子命题，等等。罗素认为按照这样一种方式构成的命题才是真实可靠的。

显然，按照这一标准，形而上学命题无论如何都不是“真实可靠”的。因为形而上学命题里的语词的意义并不是通过与经验的直接关联而获得的，恰恰相反，从逻各斯对隐喻的诉求这个角度讲，形而上学命题里的语词的意义是通过对经验的、日常的语义的超越、变化而实现的。

所以，用逻辑原子论这种理论来消除形而上学，实际上还是对形而上学命题与经验命题的一种混淆。

我们前面说过形而上学命题与经验命题的两个区别，这里我们要加上第三个区别，那就是：形而上学命题里的语词的意义是通过对经验的、日常的语义的超越、变化而实现的，而经验命题里的语词的意义则是通过与经验的直接关联而获得的。也可以这样说，经验命题里的语词遵守日常语义，而形而上学命题里的语词则恰恰是要打破日常语义。

实际上，词的意义和其所指称的对象之间存在着的那种联系，就是胡塞尔意义上的意向关系。

我们前面讲胡塞尔时曾说过意向性有一个本质性的特点，就是超越性。后来的塞尔也讲意向性。但塞尔说的意向性和胡塞尔说的意向性大相径庭。看起来好像差不多，其实有本质的区别，因为塞尔没有强调意向性的超越性，胡塞尔是特别强调意向性的超越性的。

这个超越性是从哪里来的呢？

胡塞尔认为作为意向行为的表述都具有“含义”。含义是什么呢？它是观念的统一性，是语义的同一性。

这意味着，含义从语言的层面表现出来，并不一定就是一个词，它可能是一个词，但也可能是一个命题，甚至可能更复杂，是一段话、一篇话，等等。但是无论怎么变，只要有表述，就有含义。

就是这含义使意向性具有超越性。

因为含义是表述的含义，而表述作为一个意向行为是要意指某个对象的，而表述作为一个意向行为能够意指某个对象，就是因为它具有“含义”，是“含义”使表述作为一个意向行为超出自身有所指向。

所以，通过含义这种东西，语言和对象之间建立起了联系。但那绝不是罗素所认为的那种直接同一的关系，或者“贴标签”式的对应的关系，而是一种意向关系，即任何一个语言行为作为一个意向行为而言都带有意向性，带有超越性，超出了自己而有所指向。

罗素当然不会这样认为，也认识不到这一点。从某种意义说，胡塞尔对语言的一些理解恐怕比一些专门研究语言的哲学家要深得多。

罗素之所以不会这样认为，是因为在他看来，语言所去指称的是一个现成的事物乃至世界，因此这里面只存在对应关系，不存在构造关系。说得更清楚一点，那就是还是因为他的本体论立场是一种实在论的缘故，才导致了他对语言和其所指称的对象之间的关系的这一看法。

所以，实在论立场给罗素的语言观带来的影响不止我们前面说过的，只看到了语言的指称性作用而没有看到语言的开启性作用，还表现在他对语言和其所指称的对象之间的关系的看法上，而正是在这一看法的基础上才有了逻辑原子论这一理论。

因此，逻辑原子论实际上是实在论的一种表现或者说产物。从这个意义上讲，它本身就背离了逻各斯，因此既不可能反对真正的形而上学，也不可能理解真正的形而上学。

但是，逻辑原子论却也有其积极的意义。这里所说的积极的意义，是指它以某种方式和逻各斯关联着。尽管这种关联不足以使其符合逻各斯的精神，但是却说明了一个问题，那就是逻各斯的精神是无法抗拒的，即便你遗忘了它，甚至竭尽全力去否定它，却在不知不觉中与它暗暗地关联着。

我们前面说过罗素的语言观在后期有所变化。这种变化和逻辑原子论有些关联。

当罗素认为原子的意义是通过与经验的直接联系而获得的时候，这意味着罗素对语言的理解已经开始发生了一点变化。因为这虽然还是把语言看成一种实在论立场上的“贴标签”式的、对应性的活动，但是这同时也表明了罗素对语言的本质的理解不再简单地限制在“命题”上了。因为当意义作为沟通的桥梁来沟通语言和实在的时候，实际上就等于道出了语言的本质：实践——语言本身就是实践。

因为语言本身通过中介性的意义就在指涉外部的世界。当它在指涉外部时，不仅是描述这个世界，然后形成一个个命题，在这里重要的是要先形成沟通——语言要跟世界进行沟通，通过意义跟世界沟通。因此，语言首先的功能和任务就不是描述而是沟通——你得用意义先沟通上，然后才能描述这个世界是什么样子，不能没有沟通。所以，当罗素强调意义、原子，强调中介性的时候，他对语言的理解无形中就变了：语言不是先去描述，而是先去沟通。

当然了，如果你问罗素这种沟通是怎么实现的呢？他很可能还会说就是靠意义。也就是说，他还是会认为意义和实在之间是直接对应的。但是，毕竟“沟通”这种意思在这里已经有了，相对来说是一个进步。因为沟通离“对话”已经很近了。这样一来，罗素对语言的理解无形中就有了一个变化，就有了从强调命题向强调对话的转变的可能。换言之，罗素具有了回到逻各斯意义上的语言观的可能。而这也正是我们说逻辑原子论以某种方式和逻各斯关联着的原因所在。因为逻辑原子论所表明的正是这样一种对语言的看法。虽然这种方法还不是真正逻各斯意义上的语言观，但离它不再那么遥远。

但是这是否意味着罗素的本体论立场发生了转变呢？也就是说，是否意味着罗素抛弃了实在论呢？

应该说，有这种倾向。因为罗素最后所采取的是一种中立一元论的立场。

中立一元论作为一种一元论，实际上就是否定了对象的现成性。但这是否说明罗素的思想彻底回归逻各斯本身呢？

严格来说，答案是否定的。因为没有直接的迹象表明这一点。我们只能说，他的思想有回归逻各斯的倾向，并且影响到了他的语言观的变革。这典型地体现在他的《意义与真理的探究》一书当中。

罗素在这本书里谈到了对象词、对象语言、逻辑语言等等。他明确地说词的基本功能除了指称还有呼唤。[①] 而且指出："在成年人的生活中，当你使用一个语词时，你之所以使用它，通常不仅是因为这个词所'指称'的东西出现在感官之前或者出现于想象之中，而且也是因为你希望你的听者做出一些与它有关的事情。"[②]

很显然，罗素此时对语言的理解已经不局限在指称性上了，他更多的是从语用学的角度去理解语言。当然，这并不意味着，更不能说明他就是从逻各斯的角度去理解语言了。因为，虽然从逻各斯的角度讲，语言须是活生生的，亦即强调语言的语用维度，但不是说只要从语用维度去理解语言，就是从逻各斯的角度去理解语言了。恰恰相反，有的时候，从语用的维度去理解语言，可能是对语言的逻各斯本性的一种遮蔽。换言之，语用是由逻各斯本身决定的，语言该怎么使用，其法则植根于逻各斯，如果脱离或偏离了这个基础，那么语言在使用上就会变得盲目或者自以为是，而无论是哪一种情况都是对逻各斯的遮蔽。

---

① 参见罗素《意义与真理的探究》，贾可春译，商务印书馆2009年版，第23页。

② 同上书，第24页。

总的来说，以逻辑原子论为契机，罗素对语言的理解越到后来越接近逻各斯精神，越向这方面去转化，以至于他已经不大提起逻辑分析了。

第三节　逻各斯与维特根斯坦后期语言哲学

（一）对形而上学的语义学批判及其问题

我们在上一节里讲过罗素对形而上学的批判，也说过他这种批判的不合理之处。

如果说罗素以及早期的维特根斯坦主要是从逻辑的角度去批判形而上学，那么后期的维特根斯坦就主要是从语义的角度去批判形而上学。

然而，维特根斯坦从语义的这个角度去批判形而上学命题是否能够成立？

维特根斯坦从语义这个角度出发批判形而上学命题没有意义。原因在于：在他看来，词的用法就是日常的用法，超出日常的用法，那么这个词的用法就是没有意义的。而形而上学命题对词的使用恰恰就超出了日常的使用意义，因此形而上学的命题没有意义。

但是我们不能这么看问题，包括维特根斯坦自己在这里面也有一个自相矛盾的地方。因为维特根斯坦有一个更广为人知的口号——“词的意义在于使用。”既然如此，那么形而上学命题里所包含的词，是不是在被“使用”？肯定是在被使用。既然被使用了，那就有它的意义了。因此怎么能说形而上学命题没有意义呢？它应该是有意义的。换句话说，词的意义不应该像维特根斯坦所说的那样就限制在日常的使用范围内，它有一个超出日常的使用范围，那就是形而上学的维度。

我们曾经区分两种命题：形而上学命题和经验命题。经验命题从逻辑的这个角度讲，它遵从的是形式逻辑，它要遵循排中律、不矛盾律等，但是形而上学命题不是这样的，形而上学命题遵守的是思辨的逻辑。而且，形而上学命题的逻辑形式也不像经验命题那样表现为“是什么”这样一种形式，而是“既是什么又是什么”“既不是什么又不是什么”这样一种形式。换句话说，从逻辑或者说从语法这个角度讲，形而上学命题与经验命题本来就是不一样的。

同样的，在语义方面，形而上学命题和经验命题也完全不是一回事——这一点我们在上一节曾经提到过，那就是形而上学在语义方面本来就是对日常语义的一种违反。

我们曾经说过，哲学在很大程度上就像柏拉图所说的那样，它需要“回忆”。回忆又和缪斯有关——回忆女神是缪斯的母亲，而缪斯是掌管诗的女神。因此，从这个意义上讲，哲学必然与诗歌相关，那么诗歌用什么来表达呢？是用隐喻。所以哲学必然要用隐喻来表达。

而什么是隐喻呢？隐喻就是语义的变化、投射、凝缩，换句话说，一个真正的隐喻一定是对一个日常的语义的发挥，正因为如此它才能体现一种新颖性。如果没有违反日常语义，没有体现新颖性，谁会认为那是一个隐喻呢？例如我们说老虎在咆哮，谁也不会认为这是一个隐喻。但你要是说石头在咆哮，那么大家就会认为这是一个隐喻。因为“咆哮”这个词在日常当中不会用到“石头”上。你把一个本来不应该用在“石头”上的词用到了、投射到了“石头”上，这就形成了一种新的东西——在这个新的使用、新的组成当中，在这个主词“石头”和谓词“咆哮”之间形成了一种从所未有的或者我们之前从未注意到的新的关系，而且这种关系本就是一种原始的关系，这种关系就是卡西尔意义上的“生命一体感”。所以，只有对日常的语义有所违反才能构成隐喻。那么这说明什么问题呢？这说明哲学或者说形而上学命题作为一种隐喻式的表达方式，它必然是要违反日常语义的。我们哲学史上第一个哲学命题“水是万物的本原”，这就是一个隐喻——它把本原比作了“水”。所以哲学或者说形而上学命题从一开始就是隐喻式的，就是违反日常语义的。因此不能用是否遵守日常语义这个标准来衡量形而上学命题是否有意义，不能因为形而上学命题不遵守日常语义，就说它没有意义，因为它本来就是违背日常语义的。所以维特根斯坦这种批评是无效的。

其实要想区分形而上学命题和经验命题，有一个比较好的办法，就是塔尔斯基所说的元语言和对象语言的区别。

什么是对象语言呢？就是用来表述外部实在的，这叫对象语言。什么叫元语言？就是以语言本身为对象的，这叫元语言。

从这个角度讲，形而上学命题和经验命题的区别就是元语言和对象语言的区别——前者是元语言命题，后者则是对象语言命题。

经验命题是站在实在论立场上说话的，它要描述外部的经验的实在，所以它要坚守形式逻辑，要遵守排中律、不矛盾律等，也要遵守日常的语义。而形而上学命题则不是这样。形而上学命题根本不是站在实在论的立场上，不以这样一个立场作为出发点，而是以逻各斯、以存在为出发点。相应地，它超越了形式逻辑，也超越了日常的语义。形而上学命题从某种意义上讲就是以语言本身为对象。这一点，我们在第一章里讲到毕达哥拉斯时就曾经提过——毕达哥拉斯用范畴来推动思辨的进行。这实际上就是想把一切问题转化为语言层面的问题。

因为当一组一组范畴出现的时候，实际上就是设定一些相反的“情境”。通过设定相反的情境，推动思辨的展开。

另外，毕达哥拉斯把语言所指那一极给去掉了，只剩下能指这一极了，亦即把语言变成一个自身封闭的系统——它只是在自身之内指来指去。这样一来，一切问题就都转化为语言自身内的。

形而上学就是这样的，它是以语言自身为对象的，不以外部实在为对象。这种倾向一直在形而上学里隐伏着。

形而上学以语言自身为对象而非以外部实在为对象，这说明它不产生任何关于外部实在的知识，因此——就像康德说的那样——形而上学不可能给我们增加知识。

然而，虽然形而上学不能够给我们增加知识，但是却能为知识的产生提供前提，也能为知识做正确性、合理性辩护。

如果说经验命题体现的是人类对知识的渴望，那么形而上学命题体现的就是人类对自由的渴望。换句话说，就像我们一开始讲的那样：人类有两种追求，一种追求确定、稳定，另一种追求自由、开放。经验命题满足的就是前者，而形而上学命题满足的则是后者。

经验命题作为一种思维方式，就其所采用的乃是一种知性的思维方式而言，它遵守形式逻辑和日常语义，而这些都是抽象的普遍性。从这个角度讲，经验命题慢慢就变成一种带有支配性的符号，正是这种支配性的符号保证我们的行为具有一致性、我们的社会具有稳定的秩序。但是，它也它的问题，那就是作为一种抽象的普遍性，将每一个个体都“拉齐扯平”，从而阻碍了个体性生命的充分实现。

而形而上学就是对这一问题的解决。形而上学不是要求每个人都变成一模一样的，而是要求彰显个体性的差异。亚里士多德就讲个体。这个个体，我们往往理解为具体的“事物”。其实，它也是具体的“人”。所以，亚里士多德讲个体，并不是仅仅要研究具体的事物，而是要告诉我们形而上学要研究的、要实现和成就的是个体性的生命。形而上学绝不是要把所有个体的差异全都抽象掉，然后作为一个“类”摆在那里，那不是形而上学，那是科学。这也正是当年胡塞尔所说的“欧洲科学危机”。

形而上学要保持的恰恰是个体性的、鲜活的生命，要体现差异。如果你把这些差异都抽掉了，那就不是形而上学了。

所以，亚里士多德强调个体的形而上学，不是说把一个个体当成一个对象摆在那儿，然后再从其身上得到“知识”，而是试图强调：那是一个生命，是有差异性的，重要的就是要把生命的差异性实现出来，形而上学做的就是这项工作，也只有形而上学才能做这项工作。

综上所述，维特根斯坦从日常语用的角度对形而上学的批判是不能成立的。

但是，与此同时，维特根斯坦自己的思想却也在悄然地发生着变化。

（二）生活形式与逻各斯

事实上，在维特根斯坦后期，存在着一个语言观转向的问题，与此相伴随的是一个本体论立场转变的问题。

维特根斯坦在《哲学研究》里指出："说明总是要在某个地方终止。"①

那么在什么地方终止呢？

就是在所谓的"原始要素"那里终止。

关于原始要素，维特根斯坦是这样说的："对我们以及其他一切事物均借以构成的原始要素——姑且这样称呼它们——是没有说明的；因为对自在自为存在的事物我们只能加以命名，而不可能对其做出任何别的规定……对于它来说，除了单单一个名称以外，什么也不可能有；它的名称就是它所具有的一切。"②

他又说："一个名称正是以这种的或多少与之类似的方式意味着一样东西，或给予了一样东西。——下面这种做法在哲学上将经常被证明是有用的：对我们自己说，给一样东西命名就好像给一样东西贴上一个标签。"③

显然，维特根斯坦在此对语言持一种"指称性"的看法，即把语言看作一种指称活动。

但是，就在这同时，一件奇怪的事情发生了，那就是维特根斯坦对语言的这种"指称性"的看法在悄然地发生着变化。

这种变化可以从维特根斯坦自己的话里看出："词的功能……

---

① 维特根斯坦：《哲学研究》，李步楼译，商务印书馆 2000 年版，第 4 页。

② 同上书，第 32 页。

③ 同上书，第 11 页。

是多种多样的……词的应用并没有清楚地在我们面前出现。”①

这显然不是把语言仅仅看成指称性的，至少没有把语言仅仅看成固定的指称。

换言之，维特根斯坦在此强调了语言在其使用中的意义增长。这很类似于现象学—解释学的语言观。

这两种截然不同的语言观都集中出现在《哲学研究》的前二十段话里。

可见，维特根斯坦此时并不是只将语言看成指称性的，而是在承认其指称性的基础上指出了它的另一种特性，就是我们所说的“开启性”。

这种暗藏着的、对语言的实际看法，与其本体论立场的转变是联系在一起的。

如果说维特根斯坦早期的本体论立场是一种逻辑原子论并因而是一种实在论，那么此时他的本体论立场则转向了我们所说的“逻各斯”“地平线”及“活”的界限。

为什么这么说呢？

此时的维特根斯坦提出了一个概念：生活形式。

关于生活形式，维特根斯坦是这样说的：“必须接受的东西、给予我们的东西、乃是——人们可以说——生活形式。”②

既然生活形式是“必须接受的”，那么这意味着什么呢？“什么”是“必须接受的”呢？

当然是境域，是“地平线”，是那“活”的界限、逻各斯。

因为只有它，其外才是“无”。因此对它的怀疑与否定，是不可能的。因此，它是无可怀疑，无可否定的，因而是必须接受的。

从这个意义上讲，当维特根斯坦提出“生活形式”并对之如此理解时，这意味着他的本体论立场发生了彻底的转变。

---

① 维特根斯坦：《哲学研究》，李步楼译，商务印书馆2000年版，第9页。

② 同上书，第345页。

与此相应的，是维特根斯坦对逻辑原子论的自我批判。

他质问：“当我作出一个关于摩西的陈述时，——我是否总是用这些摹状词中的某一个带代替‘摩西’？我也许会说：我所理解的摩西就是那个做了圣经中归于摩西的那些事的人，或至少是做了其中很大一部分事的人。但是，到底做了多少？我是否已经确定，必须证明有多少为假，我才能把我的命题当作假命题而放弃？”①

这是对摹状词理论的一种诘难。而摹状词理论实际上就是以逻辑原子论为基础的。从某种意义上讲，摹状词理论是一种还原理论。它力图还原出“原子”，这倒没什么不对。但是，它却停在了“原子”上，亦即终究还是停留在了“对象”上，与“境域”“地平线”失之交臂。

因此，对摹状词理论的诘难意味着维特根斯坦对逻辑原子论的一种批判与反省，也意味着他向“境域”“地平线”的转向。

而这种新的本体论立场，由于其所强调的是不断的、活生生的“显现”，因此相应地，语言就不再是一种固定的指称，而是不断的“开启”，是意义的增长。

由此，语言从单一的指称性中摆脱出来，“象征”与“解释”得以可能。

语言观上的这种变化与本体论立场上的这种转变之间的关联，在维特根斯坦自己的那句话里体现得最为明显：“想象一种语言就意味着想象一种生活形式。”②

语言就此恢复了其逻各斯的本性。这不仅体现在“对实指定义都可能作各种各样的解释”上，即不仅体现在意义增长、隐喻性的复活上，还体现在“每个陈述都包含一个问题”上，即体现在思辨性、对话性的复活上。③

---

① 维特根斯坦：《哲学研究》，李步楼译，商务印书馆2000年版，第55页。

② 同上书，第12页。

③ 同上书，第16、21页。

语言的逻各斯本性——思辨性、对话性、隐喻性，在此得到了强调。

所以当维特根斯坦说“哲学不应以任何方式干涉语言的实际使用；它最终只能是对语言的实际使用进行描述”时，他并不是要取消哲学或者是认为哲学没有任何积极意义，恰恰相反，他是在说哲学的任务就是在于保持语言的思辨性、对话性、隐喻性，而不能对其进行破坏。这里所说的“描述”，是一个展现的过程，展现出语言源初的性质，亦即保持语言的逻各斯本性。①

对这种本性的复活，还体现在维特根斯坦对“规则”的理解上。

维特根斯坦认为规则必定带有“含糊性”。他打了个比方：“我们是在没有摩擦力的光滑的冰面上，从而在某种意义上说这条件是理想的，但是，正因为如此，我们也就不能行走了。我们想要行走：所以我们需要摩擦力。回到粗糙的地面上来吧！”②

这个比喻是绝妙的，它道出了“规则”从语义的角度讲必然带有“含糊性”。而这“含糊性”不是消极的，而是积极的、必要的，实际上这种“含糊性”正是意义增长的基础，从而“规则”才能保持一种活生生的开放性。

所以“规则”很难说是一个“路标”，毋宁说，它是一束或一丛路标。这可能给人造成迷惑，但是却保持了可能性与开放性。

这暗示了维特根斯坦此时已经开始不再一味地追求“确定性”。他说：“如果我给出的太阳离我们的距离没有准确到1米，或者我给细木工的桌子宽度没有准确到1毫米，那么，这是不是不准确呢？”③

维特根斯坦一针见血地指出了：“‘不准确’实际上是一种责备，而‘准确’则是一种赞扬。”④

---

① 维特根斯坦：《哲学研究》，李步楼译，商务印书馆2000年版，第75页。

② 同上书，第70页。

③ 同上书，第63页。

④ 同上。

换言之，在所谓的准确与不准确当中隐含着一种价值倾向。然而这种价值倾向的基础却是所谓的“基础主义”或“本质主义”——“它源自这样一种追求，即要理解一切经验事物的基础或本质。”①

而基础主义和本质主义归根结底还是一种实在主义、一种实在论。

因此，维特根斯坦在此暗示了不同的本体论立场将产生不同的价值倾向。相应地，当本体论立场发生转变时，其价值倾向也会发生改变。因此，当维特根斯坦转向作为“境域”“地平线”的“生活形式”时，其价值倾向就必然会发生改变，于是就出现了对“开放性”“可能性”的倾斜。

与此有关，维特根斯坦还谈到了规则的应用。他仍然是通过使用比喻来说明问题，他打了这样一个比方：“一个序列的开头乃是不可见地铺向无限远的路轨的可见的一段——这种看法是从哪里来的？好吧，我们可以来考虑路轨而不去考虑规则。无限长的路轨对应于规则的无限制的应用。”②

由此可以看出，维特根斯坦是拒斥一种“放之四海而皆准”的规则的。在他看来，如果认为一条规则能放之四海而皆准，即可以“无限制的应用”，那么这只能是一件想象中的事情。

维特根斯坦的这种看法，是和他的本体论立场的转变相一致的。

乌尔利希·梅勒曾经说到过“伦理问题的双重性”，即“‘在具体的处境中要做什么？’以及‘如何把我作为整体的生命转变为一种伦理生命？’”③。

这似乎是个“真”问题，是个“两难”问题，事实上我们在现实生活中也确实常常会遇到。

---

① 维特根斯坦：《哲学研究》，李步楼译，商务印书馆2000年版，第63页。

② 同上书，第127页。

③ 乌尔利希·梅勒：《埃德蒙德·胡塞尔：从理性到爱》，陈联营译，曾云校，载于《中国现象学与哲学评论》第十五辑，上海译文出版社2014年版，第325页。

但是，只要我们回忆一下哲学在开端处对戏剧的超越，就可以明白这一“两难”问题实际上是由于还停留在知性思维方式之中、没有进入思辨的思维方式之中而造成的。进而言之，就是还停留在实在论的层面上，没有转向逻各斯。

当人们转向逻各斯时，由于它是“活”的界限，但又是活的“界限”，因而这最高的规则本身就是辩证性的。

所以，以此为依据而制定的规则既具有灵活性，又具有严格性。其中，严格性体现在这些规则必须始终遵循逻各斯，这是“本”，不能变。而灵活性则体现在遵循逻各斯并不是遵循狭隘的“条条框框”，在面对一个个具体事件时，要“跳出”那狭隘的“条条框框”，直指逻各斯本身。换言之，就是要在狭隘的“条条框框”与作为最高规则的逻各斯发生冲突时，选择逻各斯而不是别的什么。

正是从这个意义上讲，对于已经转向逻各斯的维特根斯坦来说，才不存在着可以“无限制的应用”的规则。因为对于此时的他来说，那只能是一种“僵化”，恰恰是对逻各斯的背离。

所以，相应地，此时的维特根斯坦实际上已经触到了伦理的真实核心，那就是遵守逻各斯，像逻各斯那样，像“活”的界限那样，不断实现自身又始终尊重他人，以此来指导自己的行为，而不是以别的什么来禁锢住自己——真正的伦理与真正的生命在源初的逻各斯那里是统一的，因而真正的伦理绝不会是禁锢甚至有损于生命的东西。

附论　维特根斯坦的生活形式与胡塞尔的生活世界

维特根斯坦之所以提出“生活形式”这一概念，与其前期的理论困境有关。维特根斯坦前期的理论困境可以分为两个方面：“本体论困境”与“方法论困境”。“本体论困境”指的是维特根斯坦前期所持有的逻辑原子论立场给他带来的困境，“方法论困境”指的是维特根斯坦前期所采用的逻辑分析这种方法给他带来的困境。逻辑原子论立场给维特根斯坦带来的困境在于当一切还原为逻辑原子时，就没有了运动和生成的可能性，没有了创造和发展。这显然不符合世界是运动的、发展的这一客观事实。所以，维特根斯坦必须抛弃这种立场，进行转向，而且必须转向一种能够符合世界运动、发展这一客观事实的理论。逻辑分析给维特根斯坦带来的困境则在于这种方法把语言限制在了命题这种形式上，使语言失去了丰富性和多样性。所以，维特根斯坦也必须抛弃这种方法，转向一种能够满足语言丰富性和多样性的理论。

“生活形式”正是能同时满足这两个转向之要求的理论概念。首先，“生活形式”具有源初性，它是生成的、运动的、发展的、变化的，符合世界运动、发展这一客观事实；其次，“生活形式”具有开放性，它是多样的，所以能够满足语言的丰富性和多样性。

更重要的是，“生活形式”具有教化性。生活具有现实性。我们每个人都是在现实的生活中。我们在生活中接受教化，懂得道理，学会做人。

因此，从“生活形式”这一概念来看，维特根斯坦后期哲学并不是一种简单的语言批判。在语言批判的外表下，其所表达的实际上是一种“生活批判”，也是人的一种自我批判。通过自我批判，我们实现了开放性，实现了自我发展，同时也实现了自我价值。

可以说，维特根斯坦后期哲学的两大主题就是“教化”与“发展”。教化是基础，发展是目的。个人只有在社会的教化中才能实现自身的发展，如此便较好地处理了个人与社会之间的关系。同时，社会也只有在历史的教化中才能实现自身的发展，如此便较好地处理了传统与现代之间的关系。这样一来，便实现了在个人与社会之间、传统与现代之间等多领域、多方面的和谐。

“生活世界”是胡塞尔晚期代表作《欧洲科学危机与超验现象学》中的重要概念。

胡塞尔在《欧洲科学危机与超验现象学》中首先批判了伽利略的观点，认为伽利略意义上的世界是一个“无主体”的世界，而世界是属人的，人也必然是在世界之中的人，人与世界是相互内在的。这个意义上的世界，就是胡塞尔所说的“生活世界”。

联系胡塞尔晚期另一个重要概念“视域”来看，“生活世界”实际上就是一种视域。视域，本义是指事物得以显现的背景，因此它具有非对象性、非主题性的特征，它不是一种既成性，而是一种潜在性。因此，生活世界作为视域是一个不断生成、创造的过程。人活在“生活世界”当中，因此，人的生命是一个不断生成、创造的过程。

另一方面，视域作为事物得以显现的背景而言，也具有界限、限制之义。因此，生活世界作为视域固然是一个不断生成、创造的过程，但并非没有节制、没有界限。这体现在人的生命方面，就是自律。

因此，人的生命是创造与自律的结合。只有在自律的前提下，才能进行真正有效的创造。在创造中，也要严于自律。创造体现自由，自律体现道德。创造与自律相结合的人生是自由与道德相结合的人生。因此，所谓“生活世界”，就是自由的、道德的世界。

从中可以看出，维特根斯坦的“生活形式”与胡塞尔的“生活世界”颇有相通之处：二者都是对实在论的一种抵制，都是对源初生活的一种回复，都追求生命的开放性、创造性与伦理性。

第七章　逻各斯与卡西尔的哲学

卡西尔的哲学通常被称为文化哲学、价值哲学，等等。我们这里重点从其对语言问题的一些阐发入手，着重阐明其与逻各斯之间的关系。卡西尔强调人类语言的本质在于它是一种命题语言，即表达客观意义的语言。但卡西尔进一步强调人类语言更为重要的本质在于“对话”，并由此批判早期分析哲学仅仅将语言限制在“命题”范围内进行研究的立场。卡西尔对语言对话性的把握，体现出了他对逻各斯的认同。正是以逻各斯为基础，卡西尔才会得出语言的对话本质及其相关结论。因此，总体而言，卡西尔的哲学是以逻各斯为基础、为指向的，通过对语言的逻各斯基础的展示，将“人”的逻各斯的本质标明出来。

第一节　逻各斯与命题语言

卡西尔认为，人之所以为人，关键在于人使用“符号”，更准确地说，是使用“命题语言”。与命题语言相对的，是“情感语言”。命题语言能够表达客观的意义，而情感语言只能表达主观情感。所以，卡西尔认为，命题语言是人和动物的分界线。①

然而命题语言也并不是最原始的，它以“命名”活动为奠基。

命名这种活动并不是像石里克等人所认为的那样，是一种简单的、“贴标签”的活动。关于命名这种活动，我们前面已经提到过

① 参见卡西尔《人论》，甘阳译，上海译文出版社2004年版，第42页。

一些。实际上，命名一个是“同化”的过程。另外，在这种活动当中，总是包含着某种价值取向或者说兴趣偏好。除此之外，命名活动还有一个特点。那就是“召唤性”——卡西尔、海德格尔以及当代政治哲学家沃格林都提到这样的观点，他们都认为命名具有一种“召唤性”。

现在我们来看命名活动的这三个特点：

命名活动的第一个特点是：一种同化作用。这符合逻各斯的什么含义呢？同化，实际就是一种“汇集”的作用，所以它符合逻各斯“汇集”的含义。

命名活动的第二个特点是：它包含着一种价值倾向或者说兴趣偏好。这一点又符合于逻各斯的哪个含义呢？根据词源学考察，逻各斯的基本含义有比例、尺度之义。尺度和土地的丈量有关。这就涉及价值。因为土地在古代是作为一种私人财产的，它涉及的是价值和利益的问题。所以命名的第二个特点，即命名带有价值取向和兴趣偏好，跟逻各斯本身所包含的比例、尺度相关。①

---

① 词源学考察这种方法有其局限性。这种局限性就在于它总带有一种还原的企图——想把一个词的词义追溯到最早。这里面就有两个问题：

第一，你最终确定的所谓的最早的含义，是不是一定是最早的含义？这个不好说。有什么标准和根据在那里摆着吗？没有。那依靠的不是你的分析，而是考古。而且我们很难考察一个词最初的词义在其中得以产生的那一生活背景，这个不是哲学的思辨本身就能完成的；

第二，词源学考察，往往到某一限度就停下了，不再往前考察。换言之，它一旦认为某个意思是一个词最原始的意思，就不再追问这个最原始的意思又是怎么来的。

实际上，当我们进行词源学考察的时候，或者说进行溯源的时候，这是一个开阔语境的过程。语境开阔了，就会丰富词义，有助于我们进行理解。

所以，词源学考察这种方法的重要性，倒不在于一定要找到一个词的最原始的意思，甚至认为所有的意思都是从这个原始意思延伸出来的，这个不太妥，因为这里面含有一种价值排序的味道，似乎只有最古老的才是最真实的，这本身就不太符合逻各斯不偏不倚的精神。

词源学考察这种方法的重要性是在于在这种寻找的过程中打开了语境，开拓出全新的语境，然后在这个新旧语境的碰撞交汇的过程中，会有我们从来想不到的意思产生，它有助于开拓我们的思路。

所以，词源学考察这种方法有其优点也有其缺陷，我们在使用它的时候，应该抓住它的实质效应而不应拘泥于一个词的原始词根、词干的意思，甚至将其作为其他意思的“起点”。

命名的第三个特点是：感召性。这实际上也与逻各斯的“汇集”含义相通。感召作为一种命令、号召，把各方面的力量召集、汇集一起。

所以，通过分析，我们看到的是，命名活动的三个基本特点都与逻各斯有关、相通。

而命题语言又是以命名为基础的。因此，我们可以说，命题语言是以逻各斯的精神为底蕴的——人类语言的语法、语义以及其他方面都是逻各斯的彰显，都源于逻各斯本身。我们在此举一个例子——普遍语法。在卡西尔看来，我们可以在逻各斯、在理性的基础上建立普遍的语法。但是这普遍的语法不是像分析哲学所认为的那样：我们可以通过逻辑分析分析出逻辑形式，然后通过对逻辑形式进行归纳总结，我们有了关于语法普遍的规律。绝不是这样的，这也不是真正的普遍语法。因为当我们进行逻辑分析的时候，我们没有任何根据说这个命题的逻辑形式一定是这样，它可以有别的逻辑形式。所以，没有一个命题，我们可以非常肯定地说，它就这一个逻辑形式。所以，后来的维特根斯坦就不是从逻辑分析出发，而是讲“语言游戏”。因为他意识到了语言没有完全固定的逻辑形式。

实际上，更进一步讲，逻辑分析是有一个隐蔽的前提的，那就是语法形式和逻辑形式的分离——所谓逻辑分析，就是要把命题的逻辑形式从其表面的语法形式中剥离出来。而事实上，逻辑和语法都是源自逻各斯的。换言之，二者具有同源性。将二者分离，无疑是对逻各斯的一种背离。因此，逻辑分析这种方法本身就是以对逻各斯的背离为前提和代价的。

所以，卡西尔认为普遍语法是可以有的，但是不能像分析哲学那样以逻辑分析，找出逻辑形式，然后一个一个归纳出来，似乎这就有了所谓的普遍语法了，而是应该建立在逻各斯的基础上，也就是说，普遍语法的根源是逻各斯，至少它在基本的结构上是依赖于逻各斯的。只不过卡西尔没有把这个观点从语言发生学的角度去展开，后来胡塞尔在《经验与判断》当中对这个观点有所展示。

因此，卡西尔对人类语言的本质的看法，实际上是跟逻各斯相关的。也就是说，卡西尔实际上是从逻各斯出发来看待人类语言本质的。

第二节　逻各斯与语言的“对话”本质

在卡西尔那里，除了“命题性”，人类语言还有一个更重要的本质，而这个本质与逻各斯关系更为密切、直接，这个本质就是：对话。

卡西尔强调语言的实践基础。他特别强调社会性的实践，认为这是语言的根基。因为只有在社会性的交往当中，一个人作为一个个体才能真正实现“对话”过程，而对话才是实现自我认识的“良方”。在卡西尔看来，分析哲学犯了一个严重的错误——他批判的分析哲学并非当代的分析哲学，而是他那个年代的分析哲学，更确切地说就是20世纪五六十年代之前的分析哲学。那时的分析哲学，在卡西尔看来，只是一味地强调逻辑分析。我们知道所谓的逻辑分析就是要把句子的语法形式与逻辑形式区分开来，这是罗素首先要做的一点。这样一来，实际上就是把语言仅仅当成了“命题”——你是在对一个一个“命题”作出逻辑分析，你区分的是“命题”的语法形式与逻辑形式。换句话说，那时的分析哲学把“命题”当成了语言本质，亦即把语言单向度地抽象成了“命题”这样一种形式，忽视了、丢掉了语言的其他形式。更重要的是，遮蔽了语言的最重要的本质：对话。语言不是一个个的命题，而是活生生的对话。

因此，尽管卡西尔强调“命题语言”、强调“命题语言”是人类语言的本质，但是他丝毫没有无视语言最重要的本质：对话。恰恰相反，他强调对话，并对早期分析哲学对语言对话本质的漠视提出批判。

我们前面说过，卡西尔所说的“命题语言”是与逻各斯相关的。而他所强调的“对话”也是与逻各斯相关的，甚至是逻各斯的基本含义之一。因此，我们可以认为，卡西尔虽然强调语言的“命题性”，但并没有停留在这一点上，而是进一步强调语言的“对话性”，这是与他对语言和逻各斯的关系的把握有关的，亦即他始终是从逻各斯出发来理解语言本质的。只有这样，他才不会被“命题”所遮蔽——像早期的分析哲学那样，才会进一步揭示出语言的“对话性”。也只有这样，他才有资格批评早期的分析哲学。

当然，这并不是说逻辑分析这种方法没有用。任何一种方法都有可取性，罗素曾经用这个方法解释了很多问题。

应该注意的是：卡西尔对语言的重视以及如上所说的那些看法，不是无目的的，而是为他心目中的“哲学”服务的。也就是说，卡西尔对语言本质的看法，是服务于其哲学观的。在卡西尔看来，哲学就是研究“人”的，就是研究人何以以及如何成“人”的。他认为其时的哲学出现了危机。而哲学出现了危机，就意味着人在如何成“人”方面出现了危机。这对于人来说，是一种根本性的危机。而要想摆脱这种危机，相应地，就必须也从哲学的危机入手，化解它、解决它。这样才能使人不至于面临丧失成“人”的危机。而哲学的危机，在卡西尔看来就是所谓的自我认识的危机。主要表现在方法上的危机，因为近代哲学强调的是内省这种方法。而卡西尔认为真正能够认识自己的良方是苏格拉底意义上的对话，所以他认为语言的本性不是像分析哲学所说的那样，乃是命题，而应该是对话。只有通过对话，人才能真正成其为人。同时，哲学也才能真正成其为哲学。而对话又是逻各斯的基本含义，因此，卡西尔实际上是以逻各斯为依据，试图扭转哲学的危机以及人的危机。由此可见，卡西尔实际上是将逻各斯作为了哲学的基础，也作为了“人”的本质。由此而论，卡西尔的哲学就是以逻各斯为核心而展开的，是向逻各斯的一种回归努力。

第八章　逻各斯与实用主义、新实用主义及后现代主义

从实用主义到新实用主义的发展历程中，存在着一个从偏离逻各斯到回归逻各斯的过程，即存在着一个从实在论立场向逻各斯本身回归的过程。

早期的实用主义者，比如皮尔斯，具有较强的实在论色彩；这种色彩在莫里斯那里已经开始有所减弱，即表现出从实在论立场向逻各斯的一种回归。正是以此为基础，莫里斯才建立了具有语形学、语义学和语用学三重维度的指号学体系，并建立了强调“情境”的伦理学和价值论。

向逻各斯的回归在新实用主义那里表现为普特南的内在论。这种内在论以逻各斯的无可怀疑性承诺了真理的客观性，同时以逻各斯的开放性承诺了真理的视角性。因此它既避免了实在论的立场及其所带来的符合论真理观，也避免了相对主义及其所带来的怀疑论。

新实用主义的另一代表内格尔非常强调理性。他对理性的理解在一定程度上表明了他对逻各斯有所意识。

以此为基础，内格尔指出了现代哲学中的一个重要误区，那就是过度地强调语言对哲学的重要性而忽视了理性本身。

内格尔对语言和理性的关系的看法，实际上是回返逻各斯的一种表现，也是理性主义真正复兴的一种表现。

从实用主义到新实用主义，哲学家们越来越向逻各斯靠拢、回归。无论这是一种无意识的靠拢，还是一种有意识的回归，这一历

史的痕迹与方向是清晰的。这表明了逻各斯在哲学中的不朽地位与勃勃生机。

后现代主义的代表人物罗蒂认为哲学的意义不在于构成某种体系，而在于实施某种教化。

哲学之所以有教化能力，是因为哲学以逻各斯为基础，通过隐喻等方式使逻各斯的诸种内涵为人的思想所接受，从而使人的生活成为一种理性的生活。

可见，罗蒂是向逻各斯进行某种回归。

因此，所谓后现代，实际上就是要回到古希腊的逻各斯精神。

第一节　逻各斯与实用主义

实用主义的代表很多，我们选取两位——皮尔斯和莫里斯。

皮尔斯是实用主义创始人之一。他也是第一个使用“实用主义”这一名词的人。在皮尔斯看来，所谓实用主义，就是：“确认在理性认识和理性目的之间有着不可分割的联系。”①

皮尔斯在一开始就在“实用主义”这一名词里灌注了道德规范的意味。他在举出大量实例表明“实用主义”已被广泛接受和使用的基础上，甚为强烈地提出了一种要求，那就是哲学术语的统一。他认为哲学术语的统一可以避免语词的滥用。当然，顺着这一思路，“好处”远远不止于此。因为语词一旦不再被“滥用”，那么哲学家之间似乎就可以停止争执，可以得出一致的看法，等等。所以，皮尔斯要求统一哲学术语。而且，他还要求对这些术语的使用规则，要像对道德规则一样，绝不能违背，一旦违背，就是“非礼”，就会令他人不满。②

我们可以理解皮尔斯的这一要求中所包含的合理性因素，但是

---

① 皮尔斯：《皮尔斯文选》，涂纪亮编，涂纪亮、周兆平译，社会科学文献出版社2006年版，第5页。

② 同上书，第6页。

我们也必须看到这一要求中所包含的不合理因素。

尽管皮尔斯举出很多实例表明“实用主义”在当时已经被广泛地接受和使用，但是这毕竟不能说明它被所有哲学家所接受，事实上这也是不可能的。因此这种“广泛”并不足以让所有哲学都必须向实用主义靠拢，也不足以以实用主义为核心甚至为标准来制订一套所谓的统一的哲学术语，更不足以把这样一套统一的哲学术语的使用规则抬到道德规则的高度上，让所有人都得去遵守。

显然，皮尔斯是想把其他一切哲学都同化到“实用主义”名下，不能同化进来，就说人家不遵守“道德规则”。从这个意义上讲，不得不说皮尔斯对他的实用主义真是“用心良苦”。他的目的与其说是要建立统一的哲学术语及其使用规则，不如说是要建立一个只有实用主义的哲学世界。皮尔斯的这一要求带有极强的霸权主义色彩。

很难想象，这样的一种哲学还能与逻各斯有什么关系。

不过有意思的是，皮尔斯竟然谈到了“对话”。

他说：“一个人并非绝对地是一个个体。他正在思维就是他正在‘对他自己说话’，也就是他正在对另一个在时间的进程中刚刚形成的自我说话。当一个人进行论证时，那就是这个人试图说服那个持批评态度的自我。一切思想，不论其内容如何，都是指号，大部分具有语言性质。”①

由此可见，皮尔斯认为思维就是自我对话，就是语言。

这很接近逻各斯的思辨性、对话性。

而且皮尔斯认为这就是理性，就是理性生活。

这表明皮尔斯并非不明白理性的真实意义，甚至可以说他在一定程度上具有逻各斯的精神。

于是，问题来了：既然如此，他为什么竟会提出那种带有霸权

---

① 皮尔斯：《皮尔斯文选》，涂纪亮编，涂纪亮、周兆平译，社会科学文献出版社2006年版，第11页。

主义色彩的要求呢？

答案在于：他极度地想要清除当时一些所谓的形而上学。

这些所谓的形而上学，正如皮尔斯自己所说："一个词被另一些词界定，这些词又被另一些词界定，而绝没有达到任何真实的概念。"[①] 因此，它们"或者是毫无意义的废话，或者是彻头彻尾的胡言乱语"[②]。只有把它们清除掉，真正的哲学问题才会显露出来。

皮尔斯的这一用意和分析哲学的用意颇为一致，这也可能是它们后来走到一起的原因之一。

值得注意的是，皮尔斯在强调清除形而上学时，明确地指出了哲学问题是"能用真正科学的观察方法加以研究的问题"。[③] 然而什么是"真正科学的观察方法"？皮尔斯并没有直接指明。不过不难想见，他所说的科学方法应该是经验科学的方法，是经验主义的。从这个意义上讲，他在清除所谓的形而上学的同时，实际上也排斥了其他很多东西，比如先验、思辨，等等。

所以，尽管皮尔斯在一定程度上具有逻各斯的精神，可是在他那带有极端性的排斥当中，逻各斯精神最终还是凋谢了。相应地，皮尔斯也不可能真正地领会和把握到逻各斯精神的先验的乃至思辨的效应——他还是把逻各斯丢掉了，停留在了逻各斯的门前，停留在了真正的形而上学的门前。所以，他的形而上学也不可能是真正的形而上学。

皮尔斯在哲学上的真正贡献不在于他的实用主义，而是在于他的指号学。

在皮尔斯看来，指号起到一种"代表"作用，即代表某个东西。他把指号、解释者、对象看作一种统一体。也就是说，指号引起某种解释，而这种解释指向了某个对象。在这个思路里面，或多

---

① 皮尔斯：《皮尔斯文选》，涂纪亮编，涂纪亮、周兆平译，社会科学文献出版社2006年版，第12页。

② 同上。

③ 同上。

或少地包含了一点后来语言哲学在语义学转向之后所持有的观点，甚至也有一点解释学的影子。

不过，总体来说，皮尔斯的指号学还处于指号学的初步探索阶段，而且受其经验主义立场的制约，以致在很多方面所取得的进展与成就都很有限。对皮尔斯的指号学给予继承与发扬的，主要是莫里斯。

在莫里斯那个年代，分析哲学已经开始传入美国，并与实用主义开始接触、融合。

分析哲学作为一种持有实在论立场的哲学，与实用主义具有较强的相通性，使得二者在许多方面可以顺利地融合。同时，分析哲学本身所经历的一些变化，也对实用主义产生了深远的影响，这主要体现在分析哲学对逻辑、语言的看法的改变及其对实用主义的影响。

我们前面讲分析哲学的时候曾经说过早期分析哲学对逻辑、语言的看法，也说到过这种看法的问题所在及其原因，我们也强调过这些看法在后来的分析哲学当中发生了变化，比如在罗素和维特根斯坦后期哲学中所体现出的与早期哲学大相径庭的观点。

与此相一致的是，莫里斯也反对早期分析哲学的做法，即把哲学等于逻辑，他指责："逻辑分析与把'语言的形式结构作为一个规则系统'加以分析等同起来。这意味着撇开语言符号与经验对象的关系，撇开符号的全部心理效果和社会效果。"①

可见，莫里斯的思想更多地与后期的分析哲学相一致。这使得他的思路与视野远比他的前辈皮尔斯开阔。他把分析哲学语义学、语用学转向所带来的积极成果转化到实用主义哲学当中，建立了远比皮尔斯更开阔、更宏大的指号学体系。比如对于词的意义，莫里斯就指出要有三个必要的方面，即意义的经验方面、意义的实用方

---

① 莫里斯：《莫里斯文选》，涂纪亮编，涂纪亮等译，社会科学文献出版社 2009 年版，第 8 页。

面、意义的形式方面。

可以看出，莫里斯非常强调符号的社会性。在这一点上，他与后期分析哲学一样强调“语境”。他甚至还强调了“主体间性”。[①]他强调意义必须在语境、在主体间性中才能成立。他由此确立了符号的三种基本关系，即与其他符号的关系、与对象的关系、与人的关系。这也是其指号学的三大基本分支的基础——符号与符号的关系属于语形学方面，符号与对象的关系属于语义学方面，而符号与人的关系则属于语用学方面。

在语形学方面，莫里斯着重指出了两种规则，即形成规则和变形规则。前者涉及一个句子中各成分之间的结合，后者则涉及句子与句子间的推导。

在语义学方面，莫里斯强调语义规则，即指号与对象之间的对应规则。从这个意义上讲，语义规则通过规定指号与对象之间的对应关系而规定了指号的所指。

在语用学方面，莫里斯强调指号使用过程中的心理学以及社会学因素。

从中可以看出，莫里斯的指号学在内容上无论是比早期的分析哲学还是比其前辈皮尔斯的指号学都丰富得多，它一方面继承了早期分析哲学和皮尔斯指号学对逻辑的强调，将之改造为一种语形学；另一方面又以语境、主体间性为基础突出了在早期分析哲学和皮尔斯指号学那里未曾得到重视的语义学和语用学，将这三个分支或者说维度统一起来，作为一门“指号学”研究。

不难看出，在莫里斯的这种改造、创建的过程中，自觉不自觉地存在着一定程度的本体论立场的转变。这里所说的本体论立场的转变，是指从皮尔斯式的那种经验主义的实在论立场向逻各斯的回归。无论是对语境的强调，还是对主体间性的强调，都表明了莫里

---

① 参见莫里斯《莫里斯文选》，涂纪亮编，涂纪亮等译，社会科学文献出版社2009年版，第21页。

斯没有坚持皮尔斯的那种实在论立场，而是在一定程度上向逻各斯精神回归，其指号学中的语义学、语用学维度的出现，其实是这种回归的表现。设若没有这种回归，仍是停留在皮尔斯经验主义实在论的立场上，他就会像皮尔斯一样看待指号问题，不会添加进语义维度，特别是语用维度。

语言观的变革的表面下，是本体论立场的变化。尽管这种变化不是彻底的，甚至不是猛烈的，但是它毕竟还是一种变化。

这种变化也不能仅仅狭隘地视作从皮尔斯到莫里斯之间的变化，毋宁说这是实用主义自身内在的变化，这是一种趋势。后来的新实用主义的代表人物普特南的内在的实在论实际上就是这种变化趋势的产物。

因此，我们可以说，在实用主义的发展历程中，存在着一个从偏离逻各斯到回归逻各斯的过程，即存在着一个从实在论立场向逻各斯本身回归的过程。这表明了，逻各斯是不可抗拒的，是一切哲学的“根”。不管你自觉到了它，还是没自觉到它，都会不由自主地向它靠拢。

顺便要说一句的是，莫里斯改造了实用主义对形而上学的态度。他并不像皮尔斯那样要求清除所有的形而上学，而是要求清除那些所谓的形而上学，并且承认形而上学是有意义的。这种态度上的改变，显然是其本体论立场变化的结果。

而且，这种立场的转变不仅产生了莫里斯的指号学以及他对形而上学的积极态度，也产生了他的伦理学和价值理论。

莫里斯的伦理学和价值理论的核心在于强调“特殊情境”，即要求把伦理、道德、价值问题放在具体的情境当中来看待。这一要求只能是在向逻各斯回归的基础上，只能是在逻各斯自身所包含的“差异性”的基础上才能提出。也只有在这个基础上，伦理、道德、价值才具有相应的本体论基础和来自理性的辩护，从而获得其效力的客观性依据。

可见本体论立场的转变、向逻各斯的回归在莫里斯的思想体系中占据了多么重要的位置。可以说，这是一切的前提。没有它，就不会有莫里斯的指号学，也不会有他对形而上学的认可，更不会有他的伦理学与价值理论。可以说，正是因为有了向逻各斯回归这一前提，才有了莫里斯哲学的精辟与独到，也才有了实用主义的长足的发展。

第二节　逻各斯与新实用主义

新实用主义实际上是实用主义和分析哲学等哲学思潮融合后的一种产物。它的代表性人物同样也有很多，我们在此选取两位：普特南和内格尔。

普特南有一个著名的比喻——“钵中之脑”。

所谓钵中之脑，就是说我们所有人的大脑都在一个钵中。普特南追问：“如我们以这种方式成了一个钵中之脑，我们能不能说或想到我们是钵中之脑?”①

答案显然是否定的。因为当我们说或者想到我们是钵中之脑的时候，我们就不是钵中之脑了。

当然，普特南是从逻辑的角度给予论证的，即“我们说或想到我们是钵中之脑”这个命题是自我反驳的。不过来自这一角度的论证并不妨碍普特南指出这样一个事实——从我们的角度来看，普特南所要表达的是：源初的东西是不能对象化的。在钵中之脑这个比喻中，钵中之脑是一个“起点”。这种东西是不能对象化的，即不能说或想，因为一说或想，就把它对象化了，而对象化的结果就是逻辑上的“自我反驳”。

普特南的这一比喻有意无意间触到了哲学的“开端”的性质问题。关于哲学的开端，我们前面已经说过不少。我们强调，哲学

① 普特南:《理性、真理与历史》，童世骏、李光程译，上海译文出版社 2005 年版，第 8 页。

的开端只能是“境域”，是逻各斯，而不能是“对象”。如果你把它对象化了，你就会发现你和它一起陷入了“矛盾”之中。因为形式逻辑的矛盾律就是为“对象”设置的，“对象”必须遵守它。而那开端——境域、逻各斯，并不是“对象”，所以它是超越“矛盾”的。

但是，一旦它被对象化了，那么它那原本对矛盾的“超越”就变成了一种“违反”，即看上去像是不符合逻辑的东西。

所以，“钵中之脑”并不是要谈及逻辑问题，毋宁说它是要谈及哲学的本性。

关于这一点，普特南自己也是这么认为的。他说：“‘钵中之脑’的问题如果不是因为它揭露这两种哲学视角之间差异的尖锐方式，就毫无意义，当然作为一种逻辑悖论除外。”[①] 这里所说的“两种哲学视角”，就是“外在论”和“内在论”。

而外在论，实际上就是实在论，就是认为只有“对象”，而且所谓的真理就是与对象的符合，即所谓的符合论真理观。这是普特南所反对的。普特南自己提倡的是内在论，这种内在论认为没有自在的对象，对象必须在某一理论或描述之中。[②] 这里需要我们注意的是，普特南虽然没有明确地指出“境域”，但是却已经开始具有这一倾向，即认为对象总是“在……之中”的对象。从这个意义上讲，他确实与外在论那种认为只有“对象”的看法有了根本的区别。

从这种内在论的立场出发，普特南很自然地得出了与符合论真理观不同的、对真理的看法。在他看来：“真理是某种（理想化的）合理的可接受性。”[③]

不难看出，普特南对真理的理解，更多的是涉及“现实的人

---

① 普特南：《理性、真理与历史》，童世骏、李光程译，上海译文出版社 2005 年版，第 55 页。

② 同上。

③ 同上书，第 55—56 页。

的各种看法"[①]。

与此相关的，他还特别强调了"角度"问题，强调了"合理的可接受性既是有时间性的，又是相对于某个人的"[②]。

这样一来，就既承诺了真理的存在——不至于陷入怀疑论，又承诺了真理的"视角性"——不至于陷入符合论。

这一切都很接近逻各斯的原则与精神，即差异性原则与对话的精神。从这个意义上讲，普特南的真理观接近了逻各斯意义上的真理观。

有的观点认为普特南的这种做法实际上是在实在论和相对主义之间进行调和。我个人并不这么看。因为任何"调和"都是一种外在的工作。而普特南所做的工作显然不是外在的。他之所以能避免实在论所带来的符合论与相对主义所带来的怀疑论，是因为他在一定程度上意识到了在"对象"之外还有一种存在，那就是境域，就是逻各斯。尽管他并没有明确说出这一点，但他的种种主张却表明了这一点。正因如此，正因为他意识到了还有一种更源初的东西——境域、逻各斯，所以他才能跳出实在论的立场，从而不把真理视为一种符合，而是以境域、逻各斯的"开放性"承诺了真理的"视角性"；同样地，正因为他意识到了还有境域、逻各斯这种更源初的东西，他才能跳出相对主义所可能导致的怀疑论，以境域、逻各斯的"不可怀疑性"承诺了真理的真实存在或者说客观性。

我们常说，本体论是一个哲学体系里的根基。

因此，普特南向逻各斯的这种回归——尽管可能是无意识的，支配着他全部的思想。我们在此举出两个例证，第一是他所强调的"反事实条件句"，第二是他所强调的价值与事实的一体化。

---

① 普特南：《理性、真理与历史》，童世骏、李光程译，上海译文出版社 2005 年版，第 56 页。

② 同上书，第 62 页。

“反事实条件句”就是说出一个与事实相反的句子，实际上也就是设定一种并不存在的情况。

这有什么意义呢?

它的意义在于通过设置一种“相反”的情况，构成了“对话”的基础——“问答”，甚至可以说否成了思辨的基础——矛盾。

设想一下，如果没有进行这种设置，没有“相反”，那么还会有“对话”吗?还会有思辨吗?不会有了。因为对话、思辨本身就是一种“反对”“否定”。当然，这并不是简单的否定，而是“扬弃”，是超越，是发展。

从这个意义上说。反事实条件句实际上是对逻各斯思辨性、对话性的一种诉求，而这是需要以对逻各斯有所意识——哪怕是不自觉、不充分的意识为基础的。

关于价值和事实的一体化，普特南指出：“任何概念系统的选择都预设了价值。”① 他常举这样一个例子来说明问题：猫在草垫上。从表面来看，这就是一个陈述事实的句子。但是普特南卓越地指出了一个问题，那就是“猫”“在……之上”以及“草垫”等概念，实际上都暗含着某种或强或弱的价值取向。他说：“我们之所以有‘猫’这一范畴，是因为我们认定世界之划分为动物和非动物是有意义的，还因为我们对一个已知动物的种属也有浓厚兴趣。”②

普特南的这种认价值与事实为一体的观点，扩而言之，实际上就是伦理与真理的一体化，而这正与逻各斯作为真理本身就包含着伦理诉求这一情况相一致。

所以，普特南关于价值与事实一体化的观点，实际上还是基于他对逻各斯或多或少的有所意识。

---

① 普特南：《理性、真理与历史》，童世骏、李光程译，上海译文出版社 2005 年版，第 239 页。

② 同上书，第 223—224 页。

内格尔是新实用主义的另一代表。

内格尔非常强调理性的重要性，他说：“无论谁诉诸理性，就是为了在自身之中发现这样一种权威，它不仅仅是个人的或社会的，而是普遍的——而且也能使那些愿意倾听它的人信服。”①

从中可以看出，在内格尔看来，理性是在“自身”中发现的。这明显带有一种逻各斯倾向。我们说，逻各斯是思辨性的，而思辨是自否性的。因此，逻各斯总是涉及“自身”，总是与“自身”打交道，是为了“自身”的。所以，当内格尔强调理性是在“自身”当中发现的时候，他在一定程度上触及了理性的思辨性，触及了那源初的逻各斯。比起早期的实用主义，内格尔对理性的理解已经在很大程度上减少了工具主义的色彩，而增加了本体论的色彩。这也是新实用主义和实用主义之间一个显著的不同之处，而且在我个人看来，这也是新实用主义比实用主义优越之处。

这种优越在内格尔那里，表现之一就是他以此为基础指出了现代语言哲学的一个问题，而这个问题并非无关紧要，那就是：“导致贬低理性的一个原因是对语言之于哲学的重要性的一种误解。”②

这就是说，在内格尔看来，现代语言哲学过度地强调语言对哲学的重要性，在一定程度上导致了人们对理性的轻视。而内格尔本人则显然认为这是不对的。换言之，内格尔虽然也强调语言对哲学的重要性，但他更强调理性。从某种意义上讲，这实际上是表明了两件事：一是理性才是更源初的；二是语言须与理性一致。

现代西方哲学格外强调语言，甚至在某种程度上可以说，现代西方哲学就是语言哲学的天下。而就在这时，内格尔站了出来，说理性才是更源初的，才是最重要的，这不能不说一种振聋发聩的声音，让人警醒，也令人衷心钦佩。他认为如果仅仅关注语言，就难

---

① 内格尔：《理性的权威》，蔡仲、郑玮译，上海译文出版社2013年版，第3页。

② 同上书，第43页。

免陷入心理主义乃至相对主义。①

其实，内格尔的这种担心，早在一个世纪以前，就已经出现在胡塞尔那里。胡塞尔之所以反对心理主义，就是因为他认为心理主义以心理的主观性篡夺了逻辑的客观性。而他研究语言时，虽然具体的进路与内格尔不同，但是大的原则却有相近之处，那就是他凸显语言的意向性结构，以此来表明含义的客观性。换言之，胡塞尔和内格尔都是关注语言的，但是他们也都意识到了要从语言层面突破出去，找到一个更源初的、能够真正提供客观性的基础，而那就是理性。

语言当然是重要的。但是，毕竟逻各斯才是源初的。而且，逻各斯并不仅仅是语言。内格尔对语言和理性的关系的真知灼见，从某种意义上讲，是从语言向那源初的逻各斯的“逼近”“回返”。

内格尔的这一举措，对于当代哲学来说具有根本性的引导性，即将当代哲学重新引导到西方哲学自古希腊发端的、真正意义上的理性主义道路上去。

至此我们也可以清晰地看到，从皮尔斯到莫里斯、再到普特南和内格尔，从实用主义到新实用主义，对实在论的反抗与向逻各斯的回归是越来越强的。这并不是偶然的事情。因为逻各斯作为“活”的界限、“境域”“地平线”是哲学唯一正确的开端，甚至可以说是哲学唯一的研究对象。

第三节　逻各斯与后现代主义

后现代主义是20世纪后半叶在西方哲学世界中影响较大的一个思潮，其代表人物众多，我们在此选取理查德·罗蒂进行讲解。因为，虽然后现代主义代表人物众多，但罗蒂毕竟是最具有代表

---

① 参见内格尔《理性的权威》，蔡仲、郑玮译，上海译文出版社2013年版，第43页。

性的。

罗蒂的思想较为集中地体现在其名著《哲学与自然之镜》中。在这本著作中，罗蒂旗帜鲜明地反对“镜式本质”。所谓镜式本质，实际上就是柏拉图意义上的理念。在罗蒂看来，西方传统哲学都是这种镜式本质的体现，而其所带来的则是一系列的二元论乃至怀疑论、不可知论。

从表面上看，罗蒂的这种批评似乎是针对近代哲学中的认识论倾向，但实质上这种批评有着更深刻的指向。在我个人看来，这种批评在实质上是指向本体论层面的——指向了实在论。换言之，罗蒂看到了导致一系列二元论以及怀疑论、不可知论等难题的根源在于实在论这种本体论立场。这从他所推崇的那几位哲学家也可以看出端倪——罗蒂推崇海德格尔后期哲学、维特根斯坦后期哲学以及杜威哲学。我们前面讲过海德格尔和维特根斯坦的后期哲学。我们曾经论述过，他们的后期哲学的特点，尤其是其与我们的主题“逻各斯”的关系。从那里，我们可以清楚地看到，他们后期实际上都是反对实在论立场的。而至于杜威，我们虽然没有谈到，但是作为实用主义的代表，他的本体论立场与我们所讲过的皮尔斯等人是一致的。因此，从罗蒂所推崇的这几位哲学家也可以看出他是反对实在论立场的。同时，这也在一定程度上意味着罗蒂的思想或多或少地会有一种向逻各斯的回归。这种回归，在我看来，主要体现在他对教化哲学的推崇上。

罗蒂认为哲学的意义不在于构成某种体系，而是在于实施某种教化。也就是说，哲学的本义是“教化”。

但是，这一本义在历史发展的长河中渐渐地被遗忘了。人们变得越来越青睐于把哲学当作一种体系来加以构建和完善，至于其教化的本意却反倒被丢掉了。

哲学之所以有其教化意图与能力，是因为哲学讲的是“逻各斯”。逻各斯是理性，是自否性，是思辨的对话，是开放的境域。哲学的教化能力就在于将逻各斯的这些内涵、规定渗入人的思想乃至生活当中去，从而使人的生活成为一种理性的生活。

因此，对教化的遗忘，从某意义上说，就是对逻各斯的遗忘，也是对哲学本身的遗忘。

相应地，对教化哲学的推崇，对哲学的教化性的重视与追求，就是向逻各斯的回归，向哲学本身回归。

与此相对应的是，罗蒂在方法论上推崇解释学。

罗蒂反对近代哲学中的认识论优先的倾向，力主以解释学取代认识论。但我们必须认识到，这种取代绝不是简单的，它实质上暗藏着更深的、本体论层次的一种取代或者说转变。因为，当罗蒂以解释学取代认识论时，实际上是有一个前提的，那就是摒弃了认识论问题的基础——二元论，更准确地说，是摒弃了认识论问题的最终基础——实在论。只有在实在论的立场上，才有二元论；而只有在二元论的基础上，才有认识论问题。因此，当罗蒂主张以解释学取代认识论时，这意味着也证明了他对实在论的摒弃。而对解释学的强烈推崇，则意味着和证明了他向逻各斯的回归。因为，只有在作为开放的境域的逻各斯的基础上，“解释”才是可能的，也是必要的。所以，罗蒂对解释学的推崇绝非偶然，而是与他的本体论立场有关，即与他向逻各斯回归有关。只有通过“解释”，逻各斯的内在本质才能得以充分实现，相应地，哲学的教化力量也才能得以实现，哲学才能成为“教化哲学”。所以，罗蒂引用伽达默尔的观点说：“当我们读得更多、谈得更多和写得更多时，我们就成为不同的人，我们就‘改造’了我们自己。”①

罗蒂指出：“因为教化性的话语应当是反常的，它借助异常力量使我们脱离旧我，帮助我们成为新人。”②

不难看出，罗蒂在这里所注重的教化性的话语，实际上就是我们在前面多处提到的“隐喻”。我们也曾经说过隐喻与逻各斯的关

① 罗蒂：《哲学与自然之镜》，李幼蒸译，商务印书馆2003年版，第337页。

② 同上书，第338页。

系。我们说，隐喻实际上是逻各斯的一种体现。因此，从这里，又一次可以看出，罗蒂向逻各斯的回归。

这种对隐喻在教化过程中的重要性的强调，在哲学史上并非首见，也并非罕见。早在18世纪末，费希特便已经强调了这一点。而耐人寻味的是，费希特也恰恰是在谈到教育问题时强调了这一点。

费希特在《对德意志民族的演讲》中指出："新的教育则是要培养人本身，并且绝不是要像以往那样，使自己提供的教养成为学子的财富，而是使这种教养成为学子人格的组成部分。"①

显然，这种教育所实现的实际上就是罗蒂所期望的"脱离旧我、成为新人"。

而这种教育的关键就在于隐喻的实施，即是否能够以隐喻来启发人以及是否能够使人自觉地使用隐喻。换言之，这种教育的目的就在于使人进入一个隐喻的世界，而这实际上也就是逻各斯的世界，亦即使人进入真正的理性生活。

所以，在罗蒂和费希特（当然，还包括其他相关的哲学家）之间有着一条相似的思路，那就是：以逻各斯为基础和指向，以隐喻为方式和手段，实现哲学对人的教化作用，从而开启人的理性生活。我们可以用下图表示这一思路：

① 费希特：《对德意志民族的演讲》，梁志学、沈真、李理译，辽宁教育出版社2003年版，第16页。

而这一切合起来就是：哲学。

由此，我们也可以看到两点：第一，哲学并不脱离生活；第二，罗蒂所强调的教化哲学，实际上是对古希腊哲学精神的一种继承与弘扬，准确地说，是对古希腊逻各斯精神的一种继承与弘扬。

因此，所谓后现代，并不是“现代之后”。恰恰相反，它是“现代之前”，它要回到现代之“前”——回到古希腊，回到逻各斯精神。

主要参考文献

[1] 皮尔斯：《皮尔斯文选》，涂纪亮编，涂纪亮、周兆平译，社会科学文献出版社 2006 年版。

[2] 利科：《哲学主要趋向》，李幼蒸译，商务印书馆 2004 年版。

[3] 利科：《论现象学流派》，蒋海燕译，南京大学出版社 2010 年版。

[4] 利科：《解释的冲突》，莫伟民译，商务印书馆 2008 年版。

[5] 利科：《作为一个他者的自身》，佘碧平译，商务印书馆 2013 年版。

[6] 利科：《活的隐喻》，汪堂家译，上海译文出版社 2004 年版。

[7] 利科：《诠释学与人文科学——语言、行为、解释文集》，J. B. 汤普森编译，孔明安、张剑、李西祥译，中国人民大学出版社 2012 年版。

[8] 利科：《论公正》，程春明译，韩阳校，法律出版社 2007 年版。

[9] 柏拉图：《柏拉图全集》，王晓朝译，人民出版社 2003 年版。

[10] 斯宾诺莎：《伦理学》，贺麟译，商务印书馆 1983 年版。

[11] 费希特：《对德意志民族的演讲》，梁志学、沈真、李理

译，辽宁教育出版社 2003 年版。

[12] 谢林：《先验唯心论体系》，梁志学、石泉译，商务印书馆 1976 年版。

[13] 尼采：《悲剧的诞生》，孙周兴译，商务印书馆 2012 年版。

[14] 尼采：《希腊悲剧时代的哲学》，周国平译，商务印书馆 1999 年版。

[15] 尼采：《苏鲁支语录》，徐梵澄译，商务印书馆 1992 年版。

[16] 斯坦利·罗森：《启蒙的面具——尼采的〈查拉图斯特拉如是说〉》，吴松江、陈卫斌译，辽宁教育出版社 2003 年版。

[17] 雅斯贝尔斯：《尼采：其人其说》，鲁路译，社会科学文献出版社 2001 年版。

[18] 柏格森：《时间与自由意志》，吴士栋译，商务印书馆 1958 年版。

[19] 柏格森：《形而上学导言》，刘放桐译，商务印书馆 1963 年版。

[20] 怀特海：《过程与实在》，李步楼译，商务印书馆 2012 年版。

[21] 怀特海：《思维方式》，刘放桐译，商务印书馆 2004 年版。

[22] 怀特海：《宗教的形成 符号的意义及效果》，周邦宪译，译林出版社 2012 年版。

[23] 菲利浦·罗斯：《怀特海》，李超杰译，中华书局 2002 年版。

[24] 卡西尔：《人论》，甘阳译，上海译文出版社 2004 年版。

[25] 胡塞尔：《笛卡尔式的沉思》，张廷国译，中国城市出版社 2002 年版。

[26] 胡塞尔：《逻辑研究》第一卷，倪梁康译，上海译文出

版社 1994 年版。

［27］胡塞尔：《逻辑研究》第二卷第一部分，倪梁康译，上海译文出版社 1998 年版。

［28］胡塞尔：《逻辑研究》第二卷第二部分，倪梁康译，上海译文出版社 1999 年版。

［29］胡塞尔：《经验与判断》，邓晓芒、张廷国译，生活·读书·新知三联书店 1999 年版。

［30］胡塞尔：《第一哲学》（上、下）卷，王炳文译，商务印书馆 2006 年版。

［31］胡塞尔：《伦理学与价值论的基本问题》，艾四林、安仕桐译，中国城市出版社 2002 年版。

［32］胡塞尔：《纯粹现象学通论》，李幼蒸译，商务印书馆 1992 年版。

［33］胡塞尔：《现象学的观念》，倪梁康译，上海译文出版社 1986 年版。

［34］胡塞尔：《哲学作为严格的科学》，倪梁康译，商务印书馆 1999 年版。

［35］胡塞尔：《现象学的方法》，黑尔德编，倪梁康译，上海译文出版社 2005 年版。

［36］胡塞尔：《欧洲科学危机与超验现象学》，张庆熊译，上海译文出版社 2005 年版。

［37］胡塞尔：《生活世界现象学》，倪梁康，张廷国译，上海译文出版社 2002 年版。

［38］胡塞尔：《现象学与哲学的危机》，吕祥译，国际文化出版公司 1988 年版。

［39］胡塞尔：《形式逻辑和先验逻辑：逻辑理性批评研究》，李幼蒸译，中国人民大学出版社 2012 年版。

［40］胡塞尔：《内时间意识现象学》，倪梁康译，商务印书馆 2010 年版。

[41] 胡塞尔：《胡塞尔选集》，倪梁康选编，上海三联书店1997年版。

[42] 德布尔：《胡塞尔思想的发展》，李河译，生活·读书·新知三联书店1995年版。

[43] 施皮格伯格：《现象学运动》，王炳文、张金言译，商务印书馆1995年版。

[44] 海德格尔：《存在与时间》，陈嘉映、王庆节译，生活·读书·新知三联书店2006年版。

[45] 海德格尔：《现象学之基本问题》，丁耘译，上海译文出版社2008年版。

[46] 海德格尔：《形而上学导论》，熊伟译，商务印书馆1996年版。

[47] 海德格尔：《路标》，孙周兴译，商务印书馆2000年版。

[48] 海德格尔：《面向思的事情》，陈小文、孙周兴译，商务印书馆1996年版。

[49] 海德格尔：《同一与差异》，孙周兴、陈小文、余明锋译，商务印书馆2011年版。

[50] 海德格尔：《海德格尔选集》，孙周兴选编，上海三联书店1996年版。

[51] 萨特：《自我的超越性》，杜小真译，商务印书馆2001年版。

[52] 加达默尔：《哲学解释学》，夏镇平、宋建平译，上海译文出版社2004年版。

[53] 梅洛·庞蒂：《知觉现象学》，姜志辉译，商务印书馆2001年版。

[54] 梅洛·庞蒂：《眼与心》，杨大春译，商务印书馆2007年版。

[55] 罗素：《我们关于外间世界的知识》，陈启伟译，上海译文出版社2006年版。

[56] 罗素：《意义与真理的探究》，贾可春译，商务印书馆2009年版。

[57] 艾耶尔：《语言、真理与逻辑》，尹大贻译，上海译文出版社2006年版。

[58] 石里克：《普通认识论》，李步楼译，商务印书馆2005年版。

[59] 卡尔纳普：《世界的逻辑构造》，陈启伟译，上海译文出版社1999年版。

[60] 维特根斯坦：《哲学研究》，李步楼译，商务印书馆1996年版。

[61] 奥斯汀：《如何以言行事》，杨玉成、赵京超译，商务印书馆2013年版。

[62] 赖尔：《心的概念》，徐大建译，商务印书馆1992年版。

[63] 普特南：《重建哲学》，杨玉成译，上海译文出版社2008年版。

[64] 普特南：《理性、真理与历史》，童世骏、李光程译，上海译文出版社2005年版。

[65] 内格尔：《理性的权威》，蔡仲、郑玮译，上海译文出版社2013年版。

[66] 罗蒂：《哲学与自然之镜》，李幼蒸译，商务印书馆2003年版。

[67] 莫里斯：《莫里斯文选》，涂纪亮等译，社会科学文献出版社2009年版。

[68] 克劳斯·黑尔德：《世界现象学》，孙周兴编，倪梁康等译，生活·读书·新知三联书店2003年版。

[69] 克劳斯·黑尔德：《时间现象学的基本概念》，靳西平、孙周兴、张灯、柯小刚译，上海译文出版社2009年版。

[70] 《中国现象学与哲学评论》第一辑，上海译文出版社1995年版。

［71］《中国现象学与哲学评论》第二辑，上海译文出版社1998 年版。

［72］《中国现象学与哲学评论》第三辑，上海译文出版社2000 年版。

［73］《中国现象学与哲学评论》第四辑，上海译文出版社2001 年版。

［74］《中国现象学与哲学评论特辑——胡塞尔〈逻辑研究〉发表一百周年国际会议》，上海译文出版社 2003 年版。

［75］《中国现象学与哲学评论》第六辑，上海译文出版社2004 年版。

［76］《中国现象学与哲学评论》第八辑，上海译文出版社2006 年版。

［77］《中国现象学与哲学评论》第九辑，上海译文出版社2007 年版。

［78］《中国现象学与哲学评论》第十一辑，上海译文出版社2010 年版。

［79］《中国现象学与哲学评论》第十二辑，上海译文出版社2012 年版。

［80］《中国现象学与哲学评论》第十五辑，上海译文出版社2014 年版。

［81］耿占春：《隐喻》，东方出版社 1993 年版。

［82］杨适：《古希腊哲学探本》，商务印书馆 2003 年版。

［83］卿文光：《思辨的希腊哲学史——前智者派哲学》，人民日报出版社 2015 年版。

［84］邓晓芒：《黑格尔辩证法讲演录》，北京大学出版社2005 年版。

［85］北京大学哲学系外国哲学史教研室编译：《西方哲学原著选读》，商务印书馆 1982 年版。

［86］倪梁康：《自识与反思》，商务印书馆 2002 年版。

[87] 倪梁康:《胡塞尔现象学概念通释》，生活·读书·新知三联书店 1999 年版。

[88] 倪梁康主编:《面对实事本身——现象学经典文选》，东方出版社 2000 年版。

[89] 张祥龙:《朝向事情本身——现象学导论七讲》，团结出版社 2003 年版。

[90] 宋继杰主编:《BEING 与西方哲学传统》（上、下卷），河北大学出版社 2002 年版。

[91] 叶秀山:《哲学作为创造性的智慧：叶秀山西方哲学论集（1998—2002)》，江苏人民出版社 2003 年版。

[92] 叶秀山:《“知己”的学问》，中国社会科学出版社 2013 年版。

[93] 陈奎德：《怀特海哲学演化概论》，上海人民出版社 1988 年版。

后　　记

本书原是我2013年秋季学期给黑龙江大学哲学学院2012级本科省外班同学讲西方哲学史Ⅲ时所使用的讲稿——这也是我目前为止唯一一次讲这门课——后经修改而成。

黑龙江大学哲学学院本科省外班的西方哲学史是分为三部分来讲的，其中第三部分就是现代西方哲学这部分。

当初在接了这门课之后，我便有一个想法，想进行一次“改革”，即不再按照传统的讲法、按照教科书一章一章地讲下去，而是要用一个“主题”或“主线”来贯穿现代西方哲学。

这个“主题”或“主线”，在我看来，就是逻各斯。原因在书中正文第一章已有交代。

之所以想进行这样一次“改革”，是因为我想通过这样一种讲授方式，使学生能够对现代西方哲学形成一种整体性的看法，而不是茫无头绪。而且，这种讲授方式也确实突出了整个西方哲学的核心问题，从而使学生对现代西方哲学的把握能够处于整个西方哲学的大背景之中，有利于学生从实质上来把握现代西方哲学——作为教师，我们毕竟不能照本宣科，更不能滥竽充数。

从讲授效果上来看，还是不错的。督导和学生们的反应都比较好。

由于最初是讲稿，所以其中有口语化的表达倾向。

我在修改时，没有去掉这种口语化的表达倾向，反而保留了。这是因为在我个人看来，口语化的表达有时候更能体现修辞学的那种要求：顾及听众的情绪与情感。

写这本书时，说实话，很忙、很辛苦，也有委屈，身体也饱受病痛折磨。

所以，如果这本书能够对读者有所帮助，那我将感到十分安慰。

按例，后记里应该说些感谢的话，感谢一些人，但我这次例外，只感谢一个人，就是我的父亲。

我父亲已经年过六旬，却每天承担着大部分家务，使我能够有时间、安心写作。

我常常为此感到十分愧疚。

我热爱我的专业，也热爱我的职业。但如果说有什么能让我放弃它们，那就是我的父亲。当这二者与我的父亲发生冲突时——比如，与我的父亲的健康发生冲突时，我会毫不犹豫地放弃这二者。因为我不能再欠父亲什么了。

有人说大学教师这个职业很好，也有人对这个职业嗤之以鼻。

原因无外乎就是那么几种：挣得不多、只会空谈，等等。

对此我不辩解。

一切都在心中、在默默的努力与奉献中。

王昊宁